V&R

Kristlieb Adloff

# Die Predigtwoche

## Ein homiletisches Exerzitium

Vandenhoeck & Ruprecht
in Göttingen

*CIP-Titelaufnahme der Deutschen Bibliothek*

*Adloff, Kristlieb:*
Die Predigtwoche: e. homilet. Exerzitium / Kristlieb Adloff. –
Göttingen: Vandenhoeck u. Ruprecht, 1988

ISBN 3-525-60262-6


Printed in Germany
Schrift: Aldus Buchschrift der Firma Berthold
Satz: Dörlemann-Satz, Lemförde
Druck und Einband: Hubert & Co., Göttingen

# Vorwort

> Bist du nie des Nachts durch Wald gegangen,
> wo du deinen eignen Fuß nicht sahst?
> Doch ein Wissen überwand dein Bangen:
> Dich führt der Weg.
>
> Christian Morgenstern

Das vorliegende Buch hat eine längere Entstehungsgeschichte. Seinen Grundstock bilden Thesen, die 1981 für den homiletischen Unterricht am Missionsseminar Hermannsburg im Anschluß an die Sendschreiben der Johannesoffenbarung entwickelt wurden und die hier in veränderter Form wiedererscheinen. Im September 1982 konnte ich im Rahmen eines mehrtägigen Ferienseminars mit Pfarrern und Studenten an der Kirchlichen Hochschule Wuppertal unter dem Thema ‚Der Weg der Predigt' die Thesen ausführlich erläutern und im Gespräch weiterentwickeln. Ein Lehrauftrag an der Kirchlichen Hochschule Berlin im Wintersemester 1985/86 setzte mich der Nötigung aus, das inzwischen vorhandene Material kritisch zu sichten und daraus eine Vorlesung zu erarbeiten. Ein erneuter Anlauf zu Beginn dieses Jahres führte dann zu dem Buch in seiner jetzigen Gestalt.

Das Buch wendet sich an das theologische Gewissen des Predigers. Ich setze dabei voraus, daß es so etwas wie ein theologisches Gewissen bei Predigern gibt, habe also nicht die Absicht, anderen ein Gewissen zu machen, weder ein gutes noch ein schlechtes. Solange es noch um ein schlechtes oder um ein gutes Gewissen geht, bewegen wir uns auf dem Felde der unerfüllbaren Ansprüche und der fragwürdigen Praxishilfen, an denen in der Homiletik kein Mangel herrscht. Setze ich hingegen ein theologisches Gewissen beim Prediger voraus, so denke ich, daß er des Trostes in besonderer Weise bedürftig ist. Natürlich bedarf er nicht billigen Trostes: Dazu ist unsere Schuld am Wort zu groß. Man kann den Prediger nicht damit trösten, daß man ihm sein Theologe-Sein ausredet oder austreibt. Ihn trösten hieße vielmehr, ihn bei seiner theologischen Existenz behaften, ihn darin ernstnehmen und bestärken. Ein Trost wäre es schon zu entdecken, daß ein Prediger – als Theologe! – rechtschaffene Arbeit hat.

Welche Arbeit? Davon handelt dieses Buch. Ich nenne es Exerzitium – nicht, weil ich, des Denkens müde, im Irrationalen Trost suche, sondern weil ich, dem fertig Gedachten feind, auf die alltägliche Übung und Schärfung des Denkens selbst bedacht bin. Es ist freilich ein Irrtum zu meinen, Theologie sei eine Sache des Kopfes allein. Das Herz kommt da ebenso ins Spiel wie – Johannes weiß es – der Bauch (Apk 10,9f.). Ohne Leidenschaft wird in der Theologie nichts gedacht, was des Denkens wert wäre. Daß unsere kirchliche Öffentlichkeit der Übung solchen Denkens weitgehend entwöhnt ist, zeigt sich u. a. darin, daß man Polemik nicht mag und ihrem Urheber unlautere Motive zu unterstellen pflegt. Hier muß ich meinen Leser vorsorglich warnen: Das Exerzitium ist explizit streckenweise und implizit durch und durch polemisch! Aber – und das bitte ich den geneigten Leser zu bedenken: Könnte in einer Zeit, in der man viel von Kommunikation redet, weil man nichts zu kommunizieren hat, Polemik nicht Ausdruck der Hoffnung auf ein substantielles Miteinander sein? Ich jedenfalls halte daran fest, gerade in der Polemik, daß die Sache der Theologie noch eines anderen, ernsthafteren, leidenschaftlicheren Streites würdig ist als des Streites der Gelehrten.

Ist der Prediger in der Regel kein Gelehrter im akademischen Sinn, heißt das ja beileibe nicht, daß er nicht denke! Nur: Sein Denken ist nicht an einen ‚Stuhl' gebunden, also keine Sache des Sitzfleisches, sondern will in die Füße (Jes 52,7; Nah 2,1; Röm 10,15), muß auf den Weg gebracht werden, den er Tag für Tag durch die Gemeinde zu gehen hat. Methoden, die er beherrscht, sind der denkenden Erfahrung seines Weges eher abträglich. Und so mute ich dem Prediger mit dem Exerzitium den Weg zu: keine Betonpiste, sondern den alltäglichen, krummen, streckenweise langweiligen, strapaziösen, scheinbar sich wiederholenden, bisweilen ärgerlichen, dann und wann die Mühe mit hinreißenden Ausblicken lohnenden Weg – mit alledem die durch nichts zu ersetzende tröstliche Erfahrung, von einem Weg geführt zu werden. Nicht wir sind, via Methode, die Herren des Weges, sondern der Weg ist Herr über uns, Herr in Person (Joh 14,6). Auf diesem Weg muß keiner allein bleiben, auf ihm wird es zum vom Prediger oft vermißten *mutuum colloquium* und zur *consolatio fratrum* kommen, falls wir unverhofften Begegnungen unterwegs nicht ausweichen.

Da Insider wissen, daß sich homiletische Lehrer gelegentlich durch ihre bevorzugte Fortbewegungsart zu erkennen geben, z.B. als Skifahrer oder als Wellenreiter, habe auch ich mich hiermit an diesem Erkennungsspiel beteiligt: nicht als Autofahrer, auch nicht als Radfahrer oder als Jogger, sondern als Fußgänger mit Leib und Seele. Vielleicht dient es der Verständigung zwischen Autor und Leser auch, wenn ich dem Leser sage, daß ich nichts lese, geschweige denn schreibe, ohne es mit dem äußeren oder dem inneren Ohr zu hören. Von daher könnte es sich empfehlen, manche schwierig erscheinenden Passagen des Buches im gemessenen, dann und wann verhaltenden Schritt des Fußgängers laut zu lesen. Das gilt ebenso für die Übersetzung der Sendschreiben: Im Unterschied etwa zu der in ihrer Art glänzenden Apokalypseübersetzung von Walter Jens (Das A und das O. Die Offenbarung des Johannes, Stuttgart 1987) ging es mir darum, die Sprödigkeit des Textes gelegentlich bis an die Grenzen des muttersprachlich Erträglichen und darüber hinaus zu wahren und gerade so die eigentümliche Musik, den unverwechselbaren Rhythmus des Textes hörbar zu machen. Wer auch nur ein wenig Griechisch versteht, vergesse daraufhin die Übersetzung und lese den griechischen Text – laut! Für die alttestamentlichen Zitate greife ich durchweg auf die Übersetzung von Buber/Rosenzweig zurück. Die drei dem Buch beigefügten Predigten sind nicht als Muster und ‚Empfehlungsschreiben' (2.Kor 3,1) gedacht, nicht als Beweis oder Widerlegung meiner homiletischen Konzeption (falls ich eine solche anzubieten hätte), sondern sie gehören in den Entstehungsprozeß des Buches hinein, sind also unerläßliche Begleiter auf dem Weg.

Um Verständnis bitte ich die Leser für den häufigen Verweis auf anderswo von mir Geschriebenes: Es dient der Entlastung des Buches. Entschuldigen muß ich mich bei Leserinnen, die daran Anstoß nehmen, auch in diesem Buch unter den männlichen Artikel ‚des' Predigers subsumiert zu werden: Ich respektiere die Gegenwehr, habe aber den sprachlichen Stein der Weisen in dieser Sache noch nicht gefunden. Schmerzlich bewußt ist mir, daß das Beste und für heute Nötigste wohl auch in diesem Buch ungesagt bleibt: ‚Tinte und Feder' fassen es nicht.

Zu danken habe ich vielfach: Dem Verleger, Dr. Arndt Ruprecht, für viel freundliche Geduld, den Mitarbeitern in Verlag und Drukkerei für die Mühe, die ich ein wenig ermessen kann, den Freunden CHRISTIAN MÖLLER, LOTHAR STEIGER und DIETER VETTER, von denen ich lernte und die mich ermutigten, den Studenten, die mich heilsam provozierten, den Kollegen am Missionsseminar für ihr Verständnis und nicht zuletzt den Gemeinden, die mir als ihrem Pfarrer über Jahre das Amt des freien Wortes gönnten und mich so den ‚Engel der Versammlung' sehen lehrten. Gewidmet sei das Buch darum dem ‚Engel der Versammlung' in Hermannsburg wie in aller Welt. Danken will ich, zusammen mit meiner Frau, vor allem Gott, dem Gott Israels, und vielleicht auch mit diesem Buch Gelübde erfüllen, die „in banger Stunde" (EKG 181,5) IHM galten.

Hermannsburg, zwischen Quasimodogeniti und Jom Ha-schoah 1988

*Kristlieb Adloff*

# Inhalt

# Von Ephesus nach Laodizea – oder: Der Weg der Predigt

Der Weg der Predigt ist nicht grenzenlos: Er hat einen Anfang und er hat (Gott sei Dank!) ein Ende. Er beginnt in der Kirche (Justin Apol 67,3f.) wie zuvor schon in der Synagoge (Neh 8,7f.; 2Chr 17,9; vgl. ELBOGEN 194f.) mit der Nötigung zur Auslegung einer vorgegebenen Sammlung Heiliger Schriften, und er endet mit dem Kommen des Weltrichters, der von jedermann, insbesondere von dem, der in seinem Namen spricht, Rechenschaft fordert über jedes nichtsnutzige Wort, das er geredet hat (Mt 12,36). In den so umschriebenen Grenzen eines an die Schrift gebundenen und dem Gericht unterworfenen Wortes muß *der Weg selbst* die ganze Aufmerksamkeit der Kirche Jesu Christi beanspruchen. Weder die zuweilen willkommene Beschäftigung mit einem je und dann möglichen Predigtideal noch die zumeist unwillkommene Störung durch das fertige Redeprodukt, genannt Predigt, dürfen vom Wege ablenken. Von einer Predigt zur anderen, unter den wechselnden Horizonten vergehender Predigtideale, behält der Weg die Führung.

Vor einem Vierteljahrhundert (1963) hat WOLFGANG TRILLHAAS dem, wie er (inzwischen) fand, verstiegenen Predigtideal der Dialektischen Theologie zu Ehren von EMANUEL HIRSCH „Die wirkliche Predigt" entgegengehalten. Dem sich neben anderen auf TRILLHAAS berufenden neuen Predigtideal der nachdialektischen Epoche mit ihrer Begeisterung fürs ‚Empirische' ließe sich heute wiederum durch den Hinweis auf die erschreckende Banalität der Predigtwirklichkeit der Boden entziehen (vgl. schon den Hinweis bei ADLOFF, Plädoyer 152f.). Doch geht es beim Weg der Predigt nicht um die berühmten Pendelschläge der Geschichte. Vielleicht um ein vertieftes Verständnis der ‚Wirklichkeit'? Oder?

Den alten Schlachtruf „Vom Text zur Predigt", mit dem ich homiletisch aufgewachsen bin und den seinerzeit gerade auch historisch-kritische Exegeten (z.B. MARXSEN) enthusiastisch anstimmten, zu erneuern, könnte einem dem biblischen Text verpflichteten Theologen reizvoll erscheinen. Doch: Wo war, wo ist der Weg (vgl. BOHRENS Anfragen von 1962)? Methodengestrüpp bis an die Ströme des Vergessens – und dann hieß es, ‚Brücken bauen' von einem ‚historischen' Text, der nur noch ein Schatten seiner selbst war, hin zu einem nicht minder schattenhaften Heute. Dabei war und ist *der Text mit auf dem Weg,* ein zuverlässiger Begleiter – und wohl dem, der „von der Predigt zum Text" (MÖLLER) kam und so beim Text *bleibt,* hellwach unterwegs in dem alle Morgen überraschend neuen Heute der Heiligen Schrift. Ihm blieb, nachdem der Text als Text in der neueren homiletischen Theorie mehr (OTTO) oder weniger (LANGE) als verloren gemeldet wurde, das Schicksal erspart, sich mit Hilfe einer geistentleerten Rhetorik und einer nicht Wort haltenden Psychologie, angefeuert durch die Schlagzeilen der Zeitung, Sonntag für Sonntag aus dem Sumpf der Unwirklichkeit ziehen zu müssen. Die Erfahrungen, die der den Text aushaltende Prediger im Guten wie im Bösen mit der Heiligen Schrift gemacht hat und macht, halten ihn lebendig, treiben ihn vorwärts auf dem Wege in eine Zukunft, die kein futurologisch geschultes Auge gesehen, die kein Ohr gehört, die in keines Menschen Herz gekommen ist, weil Gott sich diese Zukunft zu unserem Glück als sein Werk vorbehält (1.Kor 2,9). Im Text wie in der Predigt geht es um dasselbe Heute, geht es um Offenbarung im strengsten Verstand, nämlich um ein Wort, das sich kein Mensch selber sagen kann. Das macht den Weg der Predigt, der freilich einen langen, langen Atem erfordert, zum immer wieder atemberaubenden, Herzklopfen hervorrufenden Ereignis.

Erfahrungen wollen zur Sprache kommen, auch und gerade im Medium der Heiligen Schrift, wollen mit anderen besprochen werden. Vielleicht entdeckt dabei ein einsamer Leser, daß er nicht allein ist auf dem Weg der Kinder Gottes, wird ermutigt und läßt sich hilfreich korrigieren. So gebe ich in diesem Buch Rechenschaft über homiletische Erfahrungen, die ich mit den sieben Sendschreiben der Apokalypse, im immer neuen Abschreiten des Weges von Ephesus nach Laodizea, gemacht habe. Mag sein, es wäre der durchgehende ‚Weckruf': „Wer ein Ohr hat,/hören soll er,/was der Geist sagt den Versammlungen!" Anlaß genug für den Versuch, die Sendschreiben zu behaften bei dem Anspruch der Johannesapokalypse, „Offenbarung Jesu Christi" (Apk 1,1) an alle Gemeinden zu sein, Wegweisung um des prophetischen Wortes willen, das der durch die sieben Gemeinden repräsentierten Kirche Christi in der Welt jetzt, in drängender Zeit, zum Heil ausschlagen möchte. Aber der Anlaß muß hinter dem Weg zurücktreten. Dasselbe gilt auch für vielerlei an sich durchaus nicht fruchtlose exegetische Mühen um die Sendschreiben, die vor lauter Starren aufs Punktuelle so leicht übersehen lassen, wie sich der Herr der Kirche, angefangen in Ephesus, seinen Weg durch die sieben Gemeinden bahnt, bis er zuletzt, vernehmlich rufend und klopfend, vor der Tür von Laodizea angelangt ist (2,1 vgl. mit 3,20), der Anfang der Schöpfung da, wo sich am Ende, inmitten der Kirche, das Elend der Kreatur enthüllt (3,14.16f.).

Eine exegetische Einführung zu Apk 2,f. habe ich für eine Sammlung von Predigtmeditationen zu geben versucht (Adloff, Sendschreiben). Die Einführung setzt das Konzept dieses Buches voraus, mag also nebenbei dokumentieren, daß der Homiletiker nicht nur als Konsument von Forschungsergebnissen, sondern in eigenem Interesse selbständig mitarbeitend an der Exegese teilnimmt. Wiard Popkes (106) verdanke ich das Verständnis der Sendschreiben als „einer Art Exerzitienkatalog für den Empfang besonderer Erkenntnis“.

Die Theo-Logik (nicht: ‚Theologie‘!) der Sendschreiben offenbart sich dem folgerichtigen *Gehen*, das in dem Maße immer leichtere Schlüsse zuläßt, je weniger Kraft auf systematisch geschlossene Gedankengebäude verschwendet wird (3,7f.12). Kein Zufall, daß in der Mitte der Sendschreiben und als ihre Mitte (im Sendschreiben nach Thyatira) jenes ‚Ich bin‘ (EGO EIMI) laut wird (2,23), das den Sohn Gottes von Kopf bis Fuß (2,18.28) in der vollkommenen Einheit mit dem einen Gott und Vater, dem Gott Israels, herzeigt und aus dieser Einheit jeden einzelnen Schritt des Weges verstehen läßt – so daß mit dem Ende die Verheißung des Anfangs (2,1) festgehalten und überboten wird durch die Gegenwart Gottes bei den Geretteten (3,21), das Paradies der Natur (2,7) durch die Stadt, die auch das Werk des Menschen in Gott aufgehoben sein läßt (3,12).

Ja, der Weg von Ephesus nach Laodizea will *im Geist des Herrn wiederholt* werden von der Kirche aller Zeiten, solange noch Zeit ist – und es lag für einen homiletischen Versuch nahe, die sieben Tage der Woche, die der Prediger mit seiner Gemeinde durchkämpft, durchsteht, durchschläft und durchwacht für das Exerzitium solcher Wiederholung zu nutzen. Dabei käme dem vierten Tag – er ist in der Schöpfungswoche der Tag der Erschaffung von Sonne, Mond und Sternen – als dem Tag der Epiphanie des Lichtes in der Zeit entscheidende Bedeutung zu. Auch in diesem homiletischen Versuch wird sich der vierte Tag, der Mittwoch, als entscheidend, als Tag der Krisis herausstellen. Ist denn nun im vierten Sendschreiben, dem nach Thyatira, der Sohn Gottes, der Geber des Morgensternes (2,28), nicht vor allem der Herr über die Zeit? Alle Gemeinden (2,23), nicht nur Thyatira, nicht nur die sieben von Kleinasien, nicht nur die Gemeinden damals und dort, alle sollen ihn als ihren Richter, Anfang und Ende ihrer Zeit, erkennen, wenn die Zeit, die er gibt, die Zeit der Umkehr (2,21), vorbei sein wird. Als heidnisch (2,20) gerichtet ist von daher die Verkündigung einer sich selbst erleuchtenden und verwirklichenden Kirche, die nicht umkehrt zum Anfang und so den Weg des Herrn nicht geht in der endenden Zeit, verfallen an das herrenlose Gesetz, an die dämonische Dynamik immerwährenden Wachstums und Fortschritts (2,19 vgl. mit 2,24). Am letzten Tag, dem Tag von Laodizea, zählt nur die göttliche, festliche Sabbatruhe von allen Werken (14,11 ff.) verheißende Stimme des Herrn (3,20), die die Letzten zu Ersten macht, die Leidenden, die im Herrn entschlafenen Zeugen, die Märtyrer aller Gemeinden zu lebendigen Vorbildern auf dem Weg. Erst wenn das Ende bedacht ist, mag mit dem Anfang, dem ersten Tag, mag mit Ephesus begonnen werden. Es muß dann nicht bei der Klage um die verlorene erste Liebe (2,5) bleiben. Am Herrentag (1,10), am Sonntag, will die wiedergefundene erste Liebe gefeiert werden.

Darf dem heutigen Prediger zugetraut und zugemutet werden, den Weg der Predigt von Sonntag zu Sonntag durch alle Tage der Woche sich im Rhythmus des Schöpfungswerkes Gottes bewußt zu machen und so als den *Fortschritt des Herrn in der Zeit* hoffnungsvoll zu erfahren? Das muß der Leser des Buches entscheiden. Vielleicht tröstet es ihn ja, vom Zwang zu menschlicher ‚Kreativität' durch den stetigen Hinblick auf die Arbeit dessen, der allein ‚Schöpfer' zu heißen verdient, je und dann entlastet zu werden ... Zur biblischen Vertiefung kann auf die anregenden Ausführungen von Manfred Weise zu ‚Passionswoche und Epiphaniewoche im Johannes-Evangelium' (bes. 55–61) verwiesen werden.

Was immer der Autor der Apokalypse sich unter der merkwürdigen Wendung von der ‚ersten Liebe' gedacht haben mag: Müßte eine evangelische Kirche, die sich selbst noch ernst nimmt, hier nicht in erster Linie an die *Liebe zur Predigt* denken? Genauer: zu derjenigen Predigt, die uns Gott, den Schöpfer, zum reinen Geschenk macht, zur Freude, von der einer singen und sagen muß, Brot, das wir essen, Wein, den wir trinken? Wer das ähnlich sieht, mag ermessen, wie schwer das Herz dessen werden muß, der sich genötigt sieht, Rechenschaft zu geben über den Weg der Predigt. Denn was er landauf, landab als Predigtpraxis erfährt, seine eigenen Versuche nicht ausgenommen, das scheint ihm zumeist fern, allzufern von solcher Liebe. Nicht eine oft genug theologisch leichtfertige und darin auch dumme, wissenschaftlich drapierte Predigttheorie ist schuld an diesem Unglück, obwohl sie daran mitwirkt – doch was hülfe schon eine kluge, ordentliche und verantwortliche Predigttheorie angesichts der Verzweiflung, die da denkt und bisweilen auch laut sagt: Es ist kein Gott, der sich offenbart? Angesichts dieser Verzweiflung mutet der Streit um eine mehr text- oder mehr hörerorientierte oder ganz vom Ich des Predigers her gedachte Predigt als gegenstandslos an. Ein Text, der nur über die durch Professor X ‚methodisch exakt' erhobene Intention des Jesaja, des Paulus unterrichtet, aber von *Gott* nichts wissen soll (nur von ‚Gottesvorstellungen'), ein Hörer, der nicht außer sich geraten darf und selbst in Begeisterung und Wut noch auf dem Teppich einer statistisch errechneten Empirie zu bleiben hat, ein Prediger, der vor allem sich selber (Akkusativ!) predigen muß und sich dabei nicht einmal früher oder später zum Halse heraushängen darf – das alles vermehrt die Trauer ums Verlorene ebenso wie die bloße Beschwörung einer Wort-Gottes-Theologie, die, wenn sie nichts hat außer einem höchst respektablen *Bart(h)*, entschieden zu wenig hat für meine und nicht nur meine Predigtanfechtungen.

Ein getreues Abbild des chaotischen Zustands gegenwärtiger Predigtlehre bietet HANS WERNER DANNOWSKIS verdienstvolles ‚Kompendium'. Ein wahrer Dschungel von Machtkämpfen offenbart sich da dem Leser: Systematische contra Praktische Theologie, Text contra Hörer, Offenbarung contra Wirklichkeit, Person contra Sache (und umgekehrt), wobei der Autor pragmatisch vermittelnd zwischen den ‚Positionen' Frieden zu stiften sucht. Also muß er z.B., wie zuvor schon ERNST LANGE (vgl. dazu ADLOFF, Plädoyer A590: ‚balance of power'), vor der „totalen Herrschaft des Textes und der Exegese über die Predigt" warnen (66). Welche Ängste! Aber wo bleibt der Leser, der sich vor dem Gleichgewicht des hier dargebotenen wissenschaftlichen Schreckens ängstet? Der sich den Frieden, biblisch, doch etwas anders denken muß? Er wird vielleicht, wie zaghaft auch immer, mit neuer Dringlichkeit nach dem *Gegenstand* einer evangelischen Predigtlehre fragen. Daß von der Wort-Gottes-Theologie (und von KARL BARTH) auch noch anders als nostalgisch im Blick auf die Predigt Gebrauch gemacht werden kann, mag beispielhaft FRIEDRICH-WILHELM MARQUARDTS schöne Rede zu Ehren von MARTIN FISCHER zeigen („Predigen ist Grüßen des Nächsten"). MARQUARDTS bohrendes Fragen wie die zuhöchst der Predigt geltende Arbeit LOTHAR STEIGERS finden im ‚Kompendium' naturgemäß keinen Raum.

Eine weiterführende, den Text, den Hörer, den Prediger miteinander erneut auf den Weg bringende homiletische Entdeckung machte ich, als ich auf den ‚*Engel der Versammlung*' in den Sendschreiben stieß (vgl. ADLOFF, Sendschreiben 13f.). Die Ausleger mögen darüber uneins sein, ob es sich bei diesem Angelos um einen Menschen (eine Art Pfarrer) oder um einen ‚richtigen' Engel handelt – ein ‚richtiger' Engel ist eben exegetisch nicht so ohne weiteres dingfest zu machen. Man sieht ihn vielleicht nicht sofort, auch wenn man ihn ahnt; er erschließt sich langsam, oft erst im nachhinein (Ri 13,20ff.). Der Homiletiker braucht womöglich einen ‚richtigen' Engel, sich durch den Glanz eines Predigtbegriffs nicht blenden und durch eine trostlose Predigtwirklichkeit nicht entmutigen zu lassen. Denn: „Die Figur des Engels hält die Existenz der Gemeinde in der Schwebe" (FUCHS, GPM 1963/4, 14) – zwischen Schwermut (Engelfall!) und *sursum corda.* Das heißt: Wir sind nicht ‚Hörer', nicht ‚Redner', sondern – Lebende mit den Toten – um unseres Engels willen *Angerufene,* sind als Versammlung (Gemeinde) des Herrn Partner eines Dialogs zwischen Himmel und Erde, bei dem offenbleiben darf, was darüber aus uns und aus unseren Gottes-, Kirchen- und Selbstbildern wird. Das ist die Tatsache, die im Text mit dem Engel als Adressaten des Sendschreibens zum Ausdruck kommt. Die werdende, die kommende Gemeinde erscheint im mahnenden, im tröstenden Wort, das der Geist den Versammlungen sagt. Wohl dieser Gemeinde, die selbst dann, wenn sie sich lust- und lieblos durch die Welt schleppt, an der hohen Freude zu messen ist, von der sie abgefallen ist und zu der sie jederzeit zurückkehren kann! Sie hat einen Text – und indem sie den Text hat, hat sie den Geist, der unserer Blödigkeit vor Gottes Thron aufhilft. Hat sie den Geist, so hält sie ihr Amt in Ehren, das sie über das allgemeine Gerede erhebt, indem es ihr (ihrem Prediger in Person) den Stachel einer unverwechselbaren Erwählung ins Fleisch treibt.

Hochherzig denke also, wer vom Engel der Gemeinde liest oder ihn gar schaut, und solche Hochherzigkeit steht gerade dem gut an, der sich schweren Herzens auf den Weg der Predigt begibt (vgl. 2.Kor 6,11 ff.) Hochherzig und nicht kleinmütig denkt z. B., wer die Gemeinde von Ephesus mit dem Leuchter, die von Smyrna mit dem Goldkranz des Lebens, die von Pergamon mit dem blitzenden, Gerechtigkeit schaffenden Schwert, die von Sardes mit der strahlend-unauslöschlichen Schrift im Buch des Lebens, die von Philadelphia mit der zum Himmel hin geöffneten Tür, die von Laodizea mit dem Glanz des endzeitlichen Festsaals – last not least die von Thyatira in der Mitte (vielleicht einem falschen ‚Engel' zum Tort! – vgl. die Predigt mit diesem Text, s. u.) mit dem Licht des Königs aller Könige allein zusammenzusehen vermag. Warum soll denn der Weg von Ephesus nach Laodizea auf die Irrlehrerhatz fixiert sein, bei der immer dieselben Böcke geschossen werden ... Preisfrage: Wer hat z. B. schon einen gnostisierenden Judaisten oder einen judaisierenden Gnostiker gesehen? Ich nicht, aber wenn mir der Engel der Versammlung erschienen ist, dann soll doch die Nikolausianer, die Bileamsbewegung, die Isebel-People der Teufel holen!

Der Ernst der Frage nach dem mit dem Ja der göttlichen Offenbarung gegebenen Nein sollte nicht verwechselt werden mit dem so beliebten Denken in ‚Fronten' und ‚Positionen'! Gelingt es nämlich, den Text historisch in eine solche Front einzuordnen (was freilich nur hypothetisch gelingen kann), so wird die Bewegung des Textes stillgelegt, der Text ideologisiert. Man sieht sich dann als gerecht empfindender Mensch genötigt, die Position der unterlegenen Gegner zu stärken! Vielleicht waren es im Falle der Sendschreiben Pauliner (vgl. Adloff, Sendschreiben 14 ff.)? Achtet man dagegen auf den Engel, so wird das Nein der Offenbarung konkret und unmißverständlich hörbar als Kritik an dem den Weg des Volkes Gottes von Anfang an bedrohenden Götzendienst der Heiden, wofür die biblischen Namen Bileam und Isebel stehen.

So mag sich im täglichen Umgang mit der Heiligen Schrift der Predigtauftrag an die ‚liebe' (!) Gemeinde doch noch etwas anders darstellen, als es protestantische Wortmüdigkeit wahrhaben will, deren bestes Teil (immer noch besser als wortreiches Geschwätz über das ‚Nonverbale') seit je der Stoßseufzer ist: „Es ist zum Katholischwerden!" (vgl. zu diesem Seufzer KARL BARTH, KD IV/1,427). Katholisch muß der Prediger nicht werden, dem nicht ein Papst oder ein Lehramt das Wort entzog, sondern dem der Engel der Versammlung die empfangene Schrift so gewichtig (‚relevant') machte, daß er in der Gemeinde mit der Predigt dem freien Wort Raum geben kann, das kommt und geht, wie es Gott gefällt und der Gemeinde wohltut (selbst wenn's für den Augenblick wehtun muß). Protestantisch muß der Prediger nicht bleiben, weil der Engel der Versammlung ihm immer wieder das dem Protestanten über alles liebe letzte Wort, das angemaßte Urteil des Weltrichters, abschneidet, damit er nicht aufhöre, das Geheimnis der Wege Gottes mit Israel und mit seiner Kirche anhand der Schrift und der Erfahrung aufs neue zu lernen. Hat doch selbst den Apostel Paulus der Engel der Versammlung von Rom dazu genötigt zu korrigieren, was er 1.Thess 2,14ff. (falls er das wirklich geschrieben hat!) im Zorn über seine jüdischen Brüder geurteilt hatte, so daß wir in seinen Spuren und eingedenk jenes Engels wohl römischer werden möchten als die Römische Kirche und katholischer auch, weil ‚ganz Israel' (Röm 11,26) mit uns in Gottes ökumenisches Erbarmen eingeschlossen sein muß, wenn die Gnade des neuen Anfangs im Namen Jesu uns Heiden wirklich gelten soll.

„Predigt als Dialogeröffnung" (DANNOWSKI 131 im Anschluß an OTTO, Rede 23f.)? Ja, wenn man weiß, was man damit sagt: Es geht im Verzicht auf das letzte um den *Dienst des ersten Wortes* (vgl. ADLOFF, Plädoyer 88A671.107A803.118f.127ff.) Doch da OTTOS Allergie gegen alles ernsthaft *Theo*logische die Unterscheidung zwischen erstem und letztem Wort nicht wohl zuläßt, zählt am Ende eben doch faktisch des protestantischen Predigers – jeder Protestant ein Papst! – Urteil als letztes Wort, nämlich „seine (selbstverständlich richtige) Auffassung", für die der dem Hörer überlegene Redner mit den Gründen zugleich auch über die „Gegengründe" verfügt (Rede 24). Es genügt nicht, dem Hörer scheinliberal „das Recht zum Nein" zu konzedieren (OTTO, Rhetorische Aufgabe 96 vgl. mit der selbstkritischen Reflexion über „den ungewollten Eindruck ..., der augenblicklich Redende sei immer der Überlegene": ebd. 105): Man muß das

Nein auch existentiell realisieren. Das ist eine Frage nach der *theologischen* Existenz. Könnte es sein, daß die Probe auf die Ernsthaftigkeit alles christlichen Redens vom Dialog nicht erst heute am harten Widerspruch derer gemacht werden muß, die Paulus „nach dem Evangelium Feinde um euretwillen" (Röm 11,28) nennt? So daß wir mit dem „christlichen Antijudaismus" auch unsere tiefe Dialog*un*fähigkeit erst dann hinter uns bringen werden, „wenn es uns theologisch gelingt, mit dem jüdischen Nein zu Jesus Christus etwas Positives anzufangen" (MARQUARDT, Feinde 311)?

Nicht zuletzt diese Einsicht ermutigt zu einem erneuten Abschreiten des Weges der Predigt auf der Suche nach dem Wort, das die Toten ruft, die Heiden nicht ohne Israel (Röm 11,15), die ungezählte Schar der Apokalypse nicht ohne die 144 000 aus den Zwölf Stämmen (Apk 7). Die Einsicht gilt ja *‚nach Auschwitz'* nicht, weil es Auschwitz gegeben hat (so entstehen nur Schlagworte im kirchen- und theologiepolitischen Kampf), sondern: Weil sich nach Auschwitz erstaunlicherweise Juden fanden, die das Gespräch mit umkehrwilligen Christen suchten, kam es da und dort zu überfälliger biblischer Einsicht! Von dem *blinden* Schrei nach neuen Wegen in Verkündigung und Kirche halte ich (auch darum) nicht allzuviel, weil so die verkehrten Wege der Vergangenheit nicht überwunden werden. Und: Sind nicht unsere neuen und neuesten Wege alte Hüte gegenüber dem alle Morgen neuen Weg des Herrn? Das Neue, das wir mit Recht ersehnen, Gottes Neue Schöpfung liegt weithin auf den alten, tausendfach begangenen Wegen beim achtlos Übersehenen, Verlorenen, eben jetzt in unserer Zeit und von uns neu zu Entdeckenden, läßt sich finden auf dem ‚Müllhaufen der Geschichte', den auch gedankenlose Theologen mit aufgehäuft haben. Für die Predigt geht es bei solchen Erkundungen vielleicht nur um einige wenige alte und neue elementare Einsichten, um Kategorien, die wir uns in Fleisch und Blut einprägen, so daß wir instinktsicher unterscheiden lernen, was wir zu sagen haben und wovon wir schweigen müssen und wann das eine – das Reden – wie das andere – das Schweigen – an der Zeit ist. Die Apokalypse spricht von dem, den der Name des Engels des Volkes Israel über alle Dinge fürchten, lieben und vertrauen heißt – Michael (Dan 12,1; Apk 12,7): Wer ist wie Gott? Und die Apokalypse schweigt von dem, was uns nicht offenbart ist, weil Gott selbst sich das letzte Wort über alles vorbehalten hat an seinem Tag. Fangen wir also an mit dem ersten Wort!

# Apokalypse 2,1–7

Für den Engel der Versammlung in Ephesus –
schreib' auf!
Das sagt ER,
fest das Siebengestirn in seiner Rechten,
Schritt für Schritt inmitten der sieben Goldleuchter: (1)
Ich bin im Bilde,
deine Dinge und
dein Anspannen und
dein Aushalten,
und du vermagst das nicht: Böse ertragen
– und erprobt hast du den Fall:
die sagen,
Apostel seien sie,
und nicht sind sie's,
und herausgefunden:
sie lügen – (2)
und Aushalten hast du und
Ertragen bewiesen für meinen Namen,
und nicht ausgespannt hast du. (3)
Aber
ich bringe vor gegen dich:
Liebe,
deine Ursprungsliebe,
weggeworfen hast du sie. (4)
Erinnere dich so:
Wo fielest du ab,
und umkehre du,
und Ursprungsdinge tu!
Wo nicht,
ich komme dir,
und wegstoße ich deinen Leuchter von seinem Platz,

wenn du nicht umkehrst. (5)
Aber
das hast du gut:
Du hassest die Dinge der Nikolausianer –
ich hasse sie auch. (6)
Wer ein Ohr hat,
hören soll er,
was der Geist sagt den Versammlungen!
Dem Sieger im Kampf:
Ich gebe ihm zu essen vom Stamm des Lebens
im Paradies, dem Gottesgarten. (7)

## Ephesus oder: Das Wesen der Predigt

Eine *Definition* der Predigt kann das gesuchte erste Wort nur sein, wenn die Definition sich an dem Ereignis orientiert, dessen Wirkung LUTHER in Auslegung von Jes 6,4 so beschreibt: *Praedicacio graciae dei conturbat omnes praesumpciones* („die Predigt von der Gnade Gottes bringt alle Vor-Stellungen durcheinander": WA 31/II, 49 Z.14) Ginge es um unsere Vorstellungen von der Predigt, so sagte gewiß jede denkbare Definition einerseits zu wenig angesichts der Notwendigkeit eines im Namen Gottes zu sprechenden Wortes und sagte andererseits eher noch zu viel, wobei sie dem Wort die Farbe des Einmalig-Bestimmten und Konkreten raubte. Geht es aber um das Ereignis in seiner unausschöpflichen Fülle und konkreten Vielfalt, so kann gerade die Aporie, die in dem ‚zu wenig' und ‚zu viel' steckt, für die Definition fruchtbar gemacht werden. Also: Die Bemühung um eine solche Definition, die sich dann von anderen Definitionen abhöbe, muß nicht von vorneherein fruchtlos sein! Im Gegenteil: Von solchen Versuchen ist, wie nicht nur das Beispiel KARL BARTHS (Homiletik 30) zeigt, immer etwas zu lernen, um so eher, je mehr die jeweilige Definition zu wünschen übrigläßt. Der in der Auseinandersetzung mit Predigtdefinitionen zu erlernende *Verzicht* auf das Wünschen könnte der Anfang eines hoffnungsvollen Weges sein, falls dem Gehenden rechtzeitig Erleuchtung von dem Siebengestirn in der Hand des Herrn (Apk 2,1) widerfuhr: Das Vollkommene lohnt den Verzicht! Vorrangig wird also zu fragen sein, *wo* denn die *präedicatio gratiae dei* erscheint.

Dem Schmerz und der Anstrengung des theologischen Begriffs darf man sich bei der Bestimmung der Predigtaufgabe nicht entziehen, wie es neuere Homiletik (vgl. DANNOWSKI, 11 f.) weithin tut. „Die Predigt ist die ganz und gar gegenwartsgebundene Rede, in welcher der christliche Glaube, das ‚alte' Evangelium im Horizont des heutigen Bewußtseins für die christliche Gemeinde wie für die Gesellschaft zur Aussage kommen soll" (TRILLHAAS, Einführung IX): Dieser homiletische Satz aus der theologischen ‚Ganz- und Garküche' (KURT MARTI, zit. bei BOHREN, Predigtlehre 420) sagt weder zu wenig noch zu viel, sondern ‚ganz und gar' – nichts, abgesehen davon, daß die Rede vom ‚alten' Evangelium gemessen an LUTHERS ‚guter, neuer Mär' eine *contradictio in adiecto* darstellt. – Zu fragen wäre in diesem Zusammenhang, ob RUDOLF BOHREN die Bemühung um eine Predigtdefinition nicht zu früh abgebrochen hat („heute aus verschiedenen Gründen unmöglich": Predigtlehre 51), so daß in der Folge die Pneumatologie (65–88) die Funktion des ‚Wunschpartners' erhält (z. B. gegenüber KARL BARTH, vgl. BOHREN, Definition 37–47). Jedoch: Der Geist selbst läßt nichts zu wünschen, aber alles zu hoffen übrig. Zu Unrecht protestiert JÖRG ROTHERMUNDT gegen die pneumatologische Kategorie der ‚Vermengung' oder ‚Vermischung' (138 zu BOHREN, Predigtlehre 78 f.), ginge es doch statt des Wunschtraums, „die theologische und rhetorische Fragestellung miteinander zu *verschmelzen*" (ROTHERMUNDT, 35, Hervorhebung von mir, bezeichnenderweise zustimmend hierzu: OTTO, Rhetorische Aufgabe 55), darum, den Geist entschlossen als Sauerteig in die Rhetorik zu ‚*mengen*' oder zu ‚*mischen*' und es auf den hier anhebenden hoffnungsvollen *Streit* ankommen zu lassen. ROTHERMUNDT will freilich eher Frieden stiften und Brücken bauen (40 f.) Gegenüber solchen pontifikalen Absichten muß eine Predigtdefinition heute m. E. den hoffnungsvollen Streit um die Predigt als Streit zwischen Geist und Fleisch befördern, wie es dem reformatorischen Bekenntnis entspricht. Es liegt an der Situation wie an der ‚Vermengung', daß es dabei nicht ohne schmerzliche Ironie abgehen kann (ADLOFF, Plädoyer 117). In diesem Sinne spreche ich unten von der Predigt als ‚Sonntagsrede'. Es gilt heute, ‚weniger' zu sagen, wenn man ‚mehr' sagen will.

Gewiß wäre es vorschnell, auf die Frage, wo denn die *praedicatio gratiae dei* erscheine, zu antworten: in der *Kirche.* Müssen wir die Kirche reformatorisch als *creatura verbi* begreifen, würde die Antwort das Problem nur verschieben. Aber die Antwort macht wenigstens darauf aufmerksam, daß wir, wie die Auslegung von Jes 6 nicht vom Tempel absehen kann, auf der Suche nach dem Wesen der Predigt gewiß nicht von der Kirche absehen dürfen, es sei denn, wir blieben dem *creator* die Ehre seines Werkes schuldig, verweigerten dem Herrn der Kirche seinen Leib. Die Kritik, die an dieser Stelle also unerläßlich ist und die angesichts eines gerade die reformatorische Kirche beherrschenden Predigt*un*wesens nicht einschneidend und scharf genug sein kann, sehe also zu, daß sie nicht scheide, was Gott zusammengefügt hat (Eph 6,30 ff.) Die Kritik unterscheide: Das Wort wurde Fleisch – nicht in uns, sondern *extra nos pro nobis* in der Geschichte des dem Gott Israels bis zum Tode am Kreuz gehorsamen Juden Jesus. Das ist gegen allen kirchlich-klerikalen Übermut festzuhalten (vgl. ADLOFF, GPM 1982/83, 43 ff.) Aber: Das Wort, das Fleisch wurde, wohnte unter uns – im Geist – und läßt uns in demselben Geist bei sich *wohnen* (Joh 1,14.32 f.38 f.; 14,1.15 ff.23). Solch Wohnen ist ein Gehen, wie denn das in Ephesus durch den Geist erscheinende Wort im Umgang mit den sieben Leuchtern vom einen zum andern übergeht und so das Gericht vollzieht (Apk 2,1.5). Erscheint das Wesen der Predigt in ihrem Ursprung, dann ist die Predigt da in ihrem wahren Element, wo der Geist uns das Wort gibt, dem wir nachfolgen, in dem wir so bleiben können: Jesus Christus (Apk 2,3 ff.). Dabei ist mit dem Namen Jesus Christus zwar nicht an den Jesus der Historiker zu denken, der, nachdem man ihn im Namen der Wissenschaft beerdigt hat, als Bauchrednerpuppe für der Herren eigenen Geist dienen muß, wohl aber an Jesus als den Menschen, der uns und unseren Dogmen und Meinungen über ihn allezeit im Geist zeitlich vorangeht (Apk 1,13) – wie Gottes erstgeborener Sohn Israel (Ex 4,22) der Kirche. Keine fertige Christologie kann ihm genügen, wie gerade das Neue Testament in seiner christologischen Vielfalt unterstreicht. Und so mag die rechte Bemühung um die Predigt und ihre stete Erneuerung nicht zuletzt in einem schmerzlich empfundenen Ungenügen an der Christologie ihre tiefste Motivation haben – positiv gesagt: in der vom Geist eingegebenen Sehnsucht, ihn zu schauen, wie er ist (1.Joh 3,2). Der ‚Ursprung' meint also etwas anderes als den – historisch gedachten – Anfang (vgl. NESTLE, Ursprünge 24 f.; EBACH, Ursprung).

Ein Hauch von Vergeblichkeit, von Tragik scheint gerade den leidenschaftlichen Prediger zu umgeben, nicht, weil er nicht erfolgreich genug wäre, sondern weil er spürt, daß er, je erfolgreicher er ist, sich um so weiter von der Ursprungsliebe (Apk 2,4), von dem uns anfänglich vorangehenden Worte Gottes, von Jesus selbst entfernt. Wer als Prediger dieses (vermeintliche?) Dilemma nicht wahrhaben will, weil er unermüdlich damit beschäftigt ist, mit Jesus fertig zu werden, indem er ihn fertigmacht, und so voller Verachtung auf die Figur des leidenschaftlich (sich!) ungenügenden Predigers herabschaut, dem bleiben die Quellen der Inspiration, der Erneuerung aus dem Worte Gottes, verschlossen. Denn es ist ja kein unfruchtbares Dilemma, dieses Ungenügen, sondern läßt den Prediger mit verdoppelter Leidenschaft aus der Ferne nach dem verlangen, in dessen Namen genug für alle, die seiner bedürfen, geschehen ist. Also gilt es, in der Predigt heute die Erinnerung an Jesus wachzuhalten, indem wir *ihn* den Finger auf die Wunden von 2000 Jahren Kirchengeschichte und damit auf unsere Wunden, die durch den Ablauf der Zeit nicht zu heilen sind, legen lassen. Die Predigt hat nichts zu beschönigen, so wenig sie gut daran tut, Anklagereden über ‚die' Kirche und ‚das' Christentum zum Fenster hinaus zu halten. Vielmehr: „Erinnere dich so:/Wo fielest du ab?" (Apk 2,5). Du kommst nie zum Ursprung, wenn du den Fall nicht ermessen kannst, der dein Fall ist, der Fall des Predigers wie der Gemeinde in jedem ihrer Glieder. Der Fall wird hoffnungslos, Abfall von Christus, wenn die Predigt ‚erneuert' werden soll, ohne daß wir dabei unserer Versündigung an der (Ursprungs-)Liebe gedenken. Vorreformatorische Predigt als Geschwätz von ‚blauen Enten', wie LUTHER spottete, war noch harmlos, getaufte Unwissenheit, gegenüber unserem Fall, die wir wissen können, was ein verantwortungs- und gewissenloser Mißbrauch des Wortes, auch im Namen Jesu, hinterlassen hat und hinterläßt: Die Hölle auf Erden.

Zu reden ist von der ‚zweiten Schuld' (GIORDANO), also von der Unfähigkeit, Schuld zu übernehmen. RUDOLF BOHREN hat darüber in seiner Predigtlehre einen wichtigen Paragraphen (§ 12) geschrieben (209–221: ‚Erinnerung an die Sünde'). Die von BOHREN geforderte „Untersuchung an Hand der Nachkriegspredigten in Deutschland, die die homiletische Unfähigkeit zu trauern erhellen würde" (220) ist m. W. noch nicht geschrieben worden. Gibt es keine Auseinandersetzung mit der zweiten Schuld, ‚der Schuld der Väter', so wird es eine dritte Schuld geben, die der ‚schuldlos beladenen' (GIORDANO) Söhne, Töchter, Enkel. Ich habe nicht den Eindruck, als gehöre diese Frage zu den drängendsten Problemen der (immerhin im zeitlichen Zusammenhang mit der Studentenbewegung aufgekommenen) neueren Homiletik. Moralisierendes Betroffenheits-Pathos, im Umkreis neuer sozialer Bewegungen z.T. auch verbunden mit neuem Antisemitismus (vgl. dazu BRUMLIK; BRODER), ist keine Antwort, sondern dokumentiert andauernde geistig-moralische Lähmung und Selbstgerechtigkeit. Die Frage der zweiten (der dritten?) Schuld wird übrigens auch im Verhältnis der weißen Christen zu Christen der sog. Dritten Welt zu bedenken sein. Bewegend zu lesen ist, wie sich KLAUS NÜRNBERGER seinen schwarzen Studenten als Pharao („Mein Held ist Pharaoh") zu erkennen gibt (41–45). Im Kapitel ‚Die Folgen der Predigt' muß die hier angeschnittene Problematik noch einmal aufgenommen werden.

Wer predigt, muß auf der paradiesischen (Apk 2,7) *Unschuld* des Glaubenswortes bestehen. Wenn LUTHER nicht nur gegenüber den Schwärmern, sondern gerade auch gegenüber dem Papst (*De captivitate babylonica,* WA 6, 526 Z.35–527 Z.12) die (Kinder-)*Taufe* herausstrich, so bestand er damit auf der Unschuld des Glaubenswortes, die so wenig selbstverständlich, so wunderbar ist wie ein – Kinderglaube. Das Sakrament der Taufe hat Gott als einziges unverletzt (*illibatum*) und unbefleckt (*incontaminatum*) inmitten der ungeheuerlichen Greuel der Papstkirche bewahrt: Weil Gott die Kinder durch den einfältigsten Glauben an sein Wort (*simplicissima fide verbi sui*) geheiligt wissen wollte, konnte der Satan die Kraft der Taufe in den Kindern nicht auslöschen (*virtutem Baptismi in parvulis non potuit Satan extinguere*). Könnte die sogenannte ‚Kirche des Wortes', deren Worte, weil sie durch Schuld gelähmt ist, geistlich kraftlos geworden sind, so daß sie sich weithin als Kirche des gemeingefährlichen Geschwätzes darstellt, am Ende auch Trost in der Taufe finden, genauer: in der Tatsache, *daß* getauft wird (dazu vgl. ADLOFF, GPM 1987/88, 215.218)? Es gilt zu sehen, was im Namen Jesu unter uns geschieht und woran wir mit jedem Gottesdienst (die Formeln: ‚im Namen Jesu' und ‚im Namen des Vaters, des Sohnes und des Heiligen Geistes' sind ja Taufformeln!) erinnert werden: Gott öffnet (schuldigen) Menschen, Erwachsenen und Kindern – übrigens auch, was beim Streit um die Taufe nicht vergessen sein soll: geistig behinderten Menschen! – den Mund, macht sie durch den Kuß seiner Liebe mündig, weil er sich nicht zu gut ist, in ihrem Lobpreis, in ihrem Geschrei anwesend zu sein (Ps 8,3). Im Licht der Taufe zeigt sich das Wesen der Predigt, des

Glaubenswortes, noch einmal als ein Wesen des Übergangs vom einen zum anderen: vom Alten zum Neuen, vom Tod zum Leben, von der Sünde zur Gerechtigkeit. Derselbe Gott, der (wie LUTHER in *de captivitate babylonica,* WA 6,532 weiter zeigt) Abel durch das Opfer, Noah durch den Regenbogen, Abraham durch die Beschneidung rettet (denn zwischen den ‚Sakramenten' des Alten und Neuen Testamentes ist kein Unterschied, was die Wirksamkeit der Bedeutung angeht: *penes efficatiam significationis*), der nimmt heute Menschen in den unverbrüchlichen Bund der Liebe auf – zwar so, wie sie sind, d.h. ohne Vorbedingung, aber: damit sie aufhören zu ‚sein', worauf sie im Namen einer trostlosen Empirie festzulegen wären. „Dein Leben, wie es wirklich ist, ist jetzt aufgenommen in Gott. Über dieses Leben ist das Gericht ergangen, damit du dein Leben wandeln kannst." (IWAND, 290, der ebd. 288 ff. den Bundesgedanken für LUTHERS Taufverständnis herausarbeitet). Wenn heute mit vollem Recht Erneuerung der Predigt durch Ernstnehmen des Priestertums aller *Getauften* (vgl. ADLOFF, Lektor) erhofft wird, dann wird solche Erneuerung, sollte sie eintreten, sein, was sie im Ernst stets gewesen ist: Umkehr zur Taufe (Apk 1,5 f.). Nur als Umkehr zur *Taufe* als *Gottes* Werk werden Umkehr und Erneuerung davor bewahrt sein, geistlose *Forderung* zu bleiben, durch die nur tote Menschenwerke erpreßt, aber die Gewissen nicht gereinigt werden. Ist es Zufall, daß die radikalsten, die grundstürzendsten Gedanken BONHOEFFERS über die Erneuerung der Kirche und ihrer Verkündigung auf die Taufe als ihren ‚Sitz im Leben' weisen (Widerstand 327 f.)?

Bleibt die Taufe auch wehrlos gegenüber der Verkehrung der christlichen Freiheit in den ideologischen Zwang einer Pseudokirche, so provoziert sie noch im Mißbrauch den wahren Brauch des Wortes: Die Wörter unserer Sprache, heruntergekommen, obsolet geworden, bedürfen des Bades in diesem reinen Quell – sie gehen verjüngt daraus hervor. Das gilt nicht nur für „die alten großen Worte der christlichen Verkündigung", wozu BONHOEFFER (327) übrigens nicht allein Versöhnung und Erlösung, Wiedergeburt und Heiligen Geist, Kreuz und Auferstehung zählt, sondern Feindesliebe, Leben in Christus und Nachfolge Christi (!) – das gilt auch für das stets fortzuschreibende ‚Wörterbuch des Unmenschen' (STERNBERGER/STORZ/SÜSKIND) wie für Wörter der Mode und des fromm-unfrommen Jargons.

Es geht also nicht um Sprachregelungen! Vielleicht ab und an um ein wenig Askese? Bekommt es dem Frieden, wenn das Wort Friede in den Predigten inflationär wird (vgl. Böll, Nicht nnur zur Weihnachtszeit)? Man prüfe, wie die Wörter aussehen, *nachdem* man sie ,zum Bade geführt' (Luther) hat: Betroffenheit, Aktivieren, Engagement, Spontaneität, Authentizität, Kreativität, Politik ... Apropos: Modewort Wirklichkeit: „Wo ... die Aufgabe der Predigt als Vermittlungsbemühung zwischen Weltwirklichkeit und Offenbarungswirklichkeit gesehen wird, da wird der Wirklichkeitsbezug der Predigt als eigenständiges Thema wichtig" (Dannowski, 69). Ich stelle mir vor, die Gemeinde in Ephesus, die als Inbegriff der sie bedrängenden ,Weltwirklichkeit' die dortige Domitianstatue erfährt, macht dieser einen ,Wirklichkeitsbezug' aus ,Offenbarungswirklichkeit' ... Oder darf man so nicht ,vermitteln'?

In diesem – aber auch nur in diesem – (kritischen!) Sinne mag die Arbeit an der Predigt, durch die ihr Wesen überraschend immer wieder neu ans Licht gebracht und so definiert wird, ,schöpferisch' genannt werden (zum Kreativitätsbegriff vgl. Rothermundt, 138–143). Das ,Taufen' der Wörter ist ihr Element. Alles Prüfen, Unterscheiden, Verbinden und Trennen erhält seine Vollmacht von jenem (Tauf-)Himmel der Neuen Schöpfung, unter den immer wieder bußfertig zurückzukehren keine Regression ist, sondern ein Fortschreiten in der Liebe. Auf „die Anfänge des Verstehens zurückgeworfen" wird der Kirche, die „auf Gottes Zeit warten" kann, „neue Sprache" geschenkt (Bonhoeffer, Widerstand 327 f.). Auch für das lutherische Bekenntnis fundamentale Formeln wie ,*Gesetz und Evangelium*', die an ungeschichtliche (neulutherische!) Mißverständnisse preiszugeben m. E. kein Anlaß besteht, müssen sich im Lichte unserer offenbaren Schuld an Gottes Gesetz heilsame Verwandlungen gefallen lassen, notfalls auch gegen Paulus und Luther. Das ,Gesetz' hört auf, (nur) gegen uns zu sprechen, wird uns zur neuen Freude, wenn wir es – endlich! – als Tora verstehen und so als Evangelium für Israel gelten lassen. War es vielleicht schon die Gefahr der Gemeinde in Ephesus, das Evangelium als liebloses Gesetz gegen anders Lebende, anders Denkende (Apk 2,2.6) zu exekutieren und muß die Gemeinde auch darum zur Ursprungsliebe zurückgerufen werden? Und tun wir dem Seher Johannes Gewalt an, wenn wir uns – über seine erkennbaren Intentionen hinaus? – an ,Gottes erste Liebe' (Heer), an Israel erinnern lassen? Die Umkehr zur Taufe bringt Versteinertes in der

Lehre der Kirche neu in Fluß, sie öffnet in der Predigt, vielleicht, Zugang zu verschütteten Möglichkeiten urchristlicher Gotteserfahrung.

Gesetz und Evangelium: Die Formel hat, historisch gesehen, MARKION zum Autor. Sie ist (auch in ihrer Umkehrung durch KARL BARTH!) unpaulinisch, ja, in der Konsequenz, antipaulinisch (vgl. nur VON DER OSTEN-SACKEN, 197–200). Wenn LUTHER mit ihrer Hilfe PAULUS erschließen wollte, dann ist LUTHER an PAULUS zu messen (was er selber will) und gegen Markionitismus wie Antinomismus in Schutz zu nehmen. Freilich: Man muß LUTHER auch gegen sich selbst in Schutz nehmen (vgl. den bewegenden Aufsatz von FRIEDLANDER). Die Bekenntnisschriften der lutherischen Kirche lehren immerhin den *tertius usus legis* (FC VI). Wenn ich in diesem Buch in aller Vorsicht von ‚Gesetz und Evangelium' spreche, dann um des heuristischen Werts der Formel willen und, weil ich meine, daß hinter die in dieser Formel sich aussprechende Erfahrung des Glaubens niemand (nicht nur kein lutherischer Theologe) zurückkann, nachdem sie einmal zur Sprache gekommen ist (immer noch lesenswert: SCHEMPP). Zur Rolle Israels in der Apokalypse vgl. nur KRAFT, 126f., ELLUL, 160f.; dagegen BÖCHER, 28–57.

Zu den verschütteten Möglichkeiten urchristlicher Gotteserfahrung gehört, wie REINHART STAATS (Sonntagnachtgottesdienste) eindringlich gezeigt hat, die Erfahrung des Sonntagnachtgottesdienstes im Übergang (nach unserer Tagesrechnung) vom Samstag zum Sonntag, von der Nacht zum (im Orient plötzlich aufscheinenden) Tag. Der Sonntag *muß* da nicht länger lediglich eine (schlechte!) Alternative zum *Sabbat* bleiben, sondern läßt als der Herrentag, der Anbruch des Lichts in der Finsternis, inmitten der sieben Goldleuchter die Stimme des Ruhe von allen nächtlichen Qualen und apokalyptischen Fieberträumen gebietenden und verheißenden Herrn, des einen Gottes (Apk 1,10–13; 2,1; 14,13), hören. Da ist keine Alternative zwischen Sonntag und Sabbat – wohl aber ein heilsamer Unterschied zwischen Anfang und Ende, als dessen Herr sich Jesus Christus, der Auferstandene, Juden und Heiden zugut erweist. Der Sonntag ist derjenige Tag, der mit der Predigt als der Zeitansage vom unaufhaltsam sich nahenden Tag des Herrn, vom die Werke Gottes krönenden Sabbat der Schöpfung, steht und fällt. Die in der Umkehr zur Taufe alten (Ign Magn 9,1; Barn 15,8f.) und neuen Antijudaismen absagende Predigt tauft den heidnischen Sonntag und macht so den biblischen

Sabbat zur Verheißung für alle. Rudolf Bohrens ‚sabbatliche' Predigtlehre (vgl. das Register zum Stichwort Sabbat, das Stichwort Sonntag fehlt!) ist ein Zeuge dieser Predigtauffassung. Ich nenne nun, wohl wissend um die Ironie einer solchen ‚Definition' (s.u.) und d.h. in der Flucht nach vorn, dem kommenden Herrn entgegen, die Predigt herausfordernd eine *Sonntagsrede* (vgl. schon Henning Schröer in Lange [Hg.], Predigtstudien Bh. 1,81). Die Predigt – eine Sonntagsrede? Genau das trifft's – und zwar mit jener unheimlichen Genauigkeit, die auch schmerzen muß: „Die Sonntagsreden von Religionsbeamten machen mich gähnen, wenn sie mir auch den Schlaf nicht bringen«, meint Bohren (ebd. 24). Darin steckt zunächst nur Abwehr, noch keine vorwärtsweisende Einsicht. Aber gerade das abschreckende Beispiel der *politischen* Sonntagsrede kann die Einsicht bekräftigen: Dies herrenlose Angstprodukt nicht endender, ruheloser Freizeit- und Tagungshektik schreit geradezu nach derjenigen Predigt, die es tagen, die sich vom wunderbar anbrechenden Herrentag in ihr Wesen bringen läßt. Würde der Prediger, statt als ideologisch-moralischer Vormund der Politiker sich an die Stelle Gottes und seines Ratschlusses zu setzen, wahrhaft politisch predigen, daß die Welt einen guten Herrn hat, der die Gewaltigen vom Thron stößt und die Niedrigen erhöht, so würden womöglich auch Politiker, statt verantwortungslose Reden zu halten, Politik machen als eine bescheiden-alltägliche Arbeit, die für oder gegen sich selber sprechen muß und für die sie nicht nur ihren Wählern Rechenschaft schuldig sind. Die Verantwortung der Predigt für die Welt ist groß – an dieser Stelle! Es ist nämlich der von der Predigt im Feuerschein des Kommenden zu taufende Sonntag, der den Alltag *als Alltag* entdecken heißt.

Mit der Bestimmung der Predigt als Sonntagsrede ist darum eine nicht zu überhörende Warnung vor allem verantwortungslosen Gerede, vor allem pfäffischen Politisieren und Schwarz-Weiß-Malen (das war und bleibt übrigens eine Quelle des christlichen Antijudaismus) verbunden – zugleich mit dem Respekt vor der ernsthaften politischen Arbeit als einer – wie anders (Gen 3,17ff.!)? – Drecksarbeit. Ist doch unseres Gottes Arbeit, die er für uns tut ein – schmutziges Geschäft (Jes 43,24f.; Joh 13)! Dürfen wir zu Gottes Ehre seine und unsere Arbeit unterscheiden, dann kommt das der Ernsthaftigkeit unserer politischen Arbeit zugute: Ein Prediger, der am Sonntag in der Predigt (Kirchen-?)Politik *macht* (was niemals ernsthaft sein kann), sündigt gegen das (nach lutherischer Zählung) Dritte Gebot. Deswegen ist die Predigt alles andere als unpolitisch: Stellt sie doch vielmehr das Politische an seinen Ort, in seine Grenzen, als ein – im demokratischen Staat – jedermanns, auch des Pfarrers *alltägliche* schmutzige Arbeit. Andererseits bringt die Predigt Gottes Politik als schöpferische Kritik an allem Menschenwerk zu Gehör – z.B. als biblisch fundierte Kritik an politischer Sprache, an politischem Aberglauben und an evidentem Unrecht nicht nur der Mächtigen, sondern auch derer, die sie wählen und gewähren lassen. Wer dem Pfarrer, der *das* predigt, vorwirft, er treibe Politik von der Kanzel, dem ist als einem Irrlehrer zu widerstehen (vgl. weiteres zum Thema im Kapitel ‚Die Situation der Predigt').

Was für eine schlimme Verkehrung richtiger Einsichten zeigte sich da, wo man unter Berufung auf den ‚Gottesdienst im Alltag der Welt' (Käsemann) den Alltag religiös-ideologisch überhöhen und den Sonntag, unter mißbräuchlicher Berufung auf Jesu schöpferische Sabbatpraxis (die kein ‚Sabbatbruch' war, sondern Feier des Gottesreiches), zum frommen Werktag degradieren wollte! Denn entfernte man den Leuchter der Verkündigung von seinem hohen Ort in der sonntäglich zu feiernden *Zeit* des anbrechenden Gottesreiches, vom Sonntag als dem „Tag des lebendigen und wirksamen Gotteswortes" (Mildenberger, 48), so bliebe wohl *allezeit* nur die Flucht in die hoffnungslose Utopie der Macher, der Leute (Männer?), die vorgeben, Geschichte zu machen. Das Liebäugeln der Predigt mit der – dieser! – Utopie als Verrat an der uns aufgegebenen Hoffnung, an der Ursprungsliebe einer die Gottesgeschichte, die Auferstehungsgeschichte mit Wort, Tat und Leiden bezeugenden Gemeinschaft – weit entfernt, die Geschichte zum Guten zu bewegen! – ließe uns am Ende ins Grundlose abstürzen, ins auch moralisch Bodenlose. Und was wäre das anderes als – Gericht (Apk 2,5)? ‚Gottesdienst im Alltag der Welt' bleibt ohne die befreiende Predigt des Herrentages schlecht u-topisch.

Welch faszinierende Utopie steht der Gemeinde in Ephesus womöglich (Böcher, 55) mit dem geistbelebten, redenden Bild des Kaisers Domitian vor Augen (Apk 13,14f.) – nicht eine anonyme, tote, bürokratische Struktur, sondern ein lebendiger, alles, die ganze Ökumene in sich begreifender

Organismus! Und wie kann sie der Versuchung des Absolutheitsanspruchs einer solchen Politischen Theologie widerstehen, wenn nicht in der Durchbrechung des Zusammenhangs der durch Menschen gemachten Geschichte, indem sie sich Zeit nimmt zu wachsamem Hören auf die Stimme dessen, der als der wahre Allherrscher den Streit für sie führt und führen wird an seinem Tage? „... du sollst von deim Tun lassen ab,/daß Gott sein Werk in dir hab." (LUTHER, EKG 240,4)

Die Predigt, auch die Predigt zwischen Montag und Sonnabend, hat also allen Grund auf ihrem Sonntagswesen als ihrem Erstgeburtsrecht zu bestehen, um eben in diesem Licht das alltäglichste, das geringste Werk als solches vor Gott zu bringen (Apk 2,2). Es wird dann politisch noch ganz anderes von Bedeutung sein, als das sich in den Medien spiegelnde und spreizende Unwesen der Herrschaften, die meinen, im Licht zu stehen, z.B. der Mutterwitz derer, die sich von den Mächtigen nicht freiwillig das Fell über die Ohren ziehen lassen, von den verborgenen Kämpfen und Leiden der Frauen und Männer, »die beten und das Gerechte tun und auf Gottes Zeit warten" (BONHOEFFER, Widerstand 328) ganz zu schweigen. Die besondere Zeit zur Predigt im Namen des Herrn (und das Warten auf diese Zeit) schafft allezeit Raum für die jedermann zugemuteten guten Werke! Daß christliche Verkündigung da und dort den guten, den von Gott gebotenen lebensdienlichen Werken den Boden entzieht zugunsten der selbstgewählten Werke eines tödlich abstrakten ‚Es muß etwas geschehen' -Aktionismus (BÖLL; vielleicht zur Abwechslung wieder einmal Krieg?), das ist nicht zu beklagen, sondern zu bekämpfen, u.U. mit Spott und Witz, durch eine Predigt, die sich ihrer Herkunft vom jüdischen, den Sabbat liebenden Zimmermann Jesus, von Gottes Osterlachen über die falschen Weltretter und pausenlos mit guten Absichten ‚engagierten' Elendsfabrikanten nicht schämt. Es ist dafür gesorgt, daß solche Predigt nicht kleinkariert-kleinmütig auf der Stelle treten muß, wenn der Große Gott sich mit den Kleinen über Land ‚auf die Walz' begibt, um in Galiläa, Kleinasien und anderswo die den Alltag beherrschenden lebensfeindlichen Dämonen mit den großen, furchterregenden Namen (Mk 5,9: ‚Legion', vgl. Nikolaus, Bileam, Isebel ...) herauszufordern. Geht es doch im biblischen Humor um die „Dialektik des Glaubens, der um Endlichkeit kämpft" (STEIGER, Humor 700) „angesichts des Gottes, der auf den Kopf stellt (I Sam 2,1–10; Lk 1,46–55) und der macht, daß sein Gericht noch liebenswert ist (‚Balken im Auge') und seine Wunder alltäglich sind (‚Lilien auf dem Felde')" (ebd. 701).

Die Gegenwart Gottes, die die Predigt nicht beschwört (1.Kön 18, 26–29), sondern von der sie kraft der Taufe im Namen Jesu zugunsten der von den Dämonen um ihren *Namen* gebrachten Leute aus dem Volk, der ‚Vielen', sonntäglich Gebrauch macht, ist kein *nunc stans*, keine um sich selbst kreisende ‚Bewegung', sondern der unsere Gegenwart entscheidende *Schritt* vom einen zum anderen, zum Nächsten. Das Übernächste ist so wenig Sache der Predigt wie das ‚ganz' Andere: Hat doch Gott der Herr das Ganze sich so vorbehalten (1.Kor 15,28), daß uns alles zur frohen Gelegenheit des Glaubens werden kann (Röm 8,32; 1.Kor 3,21), daß uns selbst der Fernste, der Feind, zum Nächsten werden muß. Im Gegenteil: Der Sprung ins Übernächste und ganz Andere ließe uns herausfallen aus der lebendigen Gottesgegenwart ins Leere, brächte den Prediger in die Gewalt der leeren Bänke, die er gerade nicht mit Grabesstimme anpredigen, sondern wenn möglich füllen sollte mit dem nächstbesten Leben (Lk 14,21 ff.!). Die leeren Bänke sind ja bezeichnenderweise oft ein trauriges Zeichen dafür, daß in der für alles und jedes zuständigen Kirche kein Raum ist für das wirkliche Leben, weil *das* in der Gemeinde-‚Konzeption' des Herrn Pfarrers und der anderen Tonangebenden nicht vorgesehen ist, während man umgekehrt mit der gesegneten Fülle z. B. bei der (wahrhaftig fragwürdigen!) Konfirmation und am Heiligen Abend, wo sich das Leben explosiv und störend Raum schafft, nichts Rechtes anzufangen weiß außer pseudomissionarischen und pseudokritischen Donnerschlägen und Feuerwerkereien. Daß gerade die konkrete Fülle, das ungewollt volle Haus, am schwersten anzunehmen ist für den Prediger (vgl. die Erfahrungen des Paulus in Korinth!), dessen alter Adam sich am liebsten selber reproduziert und in anderen spiegelt – das soll, als Herausforderung, zur letzten Hinführung auf das Wesen der Predigt werden, zum Verweis auf die Liebe, die alles aushält (1.Kor 13,7), sogar die Grenzen und das Ende des Liebenden. Wenn die Predigt endet, beginnt (hoffentlich) die Feier der Eucharistie (Apk 2,7), beginnt der Dank für die Liebe, die, weil sie viele meint, alle, den anderen als Grenze und Ende der grenzenlosen Ansprüche des predigenden Ich vor Augen bekommt. Das zu erkennen, mag schwer sein – es erkannt zu haben, macht froh.

Das gesuchte erste Wort für das Prediger und Gemeinde zusammenschließende Wesen der Predigt könnte dann durchaus – nicht nur mit LUTHER (WA 32,302 Z.26 u.ö.) – barmherzig und tröstlich heißen: ‚Hör' bald auf!' Es gehört zum Wesen der Predigt als Nächstenliebe, daß sie sich selbst als Werk überflüssig macht, weil ein anderer zu Wort kommen muß (1.Kor 13; 14,26–31). Und so erweist sich auch die pastorale Zwangsvorstellung als dem Wesen der Predigt stracks zuwider, es müsse ein Prediger noch bis zum Umfallen im ‚tätigen' Ruhestand weiterpredigen und sogar noch im Paradies, wo wir doch alle vom Baum des Lebens einträchtig – schweigend essen sollen (Apk 2,7), weil „in der Ewigkeit das Wort erlischt im Schweigen des einträchtigen Beisammenseins – denn nur im Schweigen ist man vereint, das Wort vereinigt, aber die Vereinigten schweigen ..." (ROSENZWEIG, Stern III 61). Nein, es muß wirklich nicht immer und unter allen Umständen gepredigt werden in der Kirche. Aber es gibt eben auch echte Notwendigkeiten, von denen im nächsten Kapitel die Rede sein soll.

# Zehn Thesen

1. *Praedicatio gratiae dei conturbat omnes praesumptiones* (Luther): Nach diesem Ereignis hat sich jede Definition der Predigt zu richten, so daß der Streit um die Predigt befördert wird.
2. Das Wesen der Predigt erscheint in ihrem Ursprung: da, wo der Geist uns um Jesu willen das Wort gibt, dem wir nachfolgen, in dem wir bleiben können.
3. Alle Bemühung um die Predigt bleibt vergebens, wenn in solcher Bemühung nicht die Erinnerung an den Ursprung, auch unter Schmerzen, wachgehalten wird.
4. Erneuerung der Predigt geschah und geschieht stets in der Umkehr zum Ursprung (zur Taufe!).
5. Das Werk der Predigt ist das Taufen der Wörter, ist das schöpferisch-kritische Prüfen, Unterscheiden, Trennen und Verbinden.
6. Die Zeit der Predigt ist der Herrentag als der Anbruch des Lichts in der Finsternis. Die Predigt ist Sonntagsrede.
7. Der ‚Gottesdienst im Alltag der Welt' (Käsemann) bleibt ohne die Predigt des Herrentages schlecht u-topisch.
8. Die besondere Zeit zur Predigt im Namen des Herrn schafft allezeit Raum für die guten Werke.
9. Die Predigt macht von der Gegenwart Gottes für viele Gebrauch.
10. Ist das Wesen der Predigt Liebe zum Nächsten, dann gehört es zu ihrem Wesen, sich selbst als Werk überflüssig zu machen.

# Das Lob der Gemeinde und die erste Liebe

*Predigt mit Apk 2,1–7*

Als ich diesen Text las und bedachte und mir dabei eure Gesichter vorzustellen versuchte, Gesichter von Menschen, die ich nicht kenne, da wußte ich, was ich als erstes in meiner Predigt zu tun haben würde: Als erstes würde ich euch das sternklare Lob eures Herrn auszurichten haben. „Ich weiß deine Werke und deine Arbeit und deine Geduld …" Das sei also hiermit geschehen. Und dabei bin ich gut dran, und es fällt mir leicht, euch im Namen des Herrn zu loben – gerade weil ich euch nicht kenne. Ein Pfarrer, der Tag für Tag mit seiner Gemeinde lebt, hat's da schwerer: Er kennt nicht nur die sonn- und feiertäglichen, er kennt auch die alltäglichen Gesichter seiner Leute, er kennt sie nur zu gut und weiß nicht, wie er's machen soll: zu loben, ohne zu schmeicheln, ohne gar am Ende eitel sich selbst zu loben. Und so läßt er's denn vielleicht, weil er mit Recht an der Gemeinde viel zu tadeln findet, viel – ach, allzuviel –, was sie zu wünschen übrig läßt. Aber was wird aus einer Gemeinde, die nicht gelobt wird? Wird es ihr nicht ergehen wie einem Kinde, das (jeder Erzieher weiß das!) in solcher Lage seelisch verkümmern muß? Wird sie nicht dann, weil es ihr an gesundem Selbstbewußtsein fehlt, süchtig werden nach billiger Anerkennung und auf jedes falsche, schmeichlerische Lob hereinfallen? Gott aber – das sollt ihr wissen, so wie es die Gemeinde in Ephesus erfuhr –, der liebe Gott ist ein wunderbarer Erzieher und Pädagoge. Er, der uns alle kennt bis auf den Grund unseres Herzens, besser als jeder Pfarrer und Seelenforscher, er versteht es zu loben und Menschen so zu ermutigen, daß sie nicht müde werden in der schönen und schweren Arbeit des Glaubens. Da werden selbst und gerade die unscheinbarsten Dinge zu großen Ereignissen – wenn der Herr, der die sieben Sterne in seiner Rechten hält, der mitten unter den sieben Leuchtern wandelt –, wenn der Herr der Kirche sich über das Unscheinbare und Selbstverständliche freut und das auch sagt. Z. B. über den Kirchgang an einem Tag wie diesem, wo einer doch voll Überdruß denken könnte: Jetzt bin ich aber fromm genug gewesen bei so vielen Feiertagen. Z. B. über eine Kollekte, wo einer doch verzagt fragen möchte: Wie viel ich auch gebe, ist's nicht nur ein Tropfen auf den heißen Stein? Z.B. über die Treue zur Mission, die den Namen des einen Gottes hoch erhebt über eine ganze Welt, die sich selber frech an die Stelle Gottes setzen möchte – wo wir doch alle recht ratlos sind und nicht wissen, wie zu helfen und zu retten sei angesichts dieser Welt „mit ihren tausend Plagen und großen Jammerlast", von uns verschuldet. Gott freut sich über jedes kleinste Zeichen der Bereitschaft zur Mitarbeit an seinem großen Werk und läßt uns das auch wissen.

Denn selbstbewußt muß eine christliche Gemeinde schon sein, die von ihrem Herrn im Geist bis in die Sterne erhoben wird, kennen soll sie ihren Wert, damit sie sich zurechtfinde in der Nacht der Welt. Es gibt eben wie damals in Ephesus so auch heute betrügerische Boten Gottes, Lügenapostel. Die nutzen die Unsicherheit einer Gemeinde, die sich nicht ganz und fest in Gottes Hand weiß, geschickt aus mit verderblichem Lob und giftiger Kritik. Kam also ein solcher Apostel (vielleicht hieß er Nikolaus?) nach Ephesus, sah sich die Gemeinde dort an, so mag er gesagt haben: Großartig! Welche Möglichkeiten, welche Chancen – in einer Weltstadt wie Ephesus! Welcher Reichtum an Menschenmaterial, an Menschen, die notfalls alles zu opfern bereit wären für eine gute Sache! Wenn man das nur so recht ins Licht rücken könnte ... Natürlich: Viel zu unscheinbar das Ganze, so wie es jetzt ist. Nicht konkurrenzfähig in einer Stadt, die den weltberühmten Tempel der Göttin Artemis in ihrer Mitte hat, der die Massen anzieht mit Musik und Tanz. Immer nur Gottesdienste an allen Sonn- und Feiertagen, versteckt, in der Nacht, aus Angst vor Verfolgung, immer nur langweilige Predigten und Gebete und die alten jüdischen Psalmen; immer nur Taten, die den großen Durchbruch nicht schaffen. Hier muß alles anders werden, predigte der Apostel, lebendiger, dynamischer, geistlicher, werbewirksamer, sonst wird es keinen Bestand haben. Vor allem: Hier muß man sich mit der politischen Macht arrangieren, darf nicht länger im Namen Gottes dem Kaiser widerstehen, der doch auch göttlich ist ... Klang das nicht gut? Und einige folgten dem Apostel, ihm und denen, die nach ihm kamen – und sie bauten miteinander eine Gemeinde auf, wie sie (so meinten sie) die Welt noch nicht gesehen hatte, blendend, faszinierend und knallig wie ein Feuerwerk in der Silvesternacht. Andere blieben zurück. Sie spürten mit sicherem Instinkt: Es paßt nicht, diese Selbstdarstellung, es paßt nicht für eine Gemeinde

Jesu Christi, für eine Gemeinde von Sündern, die durch das Blut des Lammes rein geworden sind, für eine Gemeinschaft, in der einige, die Besten, viel gelitten haben.

Ja, recht hatten sie. Sie konnten das trügerisch Böse, konnten die Eitelkeit der Neunmalfrommen, ihre Feigheit, konnten die Lüge nicht ertragen, die so täuschend im Gewande der Wahrheit daherkam. Recht hatten sie wohl ... Aber etwas wie Trauer war zurückgeblieben, ein Bodensatz von Bitterkeit. Böse Worte waren gefallen gegen die frechen Neuerer, die standen nun wie schwarze Mauern um sie herum. Warum ist das so, daß der, der im Recht ist, selber so böse, so bitter-böse werden kann darüber? Ist er am Ende seines Rechtes doch nicht so ganz gewiß und kann das auch niemals sein, es sei denn, er würde von Gott, dem Herrn, so herrlich und wunderbar gelobt, wie nur er einen Menschen loben kann, so, daß sich dieser Mensch gänzlich unverdient ins Recht gesetzt erfährt? Ihr versteht: Darum mußte der Herr selbst die treuen, die im Kampf um die Wahrheit erprobten Christen in Ephesus loben, mußte die Bitterkeit wegloben, die schwarzen Mauern um sie herum zerbrechen, indem er selbst aufs neue unter ihnen wandelte, angetan mit all dem Schimpf, der ihm widerfahren war, mußte der Gemeinde zeigen, daß ihr Recht in den Sternen stand, nämlich bei Gott allein, strahlend und unverbrüchlich.

Könnte ich euch im Namen des Herrn so loben, ihr würdet auch das Wort aus unserem Text annehmen können, das euch vielleicht vorhin, als ich's vorlas, schwer auf die Seele gefallen ist: „Aber ich habe wider dich, daß du die erste Liebe verlässest." Nicht wahr, das trifft's, das trifft uns alle, um so mehr, als wir, auch und gerade unter gläubigen Menschen, Treulosigkeit und Verrat kennengelernt haben. Denn die erste Liebe ist der Frühling des Glaubens. Es ist die wunderbare Zeit, in der sich alles, was ist und in dieser Welt geschieht, auf die Liebe zu dem einen Gott und Schöpfer reimt. Es ist der Sonntag des Evangeliums. Es ist die Zeit, in der der Herr Jesus in Galiläa durch blühende Felder wandert, Hungernde satt macht, Kranke heilt und die Bösen verwandelt durch den Anblick göttlicher Güte. Es ist die Zeit, in der Judas Ischariot seinen Lehrer Jesus über alles liebt. Es ist die Zeit, in der Mission nicht als schwere, unerfüllbare Verpflichtung ‚getrieben' werden muß und auf den Treibenden lastet, sondern geschieht, weil Menschen durch Jesus angezogen werden. Epiphanias heißt diese Zeit, Erscheinung der

Herrlichkeit Gottes unter uns. Da kommen die Heiden, die Weisen aus dem Morgenland von selber zu dem neugeborenen König der Juden, weil sie ihr Recht in den Sternen gefunden haben.

Lange könnte ich so fortfahren, aber je länger ich redete, desto trauriger würde ich euch machen durch solche Rede. Denn die Zeit der ersten Liebe ist vorbei, weil du sie verlassen und verraten hast. Die Tür zum schönen Paradies war geöffnet an Weihnachten, wir schauten den Baum des Lebens, aber wir fühlen, wie wir unaufhörlich fallen, gefallen sind von solcher Herrlichkeit. Und doch will und kann ich nicht aufhören, von der ersten Liebe, vom Sonntag des Evangeliums, vom Frühling auch unseres Glaubens zu reden und euch wie mich selber mit solcher Rede traurig zu machen, weil darin unsere Hoffnung beschlossen ist. „Gedenke, wovon du gefallen bist, und tue Buße und tue die ersten Werke", sagt der Herr der Gemeinde in Ephesus – voller Hoffnung auf Umkehr und Rettung. Gäbe es diese Hoffnung nicht für uns, Hoffnung durch Umkehr, durch Gedenken an die erste Liebe, wir blieben ohne Trost in der Welt.

Denn was ist aus unseren anderen gutgemeinten Hoffnungen geworden, was wird aus ihnen? Hatten nicht die Missionare, die im vergangenen Jahrhundert, auch aus Hermannsburg, auszogen, gehofft, dem Herrn Jesus die Welt zu Füßen zu legen? Und haben sie es nicht getan? Ja, da kann man schon bitter werden, wenn man das Ergebnis bedenkt. Da gibt es jetzt z.B. eine christliche Regierung im südlichen Afrika, unter deren Verantwortung neben vielen anderen der schwarze Superintendent Simon Farisani unschuldig eingekerkert und aufs brutalste gefoltert wird, nur, weil der Mann nicht von dem verrückten Glauben läßt, es müßten Schwarz und Weiß im Namen Jesu als Brüder leben können in diesem Land. (Wir hörten seinen Bericht letzte Woche in Hermannsburg: Trostlos, wenn Farisani uns nicht getröstet hätte aus der Kraft des Glaubens!) Und wir können noch nicht einmal sagen, das ginge uns nichts an und wir trügen dafür keine Verantwortung. Wer Augen hat zu sehen, der sieht in den Folterern und denen, die ihnen befehlen, wohlvertraute Gesichter und manchmal, in der Stunde der Wahrheit, sieht er darin sein eigenes Spiegelbild. Natürlich gibt es unter uns auch erfreuliche politische Bewegungen, die das Unrecht in aller Welt wie in unserem Lande tapfer beim Namen nennen. Und es gibt Bewegungen in der Christenheit, die sich ehrlich bemühen, das Eis der Gleichgültigkeit in der Kirche aufzutauen, damit Neues wachsen kann. Aber, ihr müßt verzeihen: Wir dürfen uns nicht bei Strohfeuern aufhalten, die, wenn sie abgebrannt sind, uns erst recht in der Kälte zurücklassen. Wir müssen mit unserem Herrn erst noch in ganz andere Tiefen hinein, weg von der Oberfläche, wo sich noch dies und das ‚bewegt', dorthin, wo wir im Angesicht des unschuldig erwürgten Lammes Gottes weinen können über uns und die Welt. Und unsere Tränen, die aus der Tiefe unseres Herzens kommen, die werden der warme Regen sein, der den Frühling ankündigt, die Zeit der Liebe, die niemals aufhört.

Wie du in solche Tiefe hineinkommst, fragst du? Der hoffnungslos oberflächliche Mensch, der du zu sein meinst? Antwort: Indem du dich von dem Herrn loben läßt, von Gott allein! „Ich weiß deine Werke und deine Arbeit und deine Geduld." Nichts kann, nichts muß uns so tief beschämen, uns so zu aufrichtigen Tränen bewegen wie ein solches Lob aus diesem Munde! Aus dem Munde des Gekreuzigten, der die Sünde der Welt trug, dies – wer dürfte es annehmen: „Und hast Geduld und hast um meines Namens willen Last getragen und bist nicht müde geworden." Aber: Das sollst du ohne falsche Ziererei annehmen von ihm, das eine wie das andere: „Aber ich habe wider dich, daß du die erste Liebe verlässest." Das beides paßt zusammen, paßt zusammen in Gottes weitem Herzen, das voll ewiger Liebe ist für uns und seine ganze Schöpfung. Und wie Gott in seiner Liebe Nein sagen muß zu unserem bösen, häßlichen, verlogenen Wesen, zu allem, was seine Güte verhöhnt und beleidigt, so sagt er Ja zu unseren geringsten, zu unseren unscheinbarsten guten Werken, gibt ihnen Raum in seinem Gedenken.

Darum will ich fortfahren mit meiner Predigt, wie ich begonnen habe: indem ich euch lobe im Namen des Herrn und euch Mut mache zu den ‚ersten Werken', zu den ersten, zaghaften Schritten des Kindes, das gerade das Laufen lernt ... Es ist doch nicht schlimm, es ist im Gegenteil höchster Trost, wenn der Herr uns sagt: Ihr müßt von vorne beginnen. Es wird ja damit nicht einfach entwertet, was wir bisher getan haben, es werden unsere Erfahrungen nicht für ungültig erklärt – es wird nur erneut die Tür zum schönen Paradies geöffnet, dessen Glanz uns entgeht, weil wir uns und unsere Werke lieber mit eitler Freude selber loben, als daß wir uns von Gott loben und liebhaben lassen. Vielleicht müssen wir alles vergessen, was wir so sicher zu wissen meinen: über die Kirche, über die Mission, damit wir neu lernen, die Menschen zu lieben als Gottes Ebenbilder, jeden einzelnen, jeden in seiner unverwechselbaren Art, weil wir Ihn lieben von ganzem Herzen, von ganzer Seele und mit aller unserer Kraft, Ihn, den Einen, unseren Schöpfer und Erlöser. Vielleicht müssen wir in Europa, die wir auszogen, dem Herrn Jesus die Welt zu Füßen zu legen, erst einmal lernen, daß ihm, der die Sterne am Himmel in seiner Hand hält, und der sich auf Erden seinen Weg bahnt zu den Menschen, die er sucht, daß ihm wirklich alle Gewalt im Himmel und auf Erden schon gegeben ist: Laßt euch nur von den leidenden Christen in Äthiopien, Südafrika und Südamerika erzählen, wie wunderbar sie seine Gewalt erfahren in Hunger und Durst, in Krankheit und Gefängnis, laßt euch dies erzählen zur Beschämung eures Kleinglaubens! Vielleicht muß unser Leuchter hier in Europa tatsächlich weggestoßen werden von seiner Stätte, damit Gottes Licht neu leuchten kann in der Welt. (Frage: Was ist aus Ephesus geworden?) Vielleicht müssen wir Kinder heidnischer Vorfahren erst von Grund auf lernen, Gottes erste Liebe, nämlich sein Volk Israel dankbar zu entdecken, zu ehren, das Volk, dem er die Treue hält und halten wird durch alle Zeiten. Vielleicht müssen wir wirklich erst bis ans Ende der Welt gehen, damit uns die Herrlichkeit Gottes in seinem Sohn aufgeht. Vielleicht? Nein, sicher! Denn eins ist gewiß: Gott will sich unter allen Umständen an uns freuen. Unser Herr brennt darauf, unsere Taten, unsere Geduld, unsere Leiden zu krönen mit seinem Lob. Nichts wird er uns vorenthalten, uns schuldigen Menschen, von seiner Freude, nicht die süße, alle Bitterkeit besiegende Frucht vom Baum des Lebens, die Adam verwehrt war. „Wer überwindet", sagt er, „dem will ich zu essen geben von dem Baum des Lebens, der im Paradies Gottes ist."

So freut auch ihr euch unseres guten Gottes, der uns täglich sättigt mit unverdientem Wohlgefallen. Und wenn er uns wehtun muß mit der Wahrheit, die wir nicht sehen wollen? Ja, dann erst recht mit den Tränen der Liebe: Freut euch!

Predigt am Epiphaniasfest 1983 in Hunteburg und Hoyel

# Apokalypse 2,8–11

Und: Für den Engel der Versammlung in Smyrna –
Schreib' auf!
Das sagt ER,
Erster und Letzter,
tot und wieder lebendig: (8)
Ich bin im Bilde,
dein Bedrücktsein und
dein Bettelarmsein – ja reich bist du! –
und das Verlästertsein von solchen,
die sagen,
Juden seien sie,
und nicht sind sie's,
sondern Kirche Satans. (9)
Hab' keine Angst vor dem,
was dir zukommt,
den Leiden!
Da: Es kommt,
es wird werfen der Teufel
aus eurem Nest ins Loch,
den und den,
auf die Folter gespannt und
bedrückt sollt ihr sein
zehn Tage lang.
Sei du nur treu bis zum Tod!
So gebe ich dir den Kranz des Lebens. (10)
Wer ein Ohr hat,
hören soll er,
was der Geist sagt den Versammlungen!
Der Sieger im Kampf –
nicht leidet er doppelt Gewalt
vom Tode, unwiderruflich. (11)

# Smyrna oder: Die Notwendigkeit der Predigt

Dies ist wohl die schwerste aller homiletischen Fragen, schwerer noch als die – tunlichst im Vorübergehen zu behandelnde – nach dem ‚Wesen' der Predigt, so wie der Montag nach dem Sonntag als der schwerste aller Wochentage erscheinen mag. Denn die Predigt ist nun wirklich nicht in dem Sinne notwendig, daß ‚es' ohne sie nicht ginge! ‚Es' ginge womöglich in der Kirche ‚besser' ohne sie, wobei ich zu meiner Schande eingestehen muß, daß ich mich gelegentlich ohne allen protestantischen Stolz nicht ungern dem Traum von einer predigtlosen Kirche hingebe. Aber das wäre noch kindisch gedacht, so als könnte ich der Notwendigkeit zu laufen entgehen, weil ich im Traum zu fliegen verstehe. Eher schon sollte ein Prediger träumen von einer Predigt, die so notwendig wäre wie das *tägliche Brot* – und dem Manne müßte erst der klerikale Hochmut, als wäre er mehr als nur der Bäcker, von Grund auf ausgetrieben werden, bevor wir auch nur ein Wort weiter über seinen Traum verlieren.

Die Predigtlehre tut in der Tat gut daran, die Notwendigkeit der Predigt nicht theologisch-systematisch zu deduzieren, auch nicht vom Wortcharakter der Offenbarung her (vgl. MÜLLER, Homiletik 552f.). Aber sie tut nicht gut daran, die radikale Infragestellung der Predigtinstitution, wie sie sich in der ‚Kulturrevolution' der Studentenbewegung artikulierte (vgl. nur den Widerhall bei GOLLWITZER 234–239), durch Hinweis auf empirisch nachweisbare Bedürfnisse (DANNOWSKI 20ff.) pragmatisch zu überspielen nach dem Motto: „Es gibt die Predigt, weil es sie gibt" (TRUTZ RENDTORFF in: LANGE [Hg.], Predigtstudien Bh. 1, 81). Freilich: Die Frage ist noch nicht damit beantwortet, daß die vordemokratisch-autoritäre Predigt ersetzt wird durch die demokratische ‚Diskussion' (zu GOLLWITZER 235f.), so als müsse sich das in der Diskussion Gesagte nicht ebenso der Frage nach seiner Notwendigkeit stellen. Tiefer greift die Überlegung KORNELIS HEIKO MISKOTTES, ob die Verkündigung der Kirche nicht notwendig des ‚Lehrhauses' *(beth-hamidrasch)* neben der Kirche bedürfe (29f.70f.186.189ff.).

Am biblischen Beispiel des täglichen Brotes läßt sich als erstes lernen: Gott, der Schöpfer, redet unaufhörlich mit uns und sein Reden hat eine Notwendigkeit, die alles, was wir dagegen, auch an theologischem Räsonnement, in die Waagschale werfen, zum Verstummen bringen muß. Die Himmel, durch die er seine Herrlichkeit verkündigen (Ps 19,2–5), der Staub, den er in seinem Wort gezählt sein läßt (Gen 13,16), das Weizenkorn, das in die Erde fallen und sterben muß (Joh 12,24): Wer könnte diese Sprache fassen, die uns anweht mit kosmischer Kälte, die zu uns redet mit der unwidersprechlichen Gewalt des Todes? Und sind die Körbe mit Gebackenem auf dem schuldigen Haupt von Pharaos Oberbäcker nicht – ein tödlicher Traum (Gen 40,16–19), was wir Kinder des Überflusses, die wir uns unentwegt versündigen an Gottes Reichtum, wohl nur dann ermessen könnten, wenn wir etwas wüßten von Vergeltung, vom Zorne Gottes? Aber wir sind der hier waltenden Notwendigkeit eben nicht gewachsen, auf keinem Felde unseres Lebens. Daß z. B. Liebe, die Liebe der Geschlechter, stark ist wie der Tod (Hhld 8,6) – das ist in der Bibel alles andere als ein billiger Romantizismus: In der Unwidersprechlichkeit, in der Liebe Mann und Frau überfällt, als verzehrende, unauslöschliche Leidenschaft, redet der Schöpfer sein Wort, durch das die Welt wird und zugleich ohne Aufhören vergeht. Im Todesschlafe Adams schafft Gott das Gegenüber, dem Adam nicht entrinnt, ohne das er nicht Mensch wäre, das ihm zum Schicksal wird.

Weiter! Am Montag ist es angebracht, den Pfarrer, der im Vergleich mit anderen immer noch eine schöne, eine weniger entfremdete Arbeit hat, an den Fluch der Arbeit zu erinnern. Er schelte nicht über die Todesanzeigen mit Apk 2,10 und dem Spruch „Arbeit war sein Leben“, wenn er nicht die Vollmacht hat, der sich hier anmeldenden Wahrheit (Gen 3,17 ff.) zu widersprechen! Noch im Schicksal der Arbeitslosigkeit, gerade an ihm, das ja dem beamteten Pfarrer erspart bleibt und das dem davon Betroffenen den Sinn des Lebens zu entziehen droht, meldet sich die hier gemeinte Unausweichlichkeit an. Mit oberflächlicher Kritik an der ‚Leistungsgesellschaft‘ (die natürlich einer gründlichen Kritik bedürftig ist!) durch einen Prediger, von dem man nicht wie von anderen ‚Leistungen‘ verlangt, kommt man dem hier gemeinten Zwang zu den Werken, dem Zwang zu (utopischer!) Selbstverwirklichung nicht bei. Gott, der Schöpfer, ist es ja, der uns an diese fatale ‚Kreativität‘ in Konkurrenz zu ihm, dem allein wahrhaft Schöpferischen, dem Meister aller Werke, dahingegeben hat (Röm 1,18–32). Und so hat es schließlich auch keinen Sinn, die Politisierung der Kirche, deren

Folgen in der Tat heillos sind, zu beklagen, solange man nicht weiß, womit wir es hier zu tun haben: daß wir nämlich dem Wort und Willen des wahren Herrn der Welt preisgegeben sind, indem wir auch in der Kirche die nichtige Herrschaft der sogenannten Herren und Götter dieser Welt (1.Kor 8,5) unentwegt erleiden. Politik ist unser Schicksal, was seit Hitler auch der letzte ‚unpolitische' Deutsche wissen kann, und der Protest aus friedlichen Gelehrtenstuben gegen die Feststellung, daß Auschwitz für unser christliches Reden von Gott unabsehbare Bedeutung *hat* (nicht: haben soll!), ohnmächtig.

Wer angesichts dieser Sprache (von ‚Sprache der Tatsachen' oder von ‚Sachzwängen' zu reden wäre noch eine unerlaubte Verharmlosung!) die Notwendigkeit der Predigt bedenkt, der kommt nun erst recht ins Gedränge: Denn jetzt scheint die Predigt der Kirche zum schwachen – und als solchem natürlich gänzlich unnötigen – Abklatsch eines viel elementareren Redens zu werden, schlimmer: zum ungerührten Weiterreden da, wo uns schon aus Gründen des Anstands endlich *Schweigen* geboten wäre. Der Traum von der Predigt als Brot enthüllt sich als Wahrheit des Gerichts (Am 8,11 f.). Man wäge viele gutgemeinte Ratschläge zur Verbesserung der Predigt (vgl. SCHRÖER; JÖRNS, Predigtnot) an dieser Stelle ab: Angesichts einer uns ins Verstummen weisenden Notwendigkeit werden sie schnell als zu leicht befunden.

‚Predigt als Rede', *Rhetorik:* Selbstverständlich, aber besonders stolz braucht man über die Feststellung dieser Selbstverständlichkeit mitsamt der Ausräumung theologischer Vorurteile über die Rhetorik noch nicht zu sein. Denn: Wer hat's, hinauszuführen (Lk 14,28)? Wer führt, wer denkt es durch, zu Ende (vgl. ADLOFF, Plädoyer 91 ff.)? Natürlich verkenne ich nicht, daß etwa GERT OTTO sich mit Recht gegen ein bloß instrumentelles Mißverständnis von Rhetorik (VON DEN STEINEN) wehrt (OTTO, Rhetorische Aufgabe 55 f.), weil er Rhetorik hermeneutisch zu denken sucht (GRÖZINGER 269 f. 272 f.) im Blick auf solche Hörer, „deren Verständnis erst gewonnen werden muß" (OTTO, Kommunikationsprozeß 138). Aber: Wo bleibt die ‚theologische Kritik der hermeneutischen Urteilskraft' (TROWITZSCH, Verstehen), also die Kritik an jenem Unwesen, das uns permanent zwingt, alles, was uns begegnet, uns anzueignen, zu verschmelzen, zu verarbeiten, zu verdauen, auszuscheiden, statt es zu verstehen? Ich will jetzt nicht auf OTTOS ‚Verständnis' biblischer Texte als Material „im kreativen Zugriff des Predigers" (ebd. 143) eingehen, sondern mich auf seinen Umgang mit Dichtung beschränken: Wer schützt z.B. den unvergleichlichen PAUL CELAN davor, so vereinnahmt zu werden – „als einer, der sprachmäßig und realitätshaltig genau das umschreibt, was wir" (!) „in einer gefallenen Welt als Proklamation des Heils wollen" (Rhetorische Aufgabe 141)? Vor dem ‚kreativen Zugriff' eines solchen Predigers würde ich mich wenigstens als Hörer zu schützen wissen, indem ich der Predigt fernbliebe! – Daß es noch andere, bessere Möglichkeiten gibt, Predigt als Rede zu lehren, zeigt z.B. glänzend LOTHAR STEIGER zu 1.Kor 13 (GPM 1985/86, 131–147). STEIGER weiß und geht nämlich (biblisch) den Weg ‚darüber hinaus' (ebd. 134). Zur Information über weitere rhetorische Fragestellungen in der Homiletik (Kommunikationstheorie, Soziolinguistik, Tiefenpsychologie, Kreativität, Lernpsychologie, Kommunikative Kompetenz) vgl. nur ROTHERMUNDT, 17–22.

*Persönliche* Predigt (DENECKE)? Gern, aber wo wäre das dazu berufene ‚Ich' des Predigers zu finden, das noch etwas anderes wäre als eine verzweifelte Fiktion (Röm 7)? Natürlich kann ‚ich' – eine Versuchung gerade lutherischer Theologen! – mit dem *simul iustus et peccator* spielen; aber das wäre ein heilloses Spiel. Die Realität des *peccator*-Seins läßt sich nicht überspielen durch die leichtfertige Behauptung, gerade er, der *peccator,* sei die Inkarnation des Evangeliums, „das nicht unabhängig von seiner Person freischwebend über allem wahr ist, sondern sich inkarniert hat ‚in, mit und unter' seiner Person (45). Die Realität des *peccator*-Seins läßt das als Kaninchen aus dem Hut gezauberte Prediger-Ich bestenfalls als bedauernswertes Opfer der Schlange Notwendigkeit – psychischer Determination – erscheinen, schlimmstenfalls ist's Betrug (vgl. die vorsichtigen Einwände von ROTHERMUNDT, 63ff.). Etwas Redlichkeit – Altmeister FREUD läßt grüßen – kann gerade dem Theologen nicht schaden, der sich tiefenpsychologisch betätigt.

Zu leicht befunden: Gibt es denn ein Wort, das wir Prediger *notwendig,* um Gottes und der Menschen willen, so weiterzusagen hätten, daß es *jedermann* hören muß? (Dogmatisch gesprochen: Natürlich! Aber ich rede im Kontext homiletischer Erfahrung.) Bezeichnenderweise begnügen wir uns gern mit ‚Angeboten'. Darf's etwas ‚Sinn' sein im Horizont des gigantischen Unsinns von Leben und Tod? Sind wir Prediger wirklich dazu da, permanent die immer wieder neu aufbrechenden Löcher in der Weltordnung zu stopfen, partielle Rechtfertigungen zu suchen für den kollektiven Wahnsinn der Menschheit? Da lobt man sich den ehrlichen Atheisten, der den Widerspruch zwischen wohlbegründeter Verzweiflung an der Weltsituation und kämpferischem Widerstand in das Bonmot zu fassen weiß: „Wenn ich verzweifelt bin, was geht's mich an?" (GÜNTHER ANDERS)! Ehrlicher als der (religiöse) Sinnproduzent, der unter dem wechselnden Beifall der Öffentlichkeit Wasser in ein Faß ohne Boden schöpft, scheint mir der Prediger, Redner, Schreiber zu sein, der über einem übermächtig auf ihn eindringenden Geschehen mehr und mehr verstummt, wofür es eindrückliche Beispiele aus Bibel und Literatur gibt. Wen das – ich nenne auch das Bild des alt und müde gewordenen Predigers – nicht anrührt, der sollte hier nicht mitreden, und er sollte vor allem nicht die üblichen verjüngenden ‚humanwissenschaftlichen' Psychopharmaka dagegen anbieten. GERT OTTO droht dem von der herrschenden ‚Vernunft' Abweichenden mit dem Psychiater, wenn er die Konsequenz aus EDUARD THURNEYSENS Predigtlehre so kommentiert: „Es wäre dringlich einer Untersuchung wert, welche psychischen Wirkungen für den Prediger und sein Selbstverständnis, seine Selbsteinschätzung, sein Selbstgefühl diese Sicht auf Dauer haben *muß* ..." (Rede 18). Natürlich kann auch Theologie zur Droge werden, wenn sie nicht in der Konsequenz ihres Ansatzes jener Notwendigkeit innewird, bei deren Anblick einfach weiterzureden, als wäre nichts geschehen, lächerlich wäre, ja blasphemisch (Hi 40,3f.)

Stellt man freilich in Rechnung, daß eine Theologie, die abgesehen von Jesus, dem Gekreuzigten, nichts weiß, nichts wissen will (1.Kor 2,2), zur Redlichkeit zu erziehen vermöchte, so könnte gerade eine solche Theologie auf den unwidersprechlichen Grund des Predigens gestoßen sein. Um weniger als um Notwendigkeit – also um Wünschbarkeiten – kann es sich freilich jetzt nicht mehr handeln. Und um mehr als um Notwendigkeit (vgl. JÜNGEL, Gott 16–54.543)? Immerhin hat PAULUS in einem uns hier interessierenden Zusammenhang den aufschlußreichen Komparativ *‚notwendiger'* gebildet (Phil 1,24)! Paulus denkt da an ein für andere, für ihre Freude unbedingt einstehendes Wort, also an das Wort vom Kreuz des Auferstandenen, das die maßlos wuchernde Traurigkeit der Welt an unserem Leibe niederkämpft und in ihre Grenzen bringt (Phil 1,20ff.). Notwendiger als der Tod ist jetzt das Leben – zugespitzt auf die Situation des Martyriums: das (Weiter-)Leben ‚im Fleisch', das In-Anspruchgenommen- und Verzehrt-Werden von anderen als Akt äußerster, dem Menschen zugemuteter *Freiheit,* in und außerhalb von Gefängnissen (Apk 2,10), so daß zuletzt – welche Verwandlung! – gerade der erzwungene Tod des so in Anspruch Genommenen als *reines Lebenswort,* als „höchstes Fest auf dem Wege zur ewigen Freiheit" (BONHOEFFER, Widerstand 403), weil der Freiheit *für andere,* besungen und gefeiert werden kann, falls Jesus *mit Recht* von den Toten auferstand (Apk 2,8). Einfacher kann ich nicht sagen, was in sich so unbedingt einfach ist: „Freuet euch in dem Herrn" (Phil 3,1; 4,4)! Ein Streit – ein Rechtsstreit! – wäre da wahrzunehmen, ein „wunderlicher Krieg", wo „ein Tod den andern fraß" (LUTHER: EKG 76,4) – und diesem Streit oder Krieg steht der Prediger nicht als Zuschauer gegenüber, sondern erfährt sich wie Johannes auf Patmos (Apk 1,17 f.), wie die Gemeinde in Smyrna (2,9 f.) bis ins leibhaft-seelische Dasein in ihn hineingerissen. ‚Gesetz' und ‚Evangelium' sagte LUTHER und durfte das insoweit sagen, als er mit PAULUS wußte, daß das ‚Gesetz' *Gottes* Gesetz war und blieb und demzufolge das Evangelium Gottes Rechtverhalten oder Gerechtigkeit zum Siege führt, so daß des Schöpfers Freude am Leben selbst im Tod triumphiert. Wir, die wir anders als der ‚mittelalterliche' Luther dank der idealistischen Philosophie der Neuzeit (vgl. die Bemerkung bei FLUSSER, Thesen 100) vom jüdischen Alten Testament zu wenig verstehen, sollten mit der Terminologie ‚Gesetz und Evangelium' freilich aufpassen und nicht so tun, als handle es sich hier um einen ‚Prinzipienstreit'. Was hülfe das auch da, wo es – wie in Smyrna – um Leben und Tod geht? Man würde ja an der Not in Smyrna zynisch vorübergehen, wollte man der Gemeinde das scheinchristliche Argument gesagt sein lassen: „Ihr seid zwar nach dem ‚Gesetz dieser Welt' bedrückt und arm, aber ‚eigentlich' seid ihr glücklich und reich durch das Evangelium." Vielmehr muß (Apk 2,9) gelten: Die Gemeinde ist wirklich arm dran, voller realer Probleme, *weil* sie so reich ist durch das überwältigend vielfältige Leben des Geistes, das der Auferstandene bei ihr schafft. So sagt es das Wort ihres Herrn, das, indem es sie zum Leben (neu) erschafft, zugleich ihre Not gnädig definiert und biblisch (Dan 1,12.14) begrenzt: Zehn Tage Gefängnis (Apk 2,10) – nicht mehr!; Sterben – und keine Qual darüber hinaus (2,11).

*Theologus crucis dicit id quod res est* (LUTHER, WA 1,354, These 21): Indem der Kreuzestheologe sagt, wie es sich in Wahrheit verhält, *faßt* er die *Wirklichkeit* mit ihren tödlichen Schrecken in das Wort vom Kreuz des Auferstandenen und nimmt ihr so nicht den Aspekt der schmerzlichen Negativität, des Katastrophalen, wohl aber den Anspruch auf Unendlichkeit. Der Komparativ ‚notwendiger', die spezifisch evangelische ‚Notwendigkeit' der Predigt also, meint darum nicht ein gefräßiges ‚Immer mehr', sondern ein hilfreiches ‚*Weniger*'. Es ist für mich ein Kriterium für die Qualität einer Predigtlehre, ob sie *diesen* Komparativ einhält: Es geht also nicht darum, als Prediger immer ‚besser' zu werden! Das wäre: der zweite Tod (Apk 2,11).

Weil das verständlicherweise anfechtbar ist, darum entspringen an *dieser* Stelle auch die Anfechtungen des Predigers. Es wäre ein manichäischer Irrglaube zu meinen, daß uns die ‚gottlose' Realität anfechte! Nein, es ist genau das dem Mehr Gottes entsprechende Weniger, das den Prediger, Sünder, der er ist, um seines Heils willen anfechten *muß*. Würde der Prediger Gott gegen die ‚gottlose' Realität in Schutz nehmen, verteidigen, hätte der Teufel (Diabolos) das Spiel schon gewonnen, die Schöpfung vom Schöpfer getrennt (Apk 2,10). Andererseits hat der Prediger den ‚Satan' als den Ankläger, den Widersprecher nötig (Apk 2,9), weil er Gottes freisprechendes Wort noch nötiger hat (LUTHER, WA TR 1, 146 f., vgl. MÖLLER, Seelsorglich predigen 34 f.). Für Luther galt es ein Leben ohne den falschen Schein angemaßter Heiligkeit, ein Leben also, das um Gottes und des Nächsten willen nicht ‚erlöster', sondern weniger erlöst aussehe. Wie wäre ein solches Leben ohne Anfechtung, ohne Flucht in das verheißende Wort Gottes möglich gewesen? Was LUTHER nicht sah, was aber von PAULUS wie von dem Seher JOHANNES beachtet wurde und von uns heute neu gesehen werden muß, hängt mit der Existenz des Gott bis zum Tode treuen Gottesvolkes Israel zusammen. Es ist schon eine merkwürdige Tatsache, daß dem christlichen Prediger Israel auf nahezu jeder Seite der Bibel begegnen kann, ohne daß ihn das in seinem Christentum irremacht: im Gegenteil! Die verheerenden Folgen des kirchlichen Anspruchs, mehr als Israel zu sein – das wahre Israel, die wahren Juden, die wir doch nie und nimmer sind – liegen heute auf der Hand. *So* aktualisiert sich das Wort von denen, die „sagen,/ Juden seien sie/ und nicht sind sie's,/ sondern Kirche Satans" (Apk 2,9: zum Exegetischen und Historischen vgl. ADLOFF, Sendschreiben 14 ff.). Der Anspruch des Mehr-sein Wollens hat zur

Folge eine dem wirklichen Israel durchaus fremde, spezifisch christliche Selbstgerechtigkeit, die, zum Prinzip einer jederzeit verfügbaren Gnade erhoben (,Gnadenreligion'), unempfindlich macht gegenüber der konkreten Erfahrung von Ferne und Nähe Gottes (Jer 23,23 f.), wie sie in Israel zu Wort kommt (vgl. ROSENZWEIG, Übertragungen 102–105) und so eine prinzipielle Unempfänglichkeit gegenüber der Realität Gottes, wie sie sich von ihm selbst her zeigt. ,Kirche Satans' muß die Kirche heißen, die, indem sie das nicht nur paulinische ,den Juden zuerst' (Röm 1,16) nicht gelten, sondern historisch abgetan sein läßt, zum Ankläger ihrer jüdischen Brüder vor der Welt geworden ist und damit Gottes heilsame Tora (die Lehre der Vögel unter dem Himmel und der Lilien auf dem Felde eingeschlossen) nur noch als vernichtendes ,Gesetz' vernehmen kann.

Was aber würde es heute positiv bedeuten, ließe sich die christliche Verkündigung durch die Existenz des der Kirche zum Trotz existierenden und nicht durch sie zu definierenden Israel ernstlich und gründlich anfechten? (Der Satan hätte da ja wirklich Grund genug, *uns* anzuklagen!) Nun, die Predigt würde so auf ihr messianisches Fundament in dem gekreuzigten Juden Jesus gestoßen (Mt 16,18; 1.Kor 3,11) und erführe damit ihre heilsame Notwendigkeit als Ruf in die fröhliche Umkehr zu dem Gott Abrahams, Isaaks und Jakobs. In der Kirche ist darum notwendig im Gegenüber zu Israel Bettelarmut (Apk 2,9) als Evangelium zu predigen, also die Tatsache, daß die Heiden(christen) als die Hündlein unter dem Tisch von den Brosamen der Kinder essen (Mk 7,28 vgl. mit Röm 11,18), damit Gottes Reichtum und Überfluß in der Welt *sola gratia* erscheine. Die Rede von einem christlichen ,Besitzverzicht' fände in *diesem* Zusammenhang ihren angemessenen ,Sitz im Leben', also nicht in der theologischen Kontroverse, sondern in der dankbaren Praxis des Gottesdienstes. Denn dieser Gottesdienst kreist ja in Wort und Sakrament um das Geheimnis des täglichen Brotes, des Brotes, das nicht länger als etwas anderen Geraubtes ,besessen', sondern mit Gebet und Danksagung als das jedermann, aller Kreatur (auch den Hündlein!) aus Gottes Güte Zukommende empfangen wird. Israel ist und bleibt dabei der ebenso biblische wie aktuelle Prüfstein für die Predigt, um zu ermessen, was die Kirche der Welt gönnt: Das Zuvor der Liebe des Schöpfers, die Praeexistenz Jesu Christi in Israel vor aller Christologie (Joh 8,58), also als erhöhte Schlange (Joh 3,14) wie als Fels in der Wüste (1.Kor 10,4), wobei das Zuvor den Heiden gerade als ihnen *entzogenes* heilsam ist (Joh 4,22). So bleibt Gott als der Letzte der Erste (Apk 2,8 vgl. mit Jes 44,6; 48,12).

An dieser Stelle muß m.E. das Gespräch um das *Predigtamt* als das „Amt des Glaubens" (FUCHS, Kanon 32–35) nicht nur in der lutherischen Kirche neu eröffnet werden. Auf die ausgebreitete ökumenische Diskussion um das Amt kann ich im Rahmen meines homiletischen Gedankengangs nicht explizit eingehen. Aber: Es waren die Anfechtungen, in die der als Liebe (erfolgreich!) tätige Glaube notwendig hineingerät, die das Wortamt des Glaubens bei LUTHER in einer um der Liebe willen auch *weltlich* ausweisbaren Gestalt erforderten (vgl. nur 1524: WA 16,33–36 zu Ex 3,1), es in dieser Gestalt freilich auch versteinern ließen. Vergleichbares läßt sich im Neuen Testament beobachten. Im Kampf um den Apostolat des Israel und seinen Heiligen Schriften verpflichteten Heidenapostels Paulus kam es heraus, daß die Kirche *nur* dieses Amt, das Amt des freien, des mündlichen, des anfechtbaren (!) Wortes nach der Analogie des einen Glaubens (Röm 12,6) braucht, um sich der Herrschaft selbstgerechter Priester, Funktionäre und Schwärmer zu erwehren, die das Reich Gottes an sich reißen und es den Menschen wegnehmen. In den Deuteropaulinen (in gewisser Weise auch noch in den Pastoralbriefen) setzt sich der Kampf ebenso fort wie in der Apokalypse des Johannes, geht aber in dem Maße verloren, wie Israel aus dem Blick der Kirche verschwindet. Die eindrückliche Konzentration aller Charismen auf das Wortamt des Parakleten im Vierten Evangelium hinterläßt denn auch einen zwiespältigen Eindruck: ein nicht eingelöstes Vermächtnis, weil Israel an die Gott feindliche ‚Welt' preisgegeben wird. So konnte auch die Reformation, so konnte auch LUTHER das Vermächtnis nicht einlösen. Wort und Geist treten auseinander.

Mit irgendwelcher ‚Pfarrherrlichkeit' hat das Wortamt des Glaubens also nichts zu tun. Hatte schon BONHOEFFER die Unterscheidung von Pfarramt und Predigtamt gefordert (Homiletik 247), so muß heute zusammen mit der *Pluralität* des Wortamtes sein wesenhafter *Laien*charakter betont werden (vgl. ADLOFF, Lektor). Auch der Theologe ist zuerst und zuletzt als ein mit der Gemeinde *Hörender* – Laie! Wird das beachtet, so können Gefahren überwunden werden, die aus der Tatsache erwachsen, daß das Amt um seiner im Blick auf Israel und die Schrift gegebenen theologischen Aufgabe willen *auch* professionell werden muß. Im Gegenteil: Gerade an der Existenz des berufsmäßigen Predigers, an der theologischen Existenz also, kann der Kampf um das der Gemeinde anvertraute Predigtamt, um die Einheit von Wort und Geist neu entbrennen. „Das Predigtamt ist kein freies Gewerbe" (BONHOEFFER, Homiletik 248). So kann ich mich auf die Problematik, wie sie bei dem, der sonntäglich zu predigen hat, aufbricht, beschränken, ohne damit das Wortamt auf das Pfarramt zu reduzieren. Wenn das Amt heute in der Person des Pfarrers umstritten und angefochten ist, so ist das dem Wesen des Amtes gemäß: Um des Amtes ansichtig zu werden, muß man sich nämlich mitten ins Schlachtgetümmel hineinbegeben, dorthin, wo die irdenen Gefäße zerbrochen werden und es heißen muß: „Hier Schwert des Herrn und Gideons" (Ri 7,19ff. vgl. mit 2.Kor 4,7). In der Anfechtung durch die ‚überschwengliche Kraft Gottes' zeigt es sich, daß das Wortamt des Glaubens (wie immer das institutionell geordnet ist) das einzige ist, was sich eine christliche Gemeinde nicht nehmen lassen darf (2.Kor 12,9), weil sie beständig die Zusage nötig hat, daß sie alles, was sie ist und hat (auch ihre Werke, ihre Leiden), Gott verdankt, indem sie die Frucht ihres Daseins anderen – den Juden zuerst – gönnt. Verlöre die Gemeinde das ihr anvertraute Amt aus Unachtsamkeit oder schlimmer: Undank, wo bliebe das Wort, das es mit den Anfechtungen aufnimmt, die sie um der Liebe zu Israel, zu allen Menschen willen erfährt? Weil es hier um ein Muß geht (1.Kor 9,16), um Sein und Nichtsein der Gemeinde, darum rede ich vom Amt, nicht vom ‚Dienst', was man natürlich wohlverstanden auch tun könnte, wenn nicht heute das Mißverständnis von Dienst als auswechselbarer Funktion (Dienstleistung) naheläge. (Umgekehrt mag das Wort Amt immer noch für produktiven Ärger sorgen.)

Es ist eine der wichtigsten Aufgaben einer homiletischen Besinnung, für das Predigtamt zu danken. Wer dieser Aufgabe ausweichen wollte, der sähe sich unversehens mit der heiklen Situation konfrontiert, die fertige Predigt oder gar des Predigers alten Adam loben bzw., einfacher noch, tadeln zu müssen (vgl. BOHREN, Predigtlehre 544–553 mit 402–419). Nun, der homiletische Lehrer, der beständig zur Predigt- und Predigerkritik, zum Urteil, verdammt zu sein scheint, wird nicht finden, daß auf diesem dornigen

Acker etwas Gutes gedeihen kann – es sei denn, er riskiert zusammen mit dem Prediger den entscheidenden Blick dorthin, wo die Gabe erscheint, die den Prediger zum Prediger und die Predigt zur Predigt macht. „Auch wenn sie" (sc. die Predigtkritik) „eine Predigt verneinen muß, bejaht sie das Predigen" (BOHREN, ebd. 545). Gerade für die homiletische Arbeit mit Anfängern gilt: Der Rubikon muß überschritten werden, indem die Gabe des Predigtamtes verdankt und mit ihr der Geber aller guten Gabe gelobt wird. (Zur Predigtkritik durch die Gemeinde vgl. das nächste Kapitel.)

Das fällt heute nicht nur Anfängern im Predigtamt schwer. Es muß den Predigern wieder gepredigt werden wie von LOTHAR STEIGER: „Wir merken die Anforderung des Amtes nicht mehr, des Priesteramtes aller Gläubigen, von dem die alte Orthodoxie, so hölzern sie auch war, mehr wußte als unser Pietismus und Rationalismus" (Hochmut 136). Jesaja hingegen: „Er wußte, er müsse heraustreten aus dem Verhältnis nur mit sich, aus Verwandtschaft und Gesellschaft, ja aus dem Volk Gottes selbst" (ebd.) Vermag einer es, für sein Amt zu danken (Röm 11,13), so lernt er es, anderen mit dem Worte Gottes in Ja und Nein gegenüberzutreten. Auf diese Weise wird ein Prediger zum Prediger.

„Gott loben, das ist unser Amt" (EKG 187,5): Das Amt ist die Gabe, die uns Gott loben heißt in einer, weil von *Gott* geschaffenen, uns *Sündern* abgründig verschlossenen, uns sprachlos machenden Wirklichkeit. Es ist kein Zufall, daß zusammen mit dem Wortamt des Glaubens auch das Gotteslob „mit lauter Stimm" in den Kirchen verfällt, individueller Beliebigkeit überantwortet wird. Wie die Predigt hat es das Gotteslob mit Notwendigkeit zu tun, die dem entgeht, der, indem er Israel von Gott und so den Schöpfer von der Schöpfung getrennt hat, meint, Gott und die Welt in seiner Predigt willkürlich, also sozusagen als freischaffender Künstler, zusammenbiegen zu können. Ohne die Liebe indes, die *schon* (das ist die Notwendigkeit!) lobpreisend bei den Menschen und Dingen ist, sie in Gott sein läßt (Joh 3,21), wäre die Predigt ein eitles Unterfangen und der Prediger ein nichtiger Schwätzer.

So ist das Predigtamt um der Liebe willen zu verdanken und wegen seines gerade in der Kirche offenbaren Mißbrauchs der schärfsten Kritik zu unterziehen, die nur denkbar ist. Der Mißbrauch erscheint z.B. heute da, wo Prediger sich ihres Amtes (das sie doch haben!) schämen, um dafür ihre vermeintliche Menschenliebe herauszukehren. Denn der schlimmste Mißbrauch einer Gabe Gottes, die er uns zu nehmen heißt, ist, nicht davon Gebrauch zu machen (Mt 25,14–30). Da greift dann eine *Gesetzlichkeit* Platz, die alle, den Prediger wie die Gemeinde, überfordert, weil wir jetzt Surrogate für das schaffen müssen, was wir von Gott gratis haben können: Glaubwürdigkeit z.B. (vgl. BOHREN, Predigtlehre 388–401). Wie soll ich als Prediger denn anders glaubwürdig werden, als indem ich im *Glauben* an Gottes Gabe den Rubikon überschreite und so dem Volke Gottes mit dem Wort vorangehe? „In einer Zeit, in der Prediger verzagt sind, ist es nötig zu sehen: Es gibt die Aussonderung zum besonderen Dienst der Predigt, eine Berufung zum Amt – eben im Vorangehen, im Umgang mit dem Wort. Von daher kann der Prediger auch seiner Gemeinde zusprechen, was ihm gilt. Für jeden Christen gilt ja dann eine besondere Berufung" (BOHREN, GPM Bh. 2,219). Wie soll die Gemeinde erlöst werden von der unfruchtbaren Sisyphus-Frage, ob denn ihre Glieder Christen seien oder nicht (Antwort: Wir möchten ja gern, aber ...), wenn nicht jedem einzelnen kraft der Taufe seine Berufung zum Amt des Glaubens zugesprochen wird, nicht als ‚Angebot', sondern als Gebot? Gesetzlichkeit ist ja keineswegs da zu befürchten, wo im Namen Gottes das Gebot lautwird, das erfüllt sein will und erfüllt sein kann, sondern da, wo das göttliche Gebot verschwiegen wird und an seine Stelle menschliche, abstrakt-utopische Forderungen treten (vgl. JOSUTTIS, Gesetzlichkeit 35–40.101ff.) Sagt ein Prediger z.B. pathetisch: „Wir brauchen eine arme Kirche!" (aber wir haben sie, Gott sei's geklagt, nicht), so ist das, mag auch dahinter eine richtige Reflexion stehen (vgl. BONHOEFFER, Widerstand 415f.), gesetzlich, Mißbrauch des Liebesgebotes als menschliches Postulat. Dagegen der Kirche im Gegenüber zu Israel ihr Bettelarmsein als Evangelium zu predigen (s.o.): „und dein Bettelarmsein/ ja, reich bist du" (Apk 2,9), das hieße für uns: „Macht von eurer gesegneten (Mt 5,3) Bettlerexistenz beherzten, unverschämten Gebrauch, nehmt (in Gottes Namen) mit beiden Händen, damit der Reichtum unters Volks kommt, und, wenn ihr euch (noch) schämt zu betteln, dann macht's wie jener Bankrotteur (ihr seid nämlich Bankrotteure!), den der Herr klug nannte, weil er sich Freunde zu schaffen wußte mit dem ungerechten Mammon (Lk 16,1–9)! Statt das Thema Reichtum moralisch zu tabuisieren: Schafft auch ihr euch Freunde (nicht:

Abhängige) mit eurem Geld, mit euren geistigen Kapazitäten, in Israel wie unter den Völkern!" Wer das hierzulande predigt, dem legen sich – wie seinen Hörern – notwendig die ihm fremde materielle Armut, Verfolgung und gewaltsamer Tod von Smyrna bis ans Ende der Welt auf die Seele, aber so, daß er das tragen kann, mitleidend, mitseufzend, auch unerschrocken politisch analysierend und doch dankbar, dieser Gemeinschaft gewürdigt zu sein – und er sinnt auf Abhilfe, auf Ausgleich, wo immer er kann. Kritik des (mißbrauchten) Predigtamtes ist Kritik einer Gesetzlichkeit, die, weil sie Israel und die Gottesgabe der Tora undankbar mißachtet (indem sie z.B. immer noch das Geld, mit dem man selbst nichts zu tun haben will, mit den bösen Juden assoziiert: vgl. ADLOFF, Sendschreiben 14), die rettende Notwendigkeit des Evangeliums überhört.

Sagt LUTHER in *de captivitate babylonica* (WA 6,566 Z. 33f.), das Predigtamt sei als *ministerium verbi* (Wortamt) notwendig ein Amt *non legis, sed evangelii* (nicht des Gesetzes, sondern des Evangeliums), so ist das, wohlverstanden, keine Abwertung des ‚Gesetzes', sondern eine Ehre für das ‚Gesetz'! Das ‚Gesetz', statt das Todeselend des Sünders mit jedem Wort, mit jeder Tat zu verewigen, was *wir* – durchaus wir ‚engagierten' Pfarrer, wir ‚aktiven' Christen – mit zu verantworten haben, gerade indem wir das Gegenteil wollen (Röm 7,14–25), das ‚Gesetz' kann nun endlich dem lebendigen Gott, der die zeitlich Toten ins ewige Leben ruft, und damit uns dienen. So ist die Kritik des Predigtamtes – und d.h. jetzt: die radikale Absage an jede menschliche Gesetzesherrschaft in der Kirche, die Absage auch an jene dröhnenden oder listig manipulierenden Meister des Wortes, die ihre Hörer sich unterwerfen – zugleich das Lob des Predigtamtes, durch das Gott, der Heilige Geist, selbst im Wort befreiend zu den Menschen kommt, „eine Stimme verschwebenden Schweigens" (1.Kön 19,12), indem er an ihnen wahrmacht, was er in Jesus Christus für sie getan hat. Auch für das Amt gilt: *Abusus non tollit usum* (der Mißbrauch hebt den Gebrauch nicht auf).

Jetzt muß auch ich, ohne in Fiktionen zu verfallen, um des Amtes willen nachdrücklich von der Person, vom *Ich* des Predigers reden. Er ist – dem Geber des Amtes sei Dank – kein isolierter ‚Amtsträger'. Was er zu tun hat, das tut er vielmehr gerade auch, indem er anderen gegenübertritt, in der – sei's denn: spannungsvollen –

*Gemeinschaft* mit denen, die ihn als ihr Glied, nicht zuletzt mit ihrer Fürbitte, tragen und ertragen. In ihrem von Gott empfangenen Auftrag und auf ihr Gebet hin macht der Prediger Gebrauch von dem ihm Anvertrauten, von dem Schatz des freien Wortes. Nicht darf die Gemeinde dem Prediger zwar das freie Wort, das Wort des freimachenden Gottes, ängstlich vorschreiben und verkürzen. Sie würde sich ja sonst um ihr Wesen bringen. Sie tut aber auch gut daran, nicht allzulaut über mangelnde Vollmacht des Predigers zu klagen: Sonst klagt sie am Ende über ihre eigene geistliche Ohnmacht – ist sie es doch, die ihm Vollmacht aus dem ihr Gegebenen zukommen lassen und zumuten muß. Der Prediger ist zwar in keiner Weise ihre ‚Kreatur', er ist auch nicht ihr ‚Repräsentant' (gegen die theologisch unbedachte Rede von der Gemeinde als ‚Subjekt' der Predigt z.B. bei DANNOWSKI, 44–47 vgl. ADLOFF, GPM 1987/88, 216.218 und s.u. im Kapitel ‚Medium'). Aber er ist als ein auf der Kanzel durchaus *hervorgehobener* Gegenstand ihrer Liebe ein Gegenstand ihrer kritischen Mitsorge, in der die Gemeinde sich selbstkritisch zu prüfen hat, ob sie denn *höre,* was sie in Gottes Namen heute um ihrer selbst und um der Welt willen unbedingt zu vernehmen hat. Von der Person des Predigers reden, heißt also von der Gemeinde reden, in deren Fürbitte diese Person erscheint.

Wo sollte sie auch sonst erscheinen? In der Berufsproblematik des Pfarrers, wie sie z.B. MANFRED JOSUTTIS (Pfarrer) umsichtig dargelegt hat, erscheint sie jedenfalls nur – wie könnte es anders sein? – als Problemanzeige. Auch der Rückzug ins Private rettet die Person nicht. Der Prediger, der als ein ‚Mensch wie du und ich' vor die Gemeinde treten wollte, der würde erst recht, mit oder ohne Talar, von der Berufsproblematik verschlungen, weil ein ‚Mensch wie du und ich' nur als pastorale Schablone existieren kann. Anders der Prediger, der durch das Gebet der Gemeinde in das Amt getragen und gehoben wird: Gerade er erscheint notwendig als ein Einzelner, ein Einsamer, ein Besonderer, ein Unverwechselbarer, je mehr er sich den Anfechtungen aussetzt, um deretwillen ihn die Gemeinde mit ihrer Fürbitte umgibt. Je ‚amtlicher' sich der Prediger von seinen Texten her auf die Not der Gemeinde anweisen läßt, die aus dem nie auszuschöpfenden Reichtum ihrer Begabung erwächst, desto stärker tritt sein Ich hervor, *weil* ihn sein Amt den Anderen, den ebenso Unverwechselbar-Besonderen, Einsamen,

Einzelnen suchen und auf seine, oft genug verborgene, Sprache, die doch die Sprache des Geistes ist (Röm 8,26), lauschen läßt. Man schelte solch Besonders-Sein nicht ‚elitär' – bedeutet es doch nicht, etwas Besseres sein zu wollen, sondern fragwürdiger werden, anfechtbarer, des Gebetes immer bedürftiger. Die Person des Predigers läßt sich jetzt zwar unterscheiden von seinem Amt (vgl. ADLOFF, Plädoyer 82–90), aber nicht mehr trennen von seinem beruflichen wie privaten Schicksal. Wie der Prophet und Apostel in der Bibel bekommt auch der Prediger um des Wortes willen, das er verkündigt, eine *Biographie* (vgl. JOSUTTIS, Pfarrer 100–106). Vielleicht muß man erst vierzig, fünfzig Jahre alt werden, um – nicht nach der eigenen Selbsteinschätzung, sondern nach dem Maße des Notwendigen! – predigen zu können. Damit soll den Jungen nicht der Mut genommen werden, sondern eine Berufsperspektive eröffnet – wo gibt es die sonst schon?

Natürlich könnte ich einfach sagen: Es geht nicht ohne Lebenserfahrung beim Predigen. Aber das muß nun doch konkretisiert werden, damit der Prediger von der Figur des für alles und jedes (am Ende für nichts) kompetenten Dorf- Stadt- und Weltweisen unterscheidbar bleibe. Die Lebenserfahrung des Predigers ist spezifisch (was einen Mangel einschließen mag!), auch wenn er sie stellvertretend für andere machen muß: Er, der das Wort Gottes zu sagen hat, darf dieses Wort auf keinen Fall mit seinem *eigenen* Wort verwechseln. Das muß durch viel Erfahrung gelernt werden und wird nie ausgelernt. Soll es denn überhaupt gelernt werden? Ist mit der glatten und bequemen Formel ‚Gotteswort in Menschenmund' nicht schon alles gesagt? Nein, es ist nur das Problem bezeichnet. Die Lösung liegt nicht bei einer Formel, sondern bei der durch Gelingen wie Versagen geschärften Wahrnehmung des Problems in der Erfahrung des Predigtamtes. Ein Prediger muß nämlich sagen können wie der Seher Johannes: *„Haec dicit primus et novissimus, qui fuit mortuus et vivit."* (Apk 2,8) Wohlgemerkt: Er muß das nicht etwa beteuern, um seine Person dahinter zu verstecken (das wäre fatal), er muß es noch nicht einmal aussprechen (obwohl das dann und wann die Klarheit befördern mag), nein, er, er in Person, als ein unverwechselbares Ich, muß das sagen *können,* und von diesem Können hängt alles ab, was er sonst noch sagt. Es ist verständlich (und nicht neu), daß der Prediger vor dieser Zumutung Angst bekommt. Aber ist es wirklich Angst vor der Hybris, die hier zu drohen scheint? Also: Wie komme ich kleiner Mensch dazu, des großen Gottes Bote zu sein? Ist es nicht vielmehr, wie auch Apk 1,17 (beachte die Entsprechung zwischen 1,17f. und 2,8 s.v. ‚tot') lehrt, Angst vor Gott, der mir das Meine nimmt, um mir dafür das Seine, das Eine Notwendige zu geben? Angst davor, daß meine Worte, die ich zu verantworten habe mit allen Folgen (s.u. das Kapitel ‚Die Folgen der Predigt') nicht mehr meine Worte sind, sondern denen zugehören, für die Gott sie gesprochen haben will? Der Geist, der mir das Wort des Herrn in den Mund legt, wirkt ja auch in den Hörern, wie ROTHERMUNDT mit Recht unterstreicht (69ff.), schafft, daß sich die Predigt in ihnen „multipliziert und modifiziert" (ebd. 69.70 A 31)! Dann wäre die Angst in der Furcht vor Gott, der für sein Wort einsteht, zu bestehen. Natürlich gibt es keine Garantie dagegen, daß ich mich nicht mit dem „So spricht (Präsens!) der Herr!" aufs schwerste versündige. Aber zu den schlimmsten Sünden gehört, wie die Offenbarung weiß (21,8) die Feigheit, und dem Seher wie der Gemeinde von Smyrna wird durch *dasselbe* Wort des Herrn die Angst genommen, indem ihnen gesagt wird, was sie nicht zu fürchten haben, sofern sie – was sie tun! – Gott fürchten. Das Amt, das den Prediger mit Furcht und Zittern an Gott bindet, schützt ihn davor, sich ‚Gottes Wort im Menschenwort' für einen – und sei er auch noch so heilig – Zweck diabolisch *anzueignen,* statt sein armes Menschenwort tapfer dem zur Verfügung zu stellen, der mit seinem göttlichen Reichtum, wozu auch mein Menschenwort gehört, schafft, was ihm gefällt. Daß der Name Gottes und kein anderer, auch nicht der Name des Predigers, geheiligt werde: Dazu will das Amt den Prediger mitsamt den Schmerzen, die jede selbstkritische Einsicht bereiten muß, erziehen. So wird er mit wachsender Lebens- qua Amtserfahrung (hoffentlich!) immer mutiger und einer selbständigen Gemeinde ein selbständiges Gegenüber, streitend für die Heiligung des göttlichen Namens, wo immer er in ihrer Mitte entheiligt wird, leidend, weil dieser Streit zuvor tief in die eigene Person einschneiden muß, wenn er vollmächtig geführt werden soll – zu dem Ende, daß der Prediger das (alles?) Zeitliche zu segnen vermag.

MANFRED JOSUTTIS schreibt (1974): „Demokratisch wird eine Predigt, die auf objektivierte Deus-dixit-Sätze verzichtet, weil erst auf dieser Basis ihre Aussagen diskussionsfähig werden" (Prediger 83). Seiner Intention stimme ich zu, wobei ich die Wörter „objektivierte" und „dixit" (Perfekt!) unterstreiche. Freilich: Die oft zitierten (und problematischen) Sätze LUTHERS in der Schrift Wider Hans Worst von 1541 (WA 51,516,32 ff.; 517,18–34, s. u. im Kapitel ‚Folgen'), sind nicht an der Situation einer demokratischen Diskussion zu messen. Das *Haec dixit Dominus* gilt der Anfechtung, in die der Prediger *durch* seine Predigt gekommen ist und in der es u. U. darum geht, daß er zu seinem anfechtbaren Wort steht. Das muß von Predigern, die ständig meinen, sich für ihr Wort entschuldigen zu müssen, auch heute gehört werden: „Denn es ist Gottes und nicht mein Wort ... Wer solches nicht rhůmen kan von seiner predigt/ der lasse das predigen anstehen/ Denn er leugt gewislich und lestert Gott." Vgl. JOSUTTIS (1985): Der Prediger „muß vom Ernst seines Auftrags und von der Würde seines Amtes zutiefst überzeugt sein. Und nicht zuletzt: Er muß es wagen können, den Namen Gottes mit guten Gründen für das, was er selber meint und sagt, in Anspruch zu nehmen." (Feindbilder 110) In der Tat: „Was für ein Mensch müßte der Pfarrer sein, was für ein Vertrauen müßte er aktiv und passiv besitzen, wenn er in einer Welt, die menschliches Leben bedroht und zerstört, wieder zu segnen wagte?" (Pfarrer 106).

Es dient, wie ich denke, dem Verständnis des Wortamtes in unserer Zeit, wenn wir es, wozu das Sendschreiben nach Smyrna, wozu darüber hinaus das Andenken an POLYKARP von Smyrna Anlaß gibt, in die Perspektive des *Martyriums* rücken. Natürlich soll das Martyrium vom Prediger weder gesucht noch leichtfertig herbeigeredet werden. Aber daß diese Perspektive in unseren Predigtlehren so gut wie ganz ausfällt – auch RUDOLF BOHREN spricht in seinem Paragraphen über den Prediger als Vorbild (Predigtlehre 388–401) zwar vom Leiden, aber nicht vom Tod als der äußersten (jüdischen!) Zuspitzung der ‚Heiligung des Namens' –, stimmt schon bedenklich und zeigt, daß unsere Berufung auf das Neue Testament denn doch einige Rückfragen an unsere theologische Existenz aufwirft. Zumindest das sollten wir erkennen, daß jedes ernsthafte christliche Zeugnis – ob dem Zeugen das bewußt ist oder nicht – von diesem Ernstfall, also vom Martyrium *anderer*, lebt und, vielleicht, auf ihn zugeht. Wer DIETRICH BONHOEFFER liest, kann doch, selbst wenn er es wollte, niemals dvon abstrahieren! Nicht ist nämlich mit dem Ernstfall gemeint ein dunkler Hintergrund, von dem sich strahlend abhöbe, wie herrlich weit wir auf der Höhe der Zeit lebenden Prediger es dank perfekter Kommunikationstechniken und Konfliktvermeidungsstrategien in einer pluralistischen Gesellschaft und Kirche demgegenüber gebracht hätten, sondern eher ist es so, daß unser Predigtamt seinen Glanz, falls es ihn noch nicht ganz verloren hat, als Abglanz von dem strahlenden Hintergrund dieses Ernstfalles nimmt. Wie könnte es auch anders sein, falls wir den Gekreuzigten mit Recht als unser Leben verkündigen? Jener paulinische Komparativ ‚notwendiger', mit dem sich in diesem Kapitel die Notwendigkeit der Predigt zwar nicht theoretisch begründen ließ, aber faktisch einstellte, war ja auch vom Martyrium her gedacht.

Ich möchte in diesem Zusammenhang daran erinnern, daß der unvergeßliche Ernst Lohmeyer den Philipperbrief des Paulus – doch nicht völlig zu Unrecht – im Licht des Martyriums gelesen hat. Über Lohmeyers Verhältnis zum im Martyrium erfahrenen Judentum informiert der jetzt auch von Ekkehard Stegemann edierte Brief an Martin Buber vom 19. 8. 1933 (dazu auch: Adloff, Neue Aspekte 93). Und auch an den Mann muß ich – am Montag! – erinnern, der sich in Person im Blick auf Bischof Mynster (von dem er sagt, daß er sich „selber am Montag weltklug den Folgerungen aus seiner Sonntagspredigt entzogen" habe) „recht ironisch, getreulich seine" (Mynsters) „eigene Predigt am Montag" nannte: Sören Kierkegaard (Augenblick 19). Ich lese den ‚Augenblick' nicht mit ‚Betroffenheit' (darüber könnte Kierkegaard nur eine neue Satire schreiben), sondern mit Entsetzen, finde, daß die Mynsters und Martensens, daß seine Kritiker, ob nun von rechts, von der Mitte oder von links, alle theologischen und humanen Trümpfe (meine eigenen!) gegen ihn in der Hand haben und kann doch nicht aufhören, auf diese ‚entsetzliche' Stimme zu hören. Ich kann mir auch nicht vorstellen, wie einer Prediger sein kann, ohne es zu tun. „Ich darf mich nicht einen Christen nennen, aber Redlichkeit will ich, und zu dem Ende will ich wagen" (ebd. 52).

Es gibt kein vom Prediger zu suchendes und zu findendes Lebenswort, das nicht ein Sterben-Können für Andere einschlösse. Soll das für den Prediger nicht zu einer deprimierenden Aussicht werden, so wird er erst recht gut daran tun, sich des Amtes tröstlich zu vergewissern. Er bewege sich also immer mehr auf das Geheimnis der Gemeinde zu, an dem ihm aufgehen muß, daß er um so mehr getragen ist, je mehr er sich exponiert, je verletzlicher, je sterblicher er um der Wahrheit der Liebe willen wird. Vorausgesetzt der Prediger ist so redlich zuzugestehen, daß auch ein Komödiant (kein Schmierenkomödiant!) ihn lehren könnte (vgl. aber Kierkegaard ebd., 337 u. ö.!) – in einem gleicht der Prediger doch nicht dem Mimen, dem die Nachwelt keine Kränze flicht: Des Predigers

Wort geht erst der Nachwelt voll als Lebenswort auf; und das gilt nicht nur für ‚große' Prediger, sondern eher noch mehr für die kleinen, die namenlosen, deren Gedächtnis bei Gott und den Engeln in Ehren ist. Mehr als wir alle wissen oder auch nur ahnen, leben wir, die Lebenden, vom Wort der Toten, das verborgen in uns arbeitet, leben wir von den unbekannten Leiden, mit denen dieses Wort gekrönt ist (Apk 2,10). Daß unsere Gemeinden trotz wüster Pastorenwillkür und der Torheit eines von jedem Wind ‚bewegten' Kirchenpublikums (vor allem des gebildeten bzw. halbgebildeten) noch nicht am Ende sind, das verdanken sie neben der Treue der Beter eben auch dem stillen Lebensopfer tapferer Prediger, deren Segensspuren ein aufmerksamer Mensch je länger, je mehr entdeckt. Und so wird das Urteil über den heutigen Prediger zuletzt nicht vom Beifall oder Mißfallen der Zeitgenossen abhängig sein: Der im Tod offenbare Lebensertrag wird entscheiden (Hebr 13,7).

Wären wir nicht geblendet von dem, was vor Augen liegt, wir würden uns der Armut einer Kirche, die *nur* das Wortamt des Glaubens (in seiner Vielfalt! s. o.) kennt und die Fülle der übrigen geistlichen Gaben zu vernachlässigen scheint, nicht länger schämen. Denn was fehlt dieser Kirche? *Sie hat doch alles*! Die ganze Schöpfung, das Sichtbare wie das Unsichtbare, das Irdische wie das Himmlische steht ihr offen als Ort des unaufhörlichen Gotteslobes. Ihr Problem ist, gemessen daran, wie oben gezeigt, nicht ein Zuwenig, sondern ein Zuviel, das von Gott her auf sie eindringt: „Daß Glück ihm günstig sei,/ was hilft's dem Stöffel,/ denn, regnet's Brei,/ fehlt ihm der Löffel." Man lasse sich nicht täuschen: Das Verlangen nach ‚mehr' (mehr Geist, mehr Einheit, mehr Laienaktivität) ist in *dieser* Kirche allemal das Zeichen eines Selbstmißverständnisses, ein Zurückweichen vor der Freiheit, zu der sie berufen ist. Denn wer nach mehr Geist in der *Kirche* verlangt, flieht vor dem Geist, der in der *Schöpfung* atmet und seufzt, also vor Gott als dem »Gott der Geister in *allem* Fleisch" (Num 16,22; 27,16), wer eine größere *sichtbare* Einheit der Kirche fordert, fürchtet am Ende die vollkommene Bindung durch „die Liebe, die bewegt die Sonn und Sterne" (DANTE) und der Wunsch nach verstärkter Laienaktivität (wie verständlich auch immer: aber das gilt für jeden Verein, für jede Partei) untergräbt das Priestertum *aller* Getauften, der Kinder und Schwachen zumal, indem die Gemeinde in Aktive und Unaktive, in Mündige und Unmündige gespalten wird (s. u. im nächsten

Kapitel). Mit alldem wird immer neu Menschenherrschaft aufgerichtet – aus Sorge, Gott selbst könne in einer Weise ‚aktiv' geworden sein, daß uns davon die Ohren gellen müßten (1.Sam 3,11; 2.Kön 21,12), wenn wir es hören könnten. *Weil* die Angst vor der Freiheit Gottes in der Kirche um sich greift, darum verläßt sie der Geist, macht Willkür sich breit und ein Experten- und Funktionärstum, das taub ist gegenüber dem Seufzen der Gequälten. Die Angst vor der Freiheit ist verständlich: Es ist der Auftrag des Wortamtes, die Angst durch die Furcht Gottes gnädig definiert sein und so überwindbar werden zu lassen, indem die Freiheit so konkret gelehrt und eingeübt wird – wie beim *Mahl des Herrn.* Die Worte sagen, was der Herr tut und was uns daraufhin zu tun übrigbleibt: zu nehmen aus der göttlichen Fülle. Das Wortamt deutet auf Gottes Reichtum, der all unser Verlangen stillt – und so die unersättliche kirchliche Gier nach immer mehr irdischer Selbstdarstellung und Repräsentation gar nicht erst aufkommen läßt. Die Predigt der Freiheit – in welcher Gestalt auch immer – ist ‚notwendig' (was jetzt noch zu wenig sagt), weil die Kirche, solange sie existiert, von der *Macht* versucht wird (Mt 4,1–11/Lk 4,1–13) und weil der Glaube vor der Korruption durch die Macht geschützt werden muß, indem ‚nur' gepredigt wird: *sine vi humana sed verbo* (ohne menschliche Gewalt, sondern durch Gottes Wort, CA XXVIII). Nur so kann die Kirche der Welt in ihrer fundamentalen Bedrohung uneigennützig dienen.

Entscheidend ist dabei die Einsicht, *daß* der Prediger mit seinem Wort Macht ausübt, wie bescheiden auch immer (vgl. Adloff, Plädoyer 91 und A687.691.767 sowie Josuttis, Pfarrer 76f.84–88.97–106, der auf die Ohnmachtserfahrungen eingeht, die aus dem nicht eingestandenen Wunsch nach-mehr-Macht resultieren). Die hohen Kanzeln der Vergangenheit waren in dieser Hinsicht ehrlicher als modernes Partnerschaftsgetue der Prediger. Auf demselben ‚Berg', auf dem der Lehrer der Berglehre lehrt, wird der Kampf um die Macht entschieden (vgl. Mt 4,8 mit 5,1), die in der Bibel nicht negiert, sondern entmythologisiert, ihres verführerischen Glanzes entkleidet wird und so verantwortet werden muß. In diesem Sinne begleitet Christian Möller den Bergprediger homiletisch vom Text seiner Taufe durch die Versuchung hindurch zur Predigt (Seelsorglich predigen 35ff.): „Lang ist die Liste der Tricks und Künste, die dem zu Gebote stehen, der auf dem Weg zur Predigt der Versuchung der Macht verfallen ... ist ... Kurz aber ist das Wort dessen, der bei dem Text seiner Taufe bleibt ..., um für alle, die ihm nachfolgen, die Gottesfurcht als die einzige Waffe wider die Anfechtungen auf dem Weg vom Text zur Predigt zu erweisen" (ebd. 37).

Gäbe es diese Versuchung nicht – es ist die Versuchung des Kleinglaubens! –, so wäre die Predigt nicht notwendig. Oder ist eine Situation denkbar, in der eine im Gegenüber zu Israel endgültig demütig und damit tapfer gewordene Kirche die Zukunft *aller* um des sanftmütigen Jesus willen schlechthin dankbar und frei in Gottes Hände allein legen kann? Eine Situation, in der sogar der Haß verschwindet, mit dem die Kirche (nicht nur) Israel verfolgt hat und verfolgt, sooft sich Juden ihrem Machtanspruch entzogen haben und (übrigens auch im christlich-jüdischen Dialog!) entziehen? Es lohnt sich, solchen durchaus nicht einfach spekulativen Gedanken nachzugehen. Vielleicht gehen wir ja als Kirche wirklich Verwandlungen entgegen, von denen wir uns einstweilen noch nichts träumen lassen können. Aber dann muß, bei nüchterner Betrachtung der *Gegenwart*, erst recht gelten: Die Predigt ist mehr als notwendig. Und das ist, wohlverstanden, ein „Plädoyer für die Predigtnot" (Jörns).

# Zehn Thesen

1. Das Wort des Schöpfers ergeht ohne die Predigt notwendig an jedermann in der Gestalt des Todes und der unwidersprechlichen Bedingungen des Lebens.
2. Die Rede eines frommen Individuums, der werbewirksame Auftritt des Agenten einer Religionsfirma, die sonntägliche Pflichtübung eines Kirchenbeamten, das Fachreferat eines theologischen Spezialisten, die Leistung eines Sprach- und Kommunikationsexperten (mag das auch alles Predigt heißen!) sind, gemessen an der Notwendigkeit des Todes und des Lebens, nicht notwendig.
3. Notwendiger als der Tod ist das Leben, notwendiger als das Recht, das Gott gegen uns hat (‚Gesetz'), ist das Recht, das er für viele werden läßt (‚Evangelium').
4. Eine im Namen des Juden Jesus predigende Kirche, die sich durch die Existenz des seiner Erwählung lebenden Gottesvolkes Israel nicht gründlich anfechten läßt, sondern sich an die Stelle Israels setzt, ist die ‚Kirche Satans'. Eine solche Kirche verliert notwendig das ihr gegebene Wortamt des Glaubens an die Herrschaft selbstgerechter Priester, Funktionäre und Schwärmer.
5. Das Wortamt ist Gottes Gabe an eine in der Liebe zu Israel und zu allen Menschen von Gottes abgründiger Wirklichkeit angefochtene Gemeinde.
6. Das Wortamt ist um der Anfechtung willen als *ministerium verbi* ein *ministerium non legis, sed Evangelii* (Luther) und bringt gerade so Gottes Willen zum Leben aller in Gesetz und Evangelium schriftgemäß und unverkürzt zur Geltung.
7. Vertraut die Gemeinde das ihr von Gott gegebene Amt des freien Wortes in besonderer Weise einem einzelnen Prediger an (Predigtamt), so ist dieser kein ‚Amtsträger', sondern wird in seinen spezifischen Anfechtungen von der Fürbitte der Gemeinde getragen.
8. Durch das Amt des Glaubens wird der Prediger in Person dazu erzogen, zwischen dem eigenen Wort und dem Worte Gottes zu unterscheiden.

9. Das Predigtamt ist im Licht des Martyriums zu sehen.
10. Das Wortamt ist kein Zeichen der Armut, sondern des sakramentalen Reichtums der Kirche, falls die Kirche sich mit diesem Amt der Versuchungen der Macht zu erwehren weiß.

# Apokalypse 2,12–17

Und: Für den Engel der Versammlung in Pergamon –
schreib' auf!
Das sagt ER,
bewaffnet mit dem Schwert,
doppelschneidig, geschärft: (12)
Ich bin im Bilde –
dein Wohnort:
Thronort Satans,
da hältst du fest an meinem Namen,
da hast du nicht abgesagt meinem Glauben,
auch dann nicht –
was für Tage! –:
Antipas, mein treuer Zeuge,
gemordet wurde er bei euch,
Wohnort Satans. (13)
Aber
ich bringe vor gegen dich
dies immerhin:
Du hast
ebenda
manche, die halten Lehren von Bileam
– Balak lehrte der,
Fallen zu stellen für Israelsöhne,
Götzenfraß und Weghuren von Gott – . (14)
So hast auch du
solche, die halten Lehren von Nikolausianern,
desgleichen. (15)
Umkehre drum!
Wo nicht,
ich komme dir schnell,
und Krieg mach' ich gegen sie

mit dem Schwert meines Mundes. (16)
Wer ein Ohr hat,
hören soll er,
was der Geist sagt den Versammlungen!
Dem Sieger im Kampf:
Ich gebe ihm
vom verborgenen Manna-Brot und
ich gebe ihm
einen weißen Stein
und auf dem Stein: ein neuer Name, geschrieben;
keiner kennt ihn: nur der Empfänger. (17)

## Pergamon oder: Die Situation der Predigt

Ausgerüstet mit dem Amt des Glaubens und d.h. im Bewußtsein derjenigen Predigtnot, die mit dem beruhigenden Hinweis auf Not- Wendendes nicht zu beheben ist, betreten wir nun homiletisch – etwa zwischen RUDOLF BOHREN (Differenz 422–429) und PETER KRUSCHE (434. 439ff.) – umkämpftes Terrain: die Frage nach der homiletischen Situation, wie sie u.a. von ERNST LANGE mit Erfolg in den Mittelpunkt der homiletischen Arbeit gerückt wurde (vgl. dazu ADLOFF, Plädoyer 4f.14.30–33.73–82). Wird die Unschärfe der Begrifflichkeit LANGES zugestanden, diese zugleich aber als Vorzug für die Bedürfnisse des Praktikers hervorgehoben (vgl. WINTZER, 111), dann liegt das Problem nicht erst in der Begrifflichkeit, sondern zuvor schon, wie die Zeit nach LANGE erwies, in den grenzenlosen (Konsum- )Bedürfnissen der Prediger. Die Frage nach der Situation ist also noch einmal neu zu stellen.

Im Sendschreiben nach Pergamon scheint die Situation aufs erste mit den Wendungen vom ‚Thronort' und ‚Wohnort' Satans (2,13) am Ort der Gemeinde scharf bezeichnet zu sein. Die Sache ist indessen nicht so harmlos zu denken, als stünde Satans Thron draußen vor den Toren der Kirche, so daß es um Abgrenzung im Interesse eines schiedlich- friedlichen Miteinanders ginge. Vielmehr gilt: Dieser Thron stünde inmitten der Kirche von Pergamon, wenn nicht ein anderer dem Inhaber – will sagen: dem universalen, dem – in unendlicher Steigerung des Menschlichen – höchsten Gott, dem Gott der Weltvölker und des Weltfriedens (DIVUS AUGUSTUS und DEA ROMA, vgl. KRAFT, 63, sowie WENGST, 63–67) – den Thron streitig gemacht hätte: ein wehrloses Kind (Apk 12,4f.), ein Lamm, der Löwe aus Juda (5,5f.), dessen einzige Waffe, dessen Schwert das aus seinem Munde ausgehende *Wort* ist (2,12.16 vgl. mit 1,16; 19,15.21). Über die Predigt, die dem Wort dieses verborgenen und eben in seiner Verborgenheit wahren Weltherrn zu dienen beansprucht, *ist* somit entschieden: Sie kann außer diesem Herrn nichts und niemandem dienen – und der Versuch (ist es der Versuch der Bileamsjünger und Nikolausianer: 2,14f.?), außer diesem Herrn auch eine ‚Situation' verstehend zu tolerieren, die es zuläßt, daß wehrlose Geschöpfe dem Moloch ‚Wirklichkeit' aufgeopfert werden, wäre von vorneherein zum Scheitern verurteilt, weil Gott sein Urteil darüber längst gesprochen hat. Nein, die Predigt hat nicht, wie auch ‚nach Hitler' uns immer noch scheinbar menschenfreundlich suggeriert wird, zu ‚vermitteln' zwischen Gott und ‚unserer' Wirklichkeit (vgl. DANNOWSKI, 69), als ob diese, weil von Gott schon im Ansatz abstrahiert, nicht durch und durch eine Wirklichkeit des Teufels, der Sünde und des Todes wäre, so daß hier nichts zu vermitteln ist. Umgekehrt: Kraft des allmächtigen Spruches Gottes, den die Predigt nicht nur Hitler zum Trotz mitzuteilen gewürdigt ist, wird Wirklichkeit als die eine und einzige Wahrheit, als das vollkommene Werk des Schöpfers (Gen 1,31) und Erlösers (Joh 19,30) wahrgenommen, so daß dabei auch das Unsere, auch das Meine zu seinem selbständigen Recht kommt, wie es dem heilsamen Willen Gottes entspricht (Apk 2,17).

In der Predigt geht es um die Situation des *Gottesdienstes!* Die protestantische Feststellung, auf die wir (zu Unrecht) stolz sind, im Gottesdienst diene Gott dem Menschen und nicht der Mensch Gott, führt gerade in ihrer zeit- und situationslosen Richtigkeit in die Irre, so als könnten wir den freien Gott zum willenlosen Sklaven unserer (bürgerlichen) Verhältnisse machen, könnten den Herrn der Kirche wie die Philister den blinden Simson als Spaßmacher und Entertainer in unserem Dagontempel tanzen lassen (Ri 16,25), ohne damit den Einsturz der real existierenden Kirche von unseren Gnaden herbeizuführen. Die Predigt als gottesdienstliches Geschehen wisse also, was sie tut, wenn sie Gottes Dienst an seiner Schöpfung verkündigt: Sie besiegelt die Alleinherrschaft des gegenüber der geringsten Regung einer das kirchliche Geschäft (vermeintlich?) belebenden Konkurrenz höchst intoleranten Gottes, intolerant, weil er sich sein Werk von niemand, von keinem ‚Großinquisitor' verbessern läßt, auch nicht von einer in ihrer wissenschaftlichen Besserwisserei ‚philiströsen' Predigtlehre, die tausenderlei wie auch immer berechtigten Anliegen und Herren auf einmal meint Reverenz erweisen zu können, ohne sich damit innerlich unmöglich zu machen. Einfalt als Umkehr zu dem Einen, was not tut, wäre hier höchste theologische Klugheit. „Wer ein Ohr hat,/hören soll er!" Jene zeit- und situationslose Richtigkeit, daß im Gottesdienst nicht der Mensch Gott, sondern Gott dem Menschen diene, wird erst dann in den Rang der Wahrheit erhoben, wenn das Geschöpf sich das unteilbare Werk seines Gottes gern gefallen läßt und mit dem Lobpreis des Einen beantwortet.

Damit kommt unser Nachdenken über die Situation der Predigt als Aspekt der Situation des Gottesdienstes heilsam in Bewegung. Diese Situation läßt sich gerade nicht – so wenig wie Situation überhaupt (vgl. LØGSTRUP) – als ein gegebener und so zu beschreibender ‚*Zustand*', als eine überschaubare ‚*Lage*' fixieren. Was immer wir empirisch über sie ausmachen können, macht sie durchaus nicht aus, wenngleich natürlich die Kenntnis bestimmter Data u. U. für ihre Erschließung vorausgesetzt werden muß. Aber entscheidend ist die Einsicht, daß der Prediger über die Situation – das im Munde des Richters aufblitzende Schwert – nicht verfügt (Pred 3), während er in der Wahrnehmung der Situation über seinen Text wie über das Ohr seiner Gemeinde durchaus verfügt, ja, als ein guter Haushalter der Geheimnisse Gottes (1.Kor 4,1) sogar dankbar verfügen *soll*. Man kann sich über die Unverfügbarkeit der Situation hinwegtäuschen, indem man den ‚Hörer' oder das Hörerverhalten objektiviert, um so den wissenschaftlich herauspräparierten Hörer (wie den ebenso behandelten Text) ‚auslegen' zu können: Doch muß dergleichen in einem Subjektivismus enden, der, indem er Situationen künstlich konstruiert und simuliert, gerade *die* Situation nicht wahrnehmen kann, von der LUTHER umfassend sagen könnte: *occasio facit praedicatorem* (Die Situation macht den Prediger zum Prediger, WA,TR 1,488 Z. 24).

Über die *occasio* (Kairos) hat LUTHER oft und viel nachgedacht, hat *occasio* etymologisch mit dem Zu-Fall verbunden und das damit angesprochene Geheimnis des ‚Jetzt' für unerschöpflich gehalten (z.B. WA,TR 6,359). Es bedarf, um das Geheimnis des Jetzt, das doch das Selbstverständlichste von der Welt ist, wahrzunehmen, der besonderen Gottesgabe des Verstehens: „Aber es ist *donum Dei,* wers verstehen soll" (ebd.). So wird die Situation zum hermeneutischen Thema (vgl. nur FUCHS, Sprachgeschehen 238–241). „Situation als das zwischen uns je und je Verstandene" (ebd. 241) läßt den Prediger nicht einsam ‚zwischen' Text (Tradition) und Situation herunterfallen, damit er beides neu miteinander verbinde, sondern macht den Text zur Gabe, von der Prediger und Gemeinde gemeinsam Gebrauch machen (MÖLLER, Seelsorglich predigen 22–29). Dagegen läßt sich WILLI MARXSENS vom historisch-kritischen Verfahren her so einleuchtende homiletische Konzeption in die Formel fassen: *praedicator facit occasionem* (der Prediger macht die Situation). Wie er die historische Situation des Textes rekonstruiert hat, so konstruiert er die homiletische Situation: „Ich suche in meiner Gemeinde die Situation, die der Situation entspricht, in die hinein ich exegesiert habe" (73, dazu ADLOFF, Plädoyer A 749, sowie MÖLLER, Von der Predigt zum Text 36–49; *ders.*, Seelsorglich predigen 30 f.). Fallen echte Situationen weg, so muß MARXSEN einen unverfügbaren eigentlichen Text postulieren (67–71) und der Gemeinde damit ihren Text entziehen. – Für ERNST LANGE gilt: *Occasio provocat praedicatorem* (die Situation fordert den Prediger heraus, vgl. Theorie 22 f.). Aber da LANGE die Situation zuletzt nur mit dem *Unglauben* verbinden kann (ebd. 25), muß der Prediger den Text, der doch aus dem Einverständnis zum Verstehen helfen will, historisch-kritisch beerdigen (ebd. 42) und wird daraufhin von der Anfechtung verschlungen. Ihm, dem „eine Haltung vorbehaltloser Partizipation, vorbehaltloser Teilnahme am Geschick des Hörers" (ebd. 30) abverlangt wird, scheint nur ein verzweifelt-gewaltsamer Zugriff auf das Verstehen des ‚Hörers' übrigzubleiben, indem die Verständigung, die zum Einverständnis hinführen soll für „prinzipiell verfügbar" (Pfarrer 111) erklärt wird. So wird die Situation am Ende zur willkommenen ‚Gelegenheit', und Gelegenheit macht bekanntlich Diebe: *Occasio facit fures* (vgl. Joh 10,1.8).

Zwischen dem professionellen Dieb und dem professionellen Prediger wäre dann so zu unterscheiden, daß jener die Gelegenheiten sucht, auskundschaftet und herstellt, um sie für sich und seinen Erfolg auszubeuten, während dieser in der bedrängenden Fülle der differenziert wahrzunehmenden Zeiten und Situationen mit der Gemeinde auf die versammelnde Stimme des Einen hört, dessen Namen der Text für alle verwahrt (Röm 11,30 ff.) Die beängstigende Weite und Fülle, die sich hier auftut, muß dem entgehen, der

Wirklichkeit als Situation ‚des' Hörers einem – praktikablen – Begriff unterwirft, um sie dann ins Utopische verändern zu können. Aber wer's versteht (*donum Dei*), schöpft immer aus dem Vollen, indem er sich auf das beschränkt, was *jetzt* zu hören ist. Daß sich das für uns Beste unserem *Bewußtsein* und unserem Begreifen-Wollen entzieht: Das zu *wissen* (Röm 8,26ff.) gibt dem Prediger ein Gespür für die gottesdienstliche Situation, das ihn instandsetzt, die rechte Intonation für das Gotteslob zu finden, zu dem alles aufgerufen ist (Ps 103,20ff.; 148) – das Sichtbare und das Unsichtbare, die Lebenden mit den Toten (Hebr 12,22ff.). Das Geheimnis der ‚jetzt' im Namen Gottes versammelten Gemeinde ist unausschöpfbar und läßt sich nicht reduzieren auf die Summe der dem Prediger vor Augen kommenden sogenannten ‚Hörer'. Sagte ich im letzten Kapitel, die Person des Predigers erscheine im Gebet der Gemeinde, so muß ich nun umgekehrt sagen, die Gemeinde erscheine in dem Gebet, das der Prediger als Glied der Gemeinde mit ihr und für sie (im stillen Kämmerlein oder als Liturg) tut. Mehr noch (ich kann an anderwärts Gesagtes anknüpfen): Wenn es wahr ist, „daß im Gemeindegebet die Situation des Gottesdienstes wie in einem Brennspiegel erscheint" (ADLOFF, Erhebungen 18), wenn das Gebet der Gemeinde als ihr „Kontext" die „nächstliegende Situation der Predigt" genannt werden darf (*ders.*, Eingebung 315), dann muß jetzt das Gebet und darüberhinaus die ganze Liturgie der Kirche als das gewürdigt werden, was so etwas wie Predigt überhaupt möglich macht: Auch eine Predigt auf öffentlichem Platz oder im Rundfunk, ja sogar ein Bekenntnisbuch wie HEINRICH ALBERTZ' ‚Politische Messe' (*Miserere nobis*) lebt davon, *daß* es eine solche Liturgie gibt.

So hat sich der Prediger, will er nicht mit der verborgenen Realität der Gemeinde die Wahrheit der Predigt verfehlen, intensiv um das Kirchenjahr zu bemühen, um dadurch eine Erfahrung der „biblisch-liturgischen Zeit" (STEIGER, Erschienen in der Zeit 9) zu gewinnen, wie sie für die Evangelien konstitutiv ist: „Der von Ostern und Auferstehung her in sein irdisches Dasein wiederkehrende Jesus Christus, der Erhöhte als der Irdische, macht die Bewegung und Einheit sowohl des Evangeliums als auch des Kirchenjahrs aus" (ebd. 10). Das Kirchenjahr mit seiner Liturgie gibt den Weg des Herrn vor, auf dem der Prediger die österliche Wahrheit der Gemeinde immer neu in den Alltag einzuholen hat, einen

Weg, der so wenig ,zyklisch' gescholten werden darf wie der Weg des Herrn von Ephesus nach Laodizea (ADLOFF, Sendschreiben 21 f.), weil, im Gegenteil, der auf ihm Gehende aus dem hoffnungslosen Um-sich-selbst-Kreisen herausgeführt wird. Muß man den Prediger wirklich daran erinnern, daß ohne die den Sonntag, Ostern, Pfingsten und Weihnachten in Gemeinschaft mit wie im Gegensatz zu Israel feiernde Gemeinde die Predigt ins Leere ginge? Hat doch selbst der ,unliturgische' KARL BARTH den Schwermütigen, ohne den er die Predigt nicht halten wollte und konnte, mit dem liturgisch beschwörenden Satz aus der Gefängniszelle gelockt: „Du, Paule, hit isch d'Oschtere, do muesch nit truurig sy, chumm mit!" (BUSCH, 21). Macht der Prediger denn nicht von Anfang an (und keineswegs erst am Ende) von dem der Liturgie der Gemeinde gehörenden *Amen* Gebrauch, über das er doch nicht verfügt – es sei denn in der eucharistischen Situation des dankbaren *gegenseitigen* Nehmens und Teilens?

KLAUS-PETER JÖRNS (Proklamation 200.207, vgl. Predigtnot 61) hat mit Recht gezeigt, was es bedeutet, wenn die Prediger das urchristlich als Geistesgabe verstandene *Amen* (1.Kor 14,16) der Gemeinde wegnehmen: Der Prediger als ,Dieb' (s.o.) wird die Gemeinde nicht erbauen und bringt sich selbst um seinen Anteil an dem der Gemeinde gegebenen Geist der Freude.

Die kritische Erinnerung ist nötig: Sie markiert die heilsame Grenze, die Prediger und Gemeinde in Proklamation und Akklamation so voneinander unterscheidet, daß sie einander zum fruchtbaren ,antiphonischen' Gegenüber werden können (vgl. JÖRNS, Proklamation). Die Gemeinde ist die unentbehrliche Kritikerin der Predigt – in ihrem Dasein (nicht erst in ihrem So-Sein!). Mit ihrem Dasein erinnert die Gemeinde den Prediger daran, daß nicht sein Wort die Situation schafft, in der Gottes Wort gehört wird, sondern daß, umgekehrt, in dieser Situation das Urteil über die Predigt gesprochen wird. Das ist natürlich nicht so gemeint, als entschieden Beifall oder Protest eines Publikums über die Predigt. Wer sich davon mehr Leben für den Gottesdienst erträumen wollte; daß er die Gemeinde zum Publikum macht, das auf Stich- und Reizworte des Predigers reagieren darf, der träumt nur in besonders gewissenloser Weise den alten Predigertraum von der unmündigen

Gemeinde weiter. Wo Beifall oder Protest laut werden, da entzieht sich die Gemeinde in ihrem stillen, kritisch-entschiedenen und beständig-vorwärtsdrängenden Wesen. Aber in ihrem Gesang z. B. kann eine Gemeinde die gehörte Predigt sowohl bewahrheiten wie Lügen strafen. Ob manche Prediger auch deshalb nach sogenannten ‚neuen' – gemeint sind: substanzlose, auf schmerzlosen Ausgleich mit der Konsumwelt bedachte, den Zorn Gottes, das Kreuz wie den Trost der Schrift verschweigende und also alles andere als auf der Höhe der Zeit stehende Machwerke – Liedern verlangen, weil sie das stille Gericht der Gemeinde in Gestalt des Gemeindegesangs Sonntag für Sonntag zu fürchten haben? Und ob andere Prediger durch den Gesang nicht ermutigt werden, bei der zwar unbequemen, aber darin heilsamen, aufrichtenden Wahrheit zu bleiben? Sollte so nicht auch ein wahrhaft neues Lied geboren werden, das der Situation der Gemeinde am Thron- und Wohnort Satans entspricht? Ein kritisches Lied, wie es das reformatorische Lied einmal war und da und dort wieder werden kann? Zeichnet doch die Gemeinde nach Joh 10,3 ff.27 das feine Gehör der Schafe aus, die des guten Hirten Stimme mit instinktiver Sicherheit erkennen und einem Fremden nicht folgen. Man lasse es auf *diese* Situation ankommen! „Wenn eine gesetzliche Predigt nicht mehr zum Glaubenslied der Reformation paßt, soll man nicht gleich das Gesangbuch schelten. Es könnte wohl sein, daß die Predigt das Niveau des Gesangbuchs nicht mehr erreicht" (Bohren, Predigtlied 81). Die Planungen für ein neues Evangelisches Kirchengesangbuch deutscher Sprache, das dem Gemeindegesang den ihm verheißenen kritischen Geist, also das „Schwert, das durch die Seele bohrt" (EKG 324,1) gründlich austreiben soll, bedürfen hier besonderer Aufmerksamkeit (vgl. Adloff, Auf ein neues Lied!?). Gerade wer die Gemeinde in das Recht des freien Wortes, des unabhängigen Urteils (schwingt das nicht mit in der Rede vom weißen [Stimm-?] Stein mit dem neuen Namen? vgl. Apk 2,17) eingesetzt sehen möchte mit ihrem Amen wie mit ihrem Lied, tut gut daran, eine jüdische Gegenrede zu hören, die der Situation des Hörens gilt: „... eine Predigt, die Zwischenrufe hervorrufen würde, oder bei der die Hörer nur mit Mühe sich solcher enthielten, eine Predigt, bei der sich das Schweigen der Hörer noch anders als im gemeinsamen Lied entladen möchte, wäre eine ebenso mangelhafte Predigt, wie sie etwa eine gute politische Ansprache wäre, und wiederum wäre es eine schlechte politische Rede, die ganz ohne Zwischenrufe, ohne ‚Hört!', ohne Beifall, ohne Heiterkeit und Unruhe bliebe." Denn: Es geht bei der Predigt um das „gemeinsame Hören, das nichts als Hören wäre, das Hören, wo eine Menge ‚ganz Ohr' wird ..." (ROSENZWEIG, Stern III 62f.) „Wer ein Ohr hat,/hören soll er!"

Ja, es gilt an dieser Stelle, das Risiko zu erkennen, das der Prediger, der mit seinem Text – dem in die biblisch-liturgische Zeit gehörenden Text – vor die Gemeinde tritt, eingeht: Er riskiert, daß Gottes Wort nicht vergebens ergangen ist, sondern sich längst die ihm in Gebet und Lobpreis entsprechende Gemeinde geschaffen hat. Der Prediger teilt somit das Risiko Gottes, indem er sich mit seinem Text auf Gottes Wort beruft. SCHLEIERMACHERS vielzitierter Rat (vgl. nur TRILLHAAS, Einführung 13f.), eine Gemeinde der Gläubigen vorauszusetzen, damit diese „Sache" wieder zustandekomme, trifft also schon etwas Richtiges. Aber weiß SCHLEIERMACHER auch, was er damit riskiert? Die radikale Kritik aller Predigt, die eines anderen als des guten Hirten Stimme zu Gehör bringt, durch die so vorausgesetzte Gemeinde? Vielleicht ist die Voraussetzung bei SCHLEIERMACHER doch nicht so ernst gemeint ... Wir haben jedenfalls Grund, unsere Überlegung an diesem Punkt noch weiter zuzuspitzen.

Die These LUTHERS in seiner Schrift von 1523 „Daß eine christliche Versammlung oder Gemeine Recht oder Macht habe, alle Lehre zu urteilen ..." (WA 11,408–416), die Gemeinde sei die berufene Kritikerin der Predigt (409ff.), stößt sich ja zumindest mit dem Selbstbewußtsein nicht nur des modernen Pfarrers, ihm stehe kraft seiner theologischen und rhetorischen Kompetenz ein abschätziges Urteil über die ‚Schafe' zu. Nun ist es zwar richtig, daß der Seher in den Sendschreiben die schneidende Kritik des Herrn zu übermitteln hat. Aber haben wir schon genügend bedacht, daß diese Kritik für den ‚Engel' geschrieben ist, also die Situation meint, in der die Gemeinde als Gemeinde auf dem Spiel steht? Dann begegnet der Prediger in dem Engel der Kritik des Herrn der Gemeinde dergestalt, daß dieser – kämpfend – die Schafe in Schutz nimmt vor der räuberischen Ausbeutung durch pastorale Willkür, die Jesu Schafe für dumm verkaufen möchte, vor den ‚Volksverschlingern' Bileam und Nikolaus (Apk 2,14f., vgl. ADLOFF, Sendschreiben 16 A 19). Die Anschrift des Herrn ‚für den Engel' setzt also die Berufung der Schafe zum Urteil über die Lehre voraus und stärkt sie. Daran hat der Prediger sich zu halten. Versucht er, der Gemeinde das Recht, „alle Lehre zu urteilen", durch seine Predigt zu nehmen, indem er sich selbst in die Rolle eines Richters über die Lehre einsetzt, so *ist* er gerichtet durch das Schwert aus dem Munde des Herrn (Apk 2,16): Das notwendig ausbleibende Amen der Gemeinde ist das Gericht.

Hans-Joachim Iwand (253f.) bemerkt mit Recht: „Es ist eines der merkwürdigesten Dinge in der Kirchengeschichte, daß aus diesem Dienst der Lehre an der freien Gemeinde ein Lehramt wird, welches der Gemeinde sagt, was die wahre Lehre ist und was Ketzerei ist". Soll man, den Lauf der Kirchengeschichte zur Norm erhebend, einwenden, die freie Gemeinde sei eben bei Luther noch ein wenig realitätsgerechtes Ideal gewesen? Und läßt sich dem Ideal heute in der Realität nachhelfen (vgl. Bohren, Laienfrage 52–67; Kanzelpredigt 72ff.; Predigt verantworten 102–108.113–121) im Sinne des schönen und wahren Buchtitels „Mit der Gemeinde predigen" (vgl. die von Zerfass herausgegebene Sammlung)? Gewiß: Man kann die „empirische Feststellung": „Der Hörer predigt mit" „aus vollem Herzen bejahen und bewußt fördern" (Rothermundt, 69). Aber auch damit bliebe, trotz Berufung auf den Geist, die Gemeinde, die ihres guten Hirten (und keines andern) Stimme hört – Ideal, wenngleich ein Schritt für Schritt, womöglich sogar ‚methodisch' als Summe der ‚Hörer' zu realisierendes. Nur: Solange wir in den Kategorien von Ideal und Wirklichkeit denken, ist die Situation, in der die Gemeinde als Gemeinde *jetzt* auf dem Spiel steht, ist also der ‚Engel der Versammlung' nicht im Blick.

Die Vollmacht der Predigt, die alles entscheidende Situation des Hörens zu treffen, hängt also daran, daß der Gemeinde das Recht zum Amen, zum Urteil, als die ihre Realität im Jetzt ausmachende Wahrheit zugesprochen werden kann. Warum geschieht das so selten? Sicher ist hier – nach meinen Beobachtungen gerade dort, wo der Prediger es als Zumutung zurückweisen würde, ein ‚Amt' zu haben – klerikaler Hochmut im Spiel. Aber hinter diesem Hochmut verbirgt sich allemal die Verzweiflung, die Gott nicht die Macht zutraut, geschehen zu lassen, was er spricht (Ps 33,9). Und in dem Maße, in dem diese Verzweiflung bei Prediger und ‚Hörern' überhandnimmt, wird der Thron Satans in der Kirche aufgerichtet, die trost- und gnadenlose Wirklichkeit, die wir machen müssen, wenn wir uns an Gottes schöpferischem Wort nicht genügen lassen. Und so rufe die Predigt die Gemeinde in ihrem ‚Engel' zum Widerstand des Glaubens gegen die Verzweiflung, rufe die Gemeinde zur Zeugin an auch gegen den möglichen Kleinmut des Predigenden (1.Thess 2,10), zur strengen und hilfreichen Richterin über alle Lehre, die sich nicht der Herrschaft des gnädigen Gottes fügen will. Ich denke z.B. an die (unausrottbare?) falsche Lehre, das Leben einer Gemeinde zeige sich im Sichtbaren, in ihrer Aktivität – eine Lehre, die sich eine christliche Gemeinde deswegen nicht gefallen lassen darf, weil mit dieser Lehre die Kinder, die Schwachen, die Kranken, die Blöden, die Alten in ihrer Würde als Glieder des Leibes Christi mißachtet werden, nur noch – selbst dann, wenn sie im Gottesdienst vorgeführt werden und reden dürfen! – als Objekte der Aktiven in Betracht kommen und so genau jener Götzendienst der Leistung, der pseudojugendlichen Vitalität in der Kirche zur Herrschaft gebracht wird, den man doch ansonsten in der Gesellschaft mit Recht bekämpft.

„Da her sind wyr sicher, das unmuglich ist, das nicht Christen seyn sollten, da das Euangelion gehet, wie wenig yhr ymer sey und wie sundlich und geprechlich sie auch seyn ...": LUTHER (WA 11,408 Z. 16ff.) konnte das sagen, weil er die Paradoxie zu denken wußte: Die wahre Kirche „kann nur in Erscheinung treten als unsichtbare Kirche ... Die Kirche, die gegenwärtig und da ist, mitten unter uns, die wahr ist, das ist die unsichtbare, in der man allein leben kann, wo man allein selig werden kann, wo man allein alles hat, wo das Wort uns nährt und weidet, wo wir das ewige Leben haben" (IWAND, 246). Man sehe also zu, als was die Gemeinde, an der für die Predigt alles hängt, in Erscheinung tritt! Geht es doch wieder bei den Versuchen, die Gemeinde für die Predigt ins Spiel zu bringen, darum, ein Idealbild von Gemeinde (etwa: *Basisgemeinde*, vgl. ZERFASS 30–49) sichtbar werden zu lassen, also mit unserer Schwachheit dem Geist aufzuhelfen, so wird eben der Geist unserer Schwachheit nicht aufhelfen. Die Rede vom allgemeinen Priestertum darf vom Theologen nicht zum Gesetz gemacht werden, „mit dessen Hilfe er die Gemeinde nach dem eigenen priesterlichen oder prophetischen oder wie immer gearteten Bilde zu formen versucht" (JOSUTTIS, Pfarrer 69). Dagegen scheint mir ULRICH BACH in seinen Versuchen, aus der Perspektive des Behinderten die Gemeinde am Thron- und Wohnort der im Sichtbaren triumphierenden Götzen im Schatten des Gekreuzigten zu bergen, dem ‚Engel' auf der Spur zu sein (vgl. nur ‚Dem Traum entsagen ...') mit erheblichen Konsequenzen für Predigt und Schriftauslegung (Zur Sache vgl. vor allem MÖLLER, Seelsorglich predigen 127–150).

Was eine christliche Gemeinde ist, kann man aber erst dann ermessen, wenn man weiß, was ihre *Toten* – also die ganz und gar nicht ‚Aktiven'! – für sie bedeuten. Sicherlich keinen Totenkult! Ein solcher Kult stünde ja als Kult des Todes im Gegensatz zu der Herrschaft des lebendigen Gottes, des auferstandenen Herrn. Aber so wahr dieses Herrn als des *Gekreuzigten* bleibend gedacht wird (1.Kor 11,24ff.), so wahr bestimmt das hoffnungsvolle Gedenken an die Toten die Gemeinde, wenn sie nicht sein will wie Heiden, die keine Hoffnung haben (1.Thess 4,13; Eph 2,12). Wer die Situation einer Gemeinde verstehen will, der darf ihren Friedhof, ‚Haus des Lebens', wie die Juden sagen, nicht aus seinen Überlegungen ausklammern. Die Hoffnungslosigkeit vieler städtischer gemeindlicher Situationen hängt womöglich auch damit zusammen, daß der Gemeinde kein bestimmter Friedhof vor Augen steht. Aber auch hier bleibt dennoch – und erst recht – wahr, daß man die Gemeinde nur versteht, wenn man ihre Toten bedenkt. In Pergamon steht der Name des Märtyrers ANTIPAS (Apk 2,13) für alle Toten, deren vor dem Thron des Lammes gedacht werden muß, wenn der Name über alle Namen, der Name des Siegers über den Tod laut wird. Wird der Toten in der Gemeinde gedacht, weil der Herr ihrer gedenkt, so sind sie präsent – nicht als Objekte, sondern als Subjekte, als Zeugen, als Menschen mit dem weißen Stein und dem neuen Namen (Apk 2,17), denen Mitsprache (auch in der Predigt) gebührt, als kritische und hilfreiche Begleiter der Lebenden (vgl. ADLOFF, Plädoyer 89f. A 679.749; *ders.*, Eingebung 313 u.ö. mit der schönen Arbeit von TROWITZSCH, Gemeinschaft). Man verfehlt die Situation der Gemeinde, wenn man ihre Versammlung im Jetzt auf die zufällig Anwesenden, die ‚Hörer' reduziert, zwar ihnen ein Rederecht einräumen möchte, um der Aktualität willen, aber die Tradition als „democracy of the dead" (GILBERT KEITH CHESTERON zit. bei TROWITZSCH, ebd. 219 A 21) mißachtet.

Der Prediger lasse sich nicht von der Last der Tradition, der Mütter und Väter erdrücken, er versuche aber auch nicht, die Last abzuschütteln, sondern er stelle sich der Herausforderung, indem er selbst am Namen Jesu als dem Herrn über Lebende und Tote

(Röm 14,9) festhält. Es kann dann sein, daß er in den Toten – in Hermannsburg darf man an LUDWIG HARMS (vgl. dazu GRAFE) denken – ungleich qualifiziertere Gesprächspartner bekommt als in den Lebenden, solche nämlich, die den Lebenden *voraus* sind in der Erfahrung des neuen Lebens, des Lebens aus dem Tod. Die *ecclesia militans* bedarf der Hilfe der *ecclesia triumphans,* und es ist kein Zufall, daß einer Kirche, die ihre Toten aus dem Bewußtsein verdrängt bzw. sie ignoriert, indem sie ihre Gräber schmückt (Mt 23,29: eine besonders wirksame Form der Ignorierung), die Sprache ausgeht, die vom Reiche Gottes redet. Gerade diese Kirche wird nicht in Vollmacht Jesu Wort „Laß die Toten ihre Toten begraben!" (Mt 8,22/Lk 9,60) nachsprechen können, ein Wort, das aus dem Tode ins Leben ruft, wenn sie doch selbst zu den Toten gehören will, die ohne Hoffnung begraben („Die Jugend ist unsere Zukunft!") und deren Namen von einer vom flüchtigen Augenblick besessenen Öffentlichkeit vergessen werden. Sie sind schlimmer als die Heiden, denen man ihren ‚Ahnenkult' ausgetrieben hat! Wird indessen die Auferstehung der Toten verkündigt, dann ist die Situation da, daß die Lebenden den Toten neu begegnen, die *eucharistische* Situation, daß die Lebenden mit den Toten teilhaben an dem verborgenen Manna (Apk 2,17). Das ist natürlich eine außerordentlich kritische Angelegenheit, weil die Lebenden die Toten fürchten müssen, solange diese an unser aller Todeselend, ja, an alles, was wir ihnen schuldig geblieben sind, erinnern. Man wird, in Hermannsburg, das Grab von LUDWIG HARMS mit den Massengräbern von *Bergen-Belsen* zusammendenken müssen. Selbstkritische Kritik an den Vätern, den schuldig gewordenen Vätern (das gilt auch für die Väter im Glauben), wird nötig, weil wir sie nur so, als Sünder, in das Leben Gottes bergen können, in dem Lebende und Tote so versammelt sind, daß sie hilfreich unterschieden werden können (vgl. MÖLLER, Seelsorglich predigen 142). Von Auferstehung der Toten wird aber nur reden können, wer dieser kritischen Begegnung mit den Toten nicht ausweicht, weil er weiß, daß nicht mehr die Toten über die Lebenden entscheiden – was sie übrigens um so mehr tun, je mehr wir den Schmerz der Erinnerung scheuen! – und natürlich auch nicht die Lebenden über die Toten, sondern der Herr über beide.

Im Blick auf Jesus, den Gott von den Toten auferweckt hat, spitzt sich also die Situation der die Predigt hörenden Gemeinde heilsam und österlich zu, steht allezeit auf Messers bzw. Schwertes Schneide. Hier wird der Kern unserer Predigtarbeit sichtbar. Diese Arbeit gilt der theologischen *Präzisierung* der Situation als einer *schon entschiedenen.* Man macht sich die Sache zu einfach, wenn man auf einer (neutralen?) Analyse der Situation als Voraussetzung für die Suche nach dem dazu passenden Wort Gottes besteht, so als wäre die Situation der Topf und Gottes Wort der Deckel. Aber auf diese Weise bleibt es, je besser, d.h. neutraler die Analyse ausfällt, bei Formalismen: ‚der' moderne Mensch, ‚der' Arbeiter, ‚die' (Erste, Zweite, Dritte, Vierte) Welt, ‚die' Bombe, ‚das' System – und das dazu passende Wort Gottes ergeht sich in Ja und Nein dann notwendig zerstreut und obenhin, scheinbar konkret und in Wahrheit abstrakt, weil der für die Situation entscheidende Faktor ‚Zeit' sich der Analyse entzieht. Schade, daß HORST ALBRECHT in seinem sympathischen Buch ‚Predigen' das nicht sieht, sondern zum „Überzeitlichen" meint zurückkehren zu können (15), weil er meint, „daß Gottes Wort auf die Fragen der Menschen antwortet" (63). Aber: Konkret wäre doch wohl nicht der Topf mitsamt dem Dekkel, sondern das, was darin schmort, also z.B. der ‚Tod im Topf' (2.Kön 4,38–41)? Und welche Analyse wäre dem, was da heutzutage in unsere Töpfe gerät, gewachsen? Man müßte schon ein Prophetenschüler sein, einer, der Tod und Leben zu unterscheiden gelernt hat, um mit Entsetzen die Gefahr zu schmecken, und ein Prophet, um damit umgehen zu können. So hat die theologische Arbeit an der Situation das prophetische und apostolische Wort, das geschrieben steht, zum Gegenstand, gerade weil der Prediger „sich den Gegenstand seines Redens nicht erst suchen" muß (ALBRECHT, ebd. 48). ALBRECHT meint mit Luther: Christus, nicht die Schrift!, schon recht, aber: Für Luther ist die Schrift „wahrlich Christus geystlicher leyb", uns gegeben zu „tasten vnd pruffen", damit's nicht „fliegende geyster" sind, denen wir verfallen (WA 7,315 Z.26). Nicht bleibt die Situation im Schriftwort verborgen, sondern der geduldige und verständige Umgang mit dem Wort läßt diejenige Situation aufblitzen, in der Gott siegreich erschien, erscheint und erscheinen wird, nämlich am Thron- und Wohnort Satans, mitten unter uns. (Das meint die Rede vom ‚Engel'.)

Ist derTeufel nach Apk 12,12 der, der keine Zeit hat, so läßt Gott sich Zeit, indem er dem Prediger und der Gemeinde soviel Zeit einräumt, wie sie brauchen, um Abstand zu nehmen von dem, was sie ohne Gottes Wort nicht wahrnehmen könnten. Wer weiß schon in einer Zeit, in der das gegenseitige ideologische Verteufeln durchaus auch auf Kanzeln gesellschaftsfähig ist, etwas von dem anonymen Satan, nämlich dem namenlosen Grauen, das dort weichen muß, wo der Name Gottes genannt wird und wo in diesem Namen auch der Mensch als er selbst zur Sprache kommt, d. h. mit seinem wahren Namen gerufen und zum Reden gebracht werden kann, nicht zum *Fragen* zuerst, sondern zum *Klagen* und *Loben?*

Die Arbeit an der Situation geschieht darum nicht neutral, sondern als Kampf um den Namen über alle Namen und so als Kampf für die Gemeinde des Herrn (Apk 2,16), als Plädoyer für die – auch für diese! – Gemeinde. In solchem Kampf erscheint mit Hilfe des Textes die Situation als gerettet. Kommen nicht die Peinlichkeiten, die ein predigthörender Mensch bei manchen Predigten (z. B. bei einer Beerdigung) empfinden mag, daher, daß der Prediger zwar mit den besten Absichten in einer Situation herumgerührt hat, sie aber nicht in Kraft des Wortes hat entschieden sein lassen können? Da fehlt es allemal an der theologischen Arbeit, wobei ich hinzufügen muß, daß vieles (das meiste?), was an Theologie ‚getrieben' wird, eher den Namen Zeitvertreib, als den Namen Arbeit verdient – also in diesem Sinne ein teuflisches (s. o.) Geschäft heißen muß. Wahre Theologie schämt sich ihres Charakters als Arbeit am wenigsten da, wo über die Zeit entschieden wird als Zeit zum Leben für viele, da, wo verlorene Zeit erstritten und gewonnen wird für das ewige Leben.

Was bedeutet das für die – unbestreitbare – politische Aufgabe der Predigt? Diese Aufgabe darf auf keinen Fall denen überlassen bleiben, die Politik als Spielwiese betrachten, als Zeitvertreib, weil man ansonsten nicht weiß, was man als Pfarrer zu tun hat: Dazu ist die Aufgabe zu ernst. Aber darum ist vornehme Zurückhaltung in politischen Dingen auf der Kanzel erst recht nicht angebracht, weil ja – wie in Pergamon – eine alles übertönende politische Predigt immer schon ergeht, die religiös- ideologisch übertünchte Froh- und Drohbotschaft der Macht. Wohl mag es Situationen geben, in denen man diese Botschaft nur durch Schweigen (was in diesem Falle nicht vornehm wäre, sondern bewußt unhöflich!) Lügen strafen kann, wo also jedes Wort schon des Respektes zu viel wäre. War das KARL BARTHS Weg 1933? Aber das wird nicht die Regel sein dürfen. In der Regel wird die Predigt ausdrücklich zu machen haben, was hier auf dem Spiele steht – sie würde sonst durch Schweigen Zustimmung signalisieren und sich so einer gefährlichen Irreführung der Gemeinde schuldig machen (vgl. als positives, eindrückliches Beispiel das bei ALBRECHT, 82ff. zitierte). ‚Unpolitisch' ist in dieser unserer Welt zunächst einmal nichts – und ich füge hinzu: Das ist ja das Gefährliche. Wer vermeintlich unpolitisch meint predigen zu können, der hat die Herrschaft Gottes schon preisgegeben an die Götzen der Macht, die unser alltägliches und eben auch – wie anders? – unser kirchliches Leben bestimmen. Dieser Versuchung zum politischen Götzendienst ist die Kirche in ihrer Geschichte unablässig verfallen, aus (verständlicher?) Feigheit und weltlicher Klugheit, und verfällt ihr auch jetzt, wo immer sie den Mächtigen samt denen, die sie stützen, durch ihre Predigt signalisiert, daß von ihr keine Störung dessen, was die Welt ‚Frieden' nennt, zu erwarten ist.

Aber nun haben wir es heute, in (verständlicher?) Reaktion auf diese anhaltende Verfehlung mit einem scheinbar entgegengesetzten politischen Götzendienst zu tun. Auch hier ist die Herrschaft Gottes geleugnet, indem die Gemeinde aufgefordert wird, die gerechte Sache Gottes und seines Reiches zu ihrer eigenen politischen Sache zu machen. Diese Aneignung wäre aber – was die Anhänger des hier in Frage stehenden Kultes sicher nicht gerne hören – eine unerträgliche ‚Privatisierung' Gottes zugunsten einer Gruppe, die für sich in Anspruch nimmt, Vorhut und Führerin der Menschheit zu sein (Röm 2,18ff.), während in Gottes Reich doch die Ersten die Letzten und die Letzten die Ersten sein werden. Die politische Predigt hat in Wahrheit zu verkündigen, daß *Gott* sich *unsere* (politischen) Werke und Sachen gnädig aneignet (‚Ich bin im Bilde'), indem er sie richtet, uns so davon entlastet, damit wir neue Freiheit gewinnen, *seinen* Willen, den Willen des Herrn über alle Mächte gehorsam zu tun. Alles hängt hier an der Vollmacht, mit der die Predigt das Tun der Gemeinde *frei*gibt (nicht zur Willkür, sondern zum Gehorsam), also gerade nicht unter politischen Erfolgszwang setzt. Der politische Widerstand gegen Hitler ist durch seine Erfolglosigkeit so wenig desavouiert wie der weltweite Kampf um Gerechtigkeit und Menschenwürde, in den die Kirche unausweichlich mit hineingezogen ist, davon abhängt, welche Fortschritte dabei erzielt werden. Nicht Taktiken und Strategien zählen, sondern einzig geistliche und politische Wachheit ist gefordert – für die Situation, in der Gottes Ehre und unsere Freude miteinander auf dem Spiel stehen.

So weist die Predigt die Gemeinde ins zeitliche, alltägliche Leben ein, das – Gott allein sei Dank dafür! – mehr ist als alle Politik, die Menschen machen, wobei auch einmal zu bedenken wäre, was nichtpolitische Faktoren (z. B. ein Schnupfen, ein Verkehrsunfall, eine Freundschaft, eine Ehefrau) für die Politik bedeuten mögen. Es sind ja nicht zuletzt die politischen Illusionen und Allmachtsträume, die es nicht zur unverstellten Wahrnehmung des Lebens und seiner unterschiedlichen Zeiten kommen lassen, die Illusionen vom wissenschaftlich-technischen Fortschritt, die Utopien der Befreiung von allen Menschheitsübeln – um jeden Preis, wenn nur die gerechte Sache siegt. Das Unerwartete, Nicht-Planbare, Zufällige, Störende hat aber in diesem Zusammenhang mehr zu sagen als alles, was der Prediger auf den Begriff bringen kann: Ein schreiendes Kind im Gottesdienst, ein die Gemeinde erschütternder Todesfall, die Gruppe der Alkoholisierten in der Christnacht, der Schwarze, der die rassistische Predigt durch seine Anwesenheit Lügen straft – sie konstituieren die homiletische Situation in erheblich größerem Maße, als eine theologische Situationsmetereologie sich träumen läßt, die nicht die schlechte Luft im Gottesdienstraum berücksichtigt (vgl. Apg 20,7–12) und auch nicht (vom Husten abgesehen, der schon LUTHER störte) die Tatsache, daß wetterfühlige Prediger und Gemeindeglieder gelegentlich Kopfschmerzen haben, wodurch die Situation aufs schwerste beeinträchtigt sein kann (vgl. auch LANGE, Theorie 24)

Das alles hat durchaus mit dem Text und seiner Auslegung zu tun. DIETER NESTLE zeigt im Gegenüber zu einem Markuskommentar (SCHMITHALS), worum es da geht: „Würde man Mk 2,1 ff. wörtlich nehmen, so fiele uns unter anderem auf, daß wir es normalerweise nicht wagen, unsere Kranken und Behinderten in den Gottesdienst einzuladen. Warum? Fehlt es am Vertrauen darauf, daß ‚‚das Wort' . . . nicht leeres Wort ist, sondern . . . als Wort zugleich Tat' (SCHMITHALS, Mk, 155)? Müßten wir uns nicht noch mehr davor fürchten, daß uns die Heilung gelänge? Was wären die Folgen? Wären wir ihnen gewachsen? Wäre es die Gemeinde? – Man hat sich durch methodische Bedenken davon abhalten lassen, sich Jesus in einer Situation wie dieser wirklich vorzustellen. Die Männer muten Jesus diesen Gelähmten zu, unaufdringlich, unausweichlich legen sie ihn ihm vor die Füße. Was würden Sie tun in einer solchen Lage, Herr Schmithals? Nun wird's spannend. Nicht nur alle möglichen Leute, auch Ihre Studenten und ein Teil des (schriftgelehrten) Kollegiums blickt auf Sie: Nun!" (Häresie 493).

Man spricht, mit Recht, auf den Kanzeln von dem, was der Mensch der Natur antut. Aber wer spricht von – verräterisches Wort! – ‚Naturkatastrophen', die wir nicht verschuldet haben? Was bedeuten sie für die Situation der Predigt? Die Menschen werden davon bewegt, und was das Erdbeben von Lissabon nicht nur für die Theologie bedeutet hat, weiß man ja. Theodizeen werden uns schwerlich gelingen und der Aufruf zu Spenden für die Notleidenden tut's auch nicht. Es wäre gut, die Predigt lehrte, die kreatürliche Ohnmachtserfahrung auszuhalten, bis wir merken, daß es um Ohnmacht so wenig geht wie um Macht, sondern um jene Kraft, die sich in der Schwachheit vollendet (2.Kor 12,9). Das Bekenntnis, es sei mit unserer Macht nichts getan, ist kein Ausdruck von Resignation, sondern kämpferischer, biblischer Realismus, der das Feld nicht dem Kleinglauben und der Verzweiflung überläßt, die uns gerade dann befallen mögen, wenn wir uns einbilden, etwas machen zu können, wo doch nichts zu machen ist. Der Glaube, der in der Liebe tätig ist (Gal 5,6), ‚macht' nichts, sondern – das ist seine welterschütternde Kraft – *läßt* geschehen, was von Gott her geschehen muß, damit sein Reich komme, gibt auch Raum dem Zorne Gottes, damit erst recht Raum sei für die Liebe, in deren Licht die ganze Schöpfung aufs neue im Vorschein des Kommenden zu leuchten beginnt. Es gibt dann keinen Ort in dieser Welt (und wäre es der Thron- und Wohnort Satans), keine Situation, die den Gottesdienst der Kinder Gottes unmöglich machte, die nicht für ihn zu retten wäre. Ich betone freilich: dann. Dann, wenn der Glaube da ist, der die Welt, wie sie ist, als vergehende Welt illusionslos wahrzunehmen vermag, weil er weiß, daß diese Welt vergehen muß zur Ehre Gottes (1.Kor 7,31). Dann, wenn die Predigt da ist, die die Wirklichkeit nicht auf den Begriff bringt, sondern zu erschüttert-erschütterndem Gehör; die sie ins Wort faßt, in Klage und Jubel, in die nüchterne Ermutigung zum Festhalten und Weitergehen (Apk 2,13) und nicht zuletzt in die Zusage, es werde dem Glaubenden an nichts fehlen, und wo die Welt ihn um seinen Namen gebracht habe (das ist das Furchtbarste), da werde ihm ein neuer Name zuteil werden (2,17).

Es fragt sich freilich, ob ich mit alldem schon genügend – man erlasse mir die allgegenwärtigen Hieb- und Stichworte! – die Realität des *Bösen* berücksichtigt habe. Aber indem ich so formuliere, dürfte ich der Faszination des Bösen bereits verfallen sein, sei's, daß ich müde-resigniert die Waffen gestreckt habe, sei's, daß ich mich heroisch zum Kampf gegen alle erdenklichen Weltübel rüste. Denn das ist es ja gerade, was das Böse von mir erwartet: eine wie auch immer geartete ‚Rücksicht', ein In-Rechnung-Stellen des Bösen als eines Faktors der Weltgeschichte wie der Individualgeschichte, der Welt im Großen wie im Kleinen, so daß, wer dagegen eine heilige Rücksichtslosigkeit aufzubieten versuchte, sich alsbald gegen den Vorwurf des Zynismus und der Verantwortungslosigkeit zu verteidigen hätte. Der Vorwurf erginge im übrigen zu Recht, weil auch die ‚heilige' Rücksichtslosigkeit höchst unheilig am Bösen partizipierte, insofern sie unempfindlich wäre oder machte gegenüber den aus dem Bösen erwachsenden Leiden. Also doch: Rücksicht auf das Böse? An diesem Dilemma müßte eine Predigt kranken, die, auch wenn sie sich auf ihren ‚Wirklichkeitsbezug' und ihre Konkretheit in der Benennung des Bösen viel zugutehielte, dennoch abstrakt bliebe, weil losgelöst von der Situation, in der es zwischen Gott und dem Teufel zum Treffen kommen muß. Das ist die Situation, in der Gott und der Teufel ununterscheidbar zu werden drohen (vgl. nur Hi 16,9 und zur Sache Jörns, Segen 258.263 f.266–269) – es sei denn unterscheidbar durch das Wort des Gottes, der als Sieger über das Böse das Böse als Bestimmung seiner selbst wählt, indem er das Böse erleidet. Vom Bösen kann also in der Predigt nur konkret und d.h. jetzt: *theologisch* die Rede sein: "Du kannst dir den Anblick" (sc. des von dir Verschuldeten) "aus dem Sinn schlagen, vielleicht. Aber ändern kannst du daran nichts ... Ändern kann das nur einer: Gott. Gott der Allmächtige, der Schöpfer Himmels und der Erden. Der alles in der Hand hat, was geschieht. Alles, auch das Böse." (Albrecht, 104: Predigt mit Jes 53). Das Böse wird gerade so radikal ernstgenommen als das, was Gott unbedingt besiegt, indem er es in Christus auf sich nimmt. Dem grauenvollen Anblick des Bösen und seiner Faszination werden wir nur dann gewachsen sein, wenn wir es in Christus anzuschauen vermögen (vgl. das eindrucksvolle ‚Gemälde' mit 1.Petr 2,21–24 bei Möller, Kirche 110–113). Sonst werden wir fortfahren, andere zu beschuldigen und uns selbst zu entschuldigen. Es gibt dann aber, im Blick auf Christus, eine heilige Rücksichtslosigkeit gegenüber dem Bösen, die das Leiden am Bösen einschließt, indem es Resignation ebenso ausschließt wie die hybride Einbildung, dem Bösen durch die Konfrontation mit der Idee des Guten beikommen zu können. Es gibt dann sogar – wieder! – die Möglichkeit, den Teufel – respektlos (wenngleich nicht lästerlich: Jud 9) – *Teufel* zu nennen, womit wir ihm absagen und gerade so aufhören, Menschen zu verteufeln. Es gibt dann darüber hinaus die Notwendigkeit, Menschen, die sich – bewußt oder unbewußt – in den Dienst des Bösen gestellt haben, die also in diesem Sinne ‚Kinder des Teufels' sind, mit der Leidenschaft der Liebe zu widerstehen und ihnen so, im Kampf, den Respekt als *Menschen* zu erweisen, den wir dem Teufel verweigern dürfen (so verstehe ich Josuttis' Überlegungen zu den ‚Feindbildern' in der Predigt: Feindbilder 113f.) Also: Wer sagt, das atomare ‚Schwert' sei des Teufels (folgerichtig auch die, die es führen oder auch nur mit ihm spielen), der soll das in Gottes Namen getrost ohne Rücksicht auf die Weisheit der Militärstrategien tun, wenn er weiß, daß dieses Schwert Christus durchbohrt hat und so aus seinem Munde geht (Apk 2,12) als das Wort, das uns von jeder Teufelsherrschaft freispricht. Er wird dann Feinde haben und wird, mit ihnen kämpfend, leiden müssen, und er wird zuletzt verstehen, daß dieses Leiden ihn um der Menschlichkeit des vom Bösen verwundeten Gottes willen mit seinen Feinden verbindet. Theologisch vom Bösen reden heißt: es *zwischen uns*, zuhöchst im Falle der Feindschaft um Gottes willen, *nicht* gelten lassen. Indem Antipas ein treuer Zeuge des siegreichen Christus war, war er nicht ein Opfer menschlich-satanischer Bosheit (Apk 2,13).

Gewiß: Wir müssen, nein, wir dürfen uns immer neu – froh – entscheiden, wem wir dienen wollen. Es mag uns als ein hartes Brot erscheinen, inmitten einer Welt von verlockenden ‚Angeboten' – bei dem Einen zu bleiben, der uns sein verborgenes Manna (Apk 2,17) verheißt, indem er befreiend gebietet. Aber es lohnt sich das gerade um der vom Bösen vergifteten Welt willen, in die wir gesandt sind – um über ihr ein neues Lied anzustimmen. „Wes Brot ich eß, des Lied ich sing'": Gilt dieser – bittere – Satz schon für beliebige Abhängigkeitsverhältnisse, um wieviel mehr gilt er für das Freiheitslied der von Gott in Dienst Genommenen, so daß jetzt im Liede alle Bitterkeit schwindet (Apk 15,3f.). Im Zweifelsfalle votiere die Predigt für die Freiheit – gegen den Zwang zur Anpassung, dem das kirchliche Leben immer wieder unterliegt. Wie ist das möglich, wenn der Pfarrer als volkskirchlicher Beamter doch selber Teil des kirchlichen Apparats ist? Wenn er als Angestellter einer freikirchlich strukturierten Gemeinde sich nach der Decke seiner Geldgeber zu strecken hat? Aber: Wie war denn die Freiheit bei PAULUS möglich? In Kenntnis seiner Korrespondenz kann man wirklich nicht sagen, daß die Situation seines Apostolats günstiger gewesen sei als die unseres Predigens – im Gegenteil: Wie frei kann einer schon sein, der sich permanent selber verteidigen muß (1.Kor 9,1ff.)? Wie frei kann der verbannte Seher von Patmos sein, wenn er ein Muß (Apk 1,1) zu Gehör bringt zusammen mit dem ressentimentgeladenen Schrei der Märtyrer nach Vergeltung (Apk 6,10)? Nun, PAULUS hat die Freiheit des Geistes nicht zuletzt in seiner Juden und Heiden unterscheidenden und so vereinenden Auslegung der Heiligen Schriften Israels bewährt, bis ins Materielle hinein (vgl. ADLOFF, Missionarische Existenz 14–18), und JOHANNES weiß, was es bedeutet, ein – die Fülle des Wortes Gottes verwahrendes – Büchlein zu verschlingen, das, wie bitter auch immer für den Bauch, dem Munde allezeit neu süß werden muß (Apk 10,9f.). Und so frage ich, ob nicht ein neuer, befreiter, lernbereiter Umgang des Predigers mit der Heiligen Schrift im Achten auf Israel wie auf den Geist, der die Völker der Welt zu dem Einen Gott versammelt, ihm zur Quelle eines nicht an Menschen gebundenen und so ihre durch nichts aufzuhaltende Freude fördernden Wortes werden muß, so daß sich, *in der Konsequenz,* die Brotfrage noch einmal anders stellen wird. Jedenfalls: Wüßten wir, welchen Schatz wir an der Heiligen Schrift haben, wir würden nicht unentschieden zwischen Tradition und Situation hin und her schwanken, sondern wir würden, mit den einschneidendsten Folgen, kühn jede Situation am Text und jeden Text an der durch ihn erschlossenen Situation messen, wobei sich dann zeigte, daß die Texte sich nicht verbrauchen, sondern unerschöpflich sind. „Wende sie" (die Tora) "hin und wende sie her, denn alles ist in ihr" (Mischna Avot 5,25).

Mag sein, daß unser Perikopensystem und damit unsere Fixierung auf die einzelne, vom Schriftganzen isolierte Perikope solchen ebenso freien wie strengen Umgang des Predigers mit der Schrift noch hindert (vgl. JÖRNS, Predigtnot 8.60f.; dazu aber auch den Versuch STEIGERS, das Ganze der Schrift, die Lehre, in die erfahrene biblisch-liturgische Zeit einzuholen: Erschienen in der

Zeit 20ff.). Das ließe sich ändern. Entscheidend bleibt: Das neue Lied, das der Zeit nicht lamentierend und räsonierend hinterherhinkt, lerne ich aus der Schrift, indem ich unter ihrer Anleitung dorthin schaue, wo das ‚verborgene Manna' (Apk 2,17) offenbar wird, das Gott allen, die er meint, zugedacht hat. Das klingt natürlich verstiegen, und die Frage scheint unausweichlich zu sein, ob wir uns so nicht aus der Welt mit ihren Bedürfnissen hinausbewegen – in ein Getto, wie man abschätzig sagt, nicht wissend, was man – als Christ! – damit zu verstehen gibt. Die Frage könnte sich freilich als Bumerang erweisen, denn ein am (Markt-)Bedarf der Welt orientiertes Christentum könnte eines nicht allzufernen Tages mit dem Hinweis: "Danke, kein Bedarf!" der Welt verwiesen werden. Wir wollen aber, nein, wir müssen – Getto oder nicht – tiefer in die Welt hinein. Der Dienstag (der dritte Schöpfungstag!) hat uns ja schon gezeigt, wie die Gemeinde wunderbar Raum gewinnt in der Welt. Das Nachdenken über die Situation der Predigt kann an dieser Stelle abbrechen und der Überlegung Platz machen, welches denn die ‚Welt' (hebräisch: ein Zeitbegriff; BUBER/ROSENZWEIG: ‚Weltzeit') sei, die hier offenbar zusammen mit der Gemeinde auf dem Spiele steht.

# Zehn Thesen

1. Die Predigt als gottesdienstliches Geschehen kann nicht zwei (oder vielen) Herren dienen.
2. Alles, was sichtbar und unsichtbar ist, ist mit der Gemeinde zu Lob und Anbetung des Schöpfers und Herrn der Welt gerufen. Die Predigt intoniert diesen Ruf und läßt sich dabei vom Kirchenjahr und von der Liturgie der Kirche schriftgemäß inspirieren.
3. Die ihre Berufung zum Gottesdienst wahrnehmende Gemeinde ist mit ihrem Amen bzw. der Verweigerung des Amen die unentbehrliche Kritikerin der Predigt.
4. Wer der Gemeinde diese Berufung abspricht oder nicht zumuten will, verkennt den ‚Engel der Gemeinde'.
5. Die wichtigste Ortsbestimmung einer Gemeinde sind die Gräber ihrer Toten. Ein Prediger, der diese Ortsbestimmung ignoriert, kann nicht in Vollmacht das Evangelium der Auferwekkung Jesu von den Toten verkündigen.
6. Die Situation der die Predigt hörenden Gemeinde steht allezeit auf Messers Schneide. Die Präzision der Vorbereitung auf den Gottesdienst kann darum nicht groß genug sein. Eine vom Text der Schrift absehende Analyse der Situation steht, als theologische Zerstreuung, der nötigen Präzisierung u.U. entgegen.
7. Die politische Aufgabe der Predigt besteht zuerst und zuletzt darin, der beständigen Versuchung zu einem politischen Götzendienst (der sich womöglich noch als unpolitisch tarnt!) zu wehren. Dazu bedarf es geistlicher wie politischer Wachheit.
8. Die Predigt weist die Gemeinde da, wo sie lebt, im Namen Jesu in ein illusionsloses Leben zur Ehre des Schöpfers ein.
9. Das Böse ist nur insofern ein Thema der Predigt, als sie Gottes Sieg über das Böse zu verkündigen hat. Vom Bösen ist *theologisch* zu reden.
10. „Wes Brot ich eß, des Lied ich sing'": Dieser einschneidende Satz gilt auch für die Predigt.

# Apokalypse 2,18–29

Und: Für den Engel der Versammlung in Thyatira –
schreib' auf!
Das sagt ER,
der Sohn Gottes,
Augen wie Feuerflammen,
Füße metallisch Glänzendem gleich. (18)
Ich bin im Bilde,
all deine Dinge
und Liebe und
Glaube und
Hilfe und
Aushalten: alles dein! und ...
und deine Dinge zuletzt übertreffen noch die zuerst! (19)
Aber:
Ich bringe vor gegen dich:
Gewähren läßt du die Frau,
Isebel, Prophetin: sagt sie,
und sie lehrt und
irregehen läßt sie meine Knechte,
Weghuren von Gott und Götzenfraß. (20)
Und ich gab ihr Frist zur Umkehr,
und nicht will sie umkehren von ihrem Gewerbe. (21)
Da,
ich werfe sie aufs Bett
und ihre Freier in große Bedrückung,
wenn sie nicht umkehren von ihren Dingen, (22)
und ihre Kinder will ich umbringen
mit bösem Tod.
Und erkennen sollen alle Versammlungen, die ganze Kirche:
ICH BINS,
Ergründer von Nieren und Herz,

und ich gebe euch,
einem jeden,
nach dem Stand eurer Dinge. (23)
Euch aber sag' ich,
den übrigen in Thyatira,
allen, die nicht diese Lehren haben,
nicht ‚Abgründe Satans' ermessen,
sogenannte:
Nicht werf' ich über euch andere Last. (24)
Nur: Was ihr empfangen habt,
das haltet fest,
bis ich komme. (25)
Und der Sieger im Kampf und
wer bewahrt meine Dinge bis zuletzt:
Ich gebe ihm Gewalt über die Weltvölker, (26)
und weiden wird er sie mit eherner Keule,
wie Tongeschirr zertrümmert wird, (27)
wie auch ich's genommen habe von meinem Vater,
und ich gebe ihm den Morgenstern. (28)
Wer ein Ohr hat,
hören soll er,
was der Geist sagt den Versammlungen. (29)

# Thyatira oder: Das Medium (der) Predigt

Nicht in verkehrte ‚Tiefen' (Apk 2,24) geht hier der Weg der Predigt, sondern nach oben, ins Unwegsame (2,26 f.). Ohne besondere Umsicht und ohne kräftige Hilfe von oben werden wir nicht gut weiterkommen. Achten wir auf die Füße des Herrn (2,18)! Mit dem Sendschreiben nach Thyatira erreicht der Weg seinen gefährlichen und gefährdeten Höhepunkt. Ich zögere, an dieser Stelle von der ‚Mitte' zu reden, und doch muß ich das gerade im Bewußtsein der dem Reden von der *Mitte* innewohnenden Gefahr tun. Daß Jesus Christus natürlich und stets ‚zentral' sei bzw. zu sein habe: Der Gemeinplatz verschleiert eine natürlich und stets unerträgliche

Wahrheit, indem er sie behaglich ausplaudert, und gebiert zugleich unentwegt weitere homiletische Gemeinplätze, als bedürfe jene Mitte noch unserer Vermittlungen ins Menschlich-Allzumenschliche, um so erst recht mittel-mäßig zu sein (vgl. den lateinischen Sprachgebrauch von *medium*). Kein Wunder, daß der sensible Prediger leicht ins Extravagante ausweicht, wobei er Christus nicht gewinnt, sondern alles verliert! Umgekehrt: Ein Wunder, wenn Christus als die Mitte erscheint und verstanden wird (1,13; 2,1)! Denn das hieße auf jeden Fall, den Augen des Sohnes Gottes (2,18) standzuhalten, die unser Verborgenes ans Licht bringen. Für den Prediger wie für die Gemeinde wird es da um eine Prüfung auf Herz und Nieren gehen (2,23).

Dem Leser kann nicht entgehen, daß der Gebrauch des Wortes Medium in diesem Kapitel ‚irrlichtert' und nichts ausläßt, was sprachlich auf dem Wege liegt: von Christus als der Mitte bis hin zur ‚Medienfrage', wobei auch die Vorstellung vom Prediger als Medium des Geistes (der Geister) nicht vergessen ist. Das Irrlichtern ist einerseits Sichtbarwerden eines theorievergessenen homiletischen Sumpfs (vgl. ADLOFF, Plädoyer 2ff.13 A 91 mit JÖRNS, Predigtnot 8). Andererseits könnte der ‚phosphoreszierende' Gebrauch eines Wortes auf den Morgenstern (2,28), den Phosphoros (2.Petr 1,19), hinweisen, der nicht nur für die Homiletik einen Weg (nicht: neue praktikable Methoden!) erkennen läßt. ‚Mitte' ist noch in der Vorstellung eines stillgelegten *Raumes* befangen: Fiel schon beim Nachdenken über die ‚Situation' im letzten Kapitel die Zeitlosigkeit der Situationsanalyse auf, so wäre jetzt erst recht *Zeit* im biblischen Verständnis anzumahnen, damit wir nicht ewig um eine, vielleicht leere, Mitte kreisen. Inwiefern ist Christus denn – die *Tür* (Joh 10,7ff.)? Hier ist immer noch eine Entmythologisierung fällig, deren Gegenstand der auch in der Homiletik viel beschworene Mensch wäre: „... der in ein verkehrtes Verhältnis zu sich selbst verstrickte Mensch des Stillstands, ja des Fallens, der entweder zu hoch oder zu niedrig von sich denkt, ja, der gar nicht weiß, daß er von einer Bewegung lebt, die durch sein übliches Verständnis eines stillgelegten Raumes und einer nur scheinbar umlaufenden Zeit schrecklich abgeblendet ist. Es gilt ... sich durch das Evangelium dorthin zurückholen zu lassen, wo sich Raum und Zeit aus einer Bewegung von Weg und Gang als Raum für andere und Zeit für uns verstehen lassen." (FUCHS, Hermeneutik, Erg.H. 13) „Die Zeit ist die Hauptkampflinie des Menschen ... Der Raum trennt, die Zeit eint uns ... *Zeit ist die Gegenwart Gottes in der Welt des Raumes,* und nur in der Zeit können wir die Einheit aller Lebewesen fühlen." (HESCHEL, Wachsen 68f.)

Inwiefern kann die Prüfung von Herz und Nieren durch die Augen des Sohnes Gottes als Selbstprüfung unsere Sache sein? Das ist durchaus die Frage. Denn ‚die Tiefen des Satans' zu durchschauen (Apk 2,24) kann nach dem Sendschreiben von Thyatira unsere Sache eben nicht sein. Wohl aber haben sich Prediger und Gemeinde in dem zu prüfen, was sie als Lehre der Wahrheit miteinander zu verantworten gedenken, in der Tatsache, daß sie angeredet sind von dem, der mit allen seinen Kindern spricht, weil und wie er mit seinem Sohn gesprochen hat (2,26 ff.). In solcher Selbstprüfung sind Prediger und Gemeinde durch eben das verbunden, was sie aufs genauste voneinander unterscheidet: durch ein Reden, das aus dem Hören kommt und ein Hören, das dem Reden (selbst-)kritisch folgt, weil der Sohn Gottes *zwischen* dem, der da redet, und dem, der da hört, steht (1.Kor 14,25; 2.Kor 1,19 f.). Man hüte sich also, den Prediger und den Hörer *unvermittelt* in das homiletische Denken einzuführen, so als hinge von ihrer gegenseitigen Beziehung alles ab (vgl. nur für viele Kiesow, 33 ff. mit Dannowski, 107 ff.). Das hieße, Prediger und Hörer in eine erbarmungslose Konkurrenzsituation zu bringen, in der sie beide nur verlieren können, der Prediger, weil er sich (er weiß es wohl!) den Ansprüchen seiner Hörer nicht gewachsen zeigt und der Hörer, weil er sich früher oder später (nämlich dann, wenn es ernst wird!) vom Prediger im Stich gelassen und betrogen fühlen muß. Eine veränderte Rollenverteilung im Gottesdienst, also die Möglichkeit jedes einzelnen zu reden, wäre gewiß ehrlicher, würde aber die Konkurrenzsituation noch greller erscheinen lassen (1.Kor 14,26–32): Der Hörende wartet nur auf das Stichwort, das ihn zum Redenden macht. Die Predigt von dem einen lebendigen Gott, der inmitten der Kirche seinen Weg, den Weg des Sohnes, geht und sein erlösendes Ich, das Ich des Geistes hören läßt, schließt die im Sendschreiben nach Thyatira mit dem Namen Isebel (Apk 2,20) bezeichnete und sich fortzeugende (2,22 f.) heidnische Konkurrenzsituation aus.

Fehlt die Vermittlung durch Christus, stürzt man in die ‚Tiefen des Satans' (zur Deutung vgl. Adloff, Sendschreiben 16), die ‚Unordnung', von der Paulus spricht (1.Kor 14,33). Unvermittelt begegnet so dem Prediger wie dem Hörer die unbarmherzige Forderung, den Anderen anzunehmen, wie man sich selbst (auch im Bösen!) anzunehmen habe. Aber es geht nicht um ein Annehmen, sondern – so sollte Röm 15,7 übersetzt werden – um ein

Sich-gegenseitig-*Auf*nehmen und Raumgeben im Leibe Christi, im durch Christus eröffneten Zeit-Raum der (Geistes-)Gegenwart Gottes, die dem Bösen keinen Raum läßt (s. das letzte Kapitel). Schweigen hat jetzt ebenso seine Zeit wie das Reden (Pred 3,7). Dem gilt die gemeinsame Selbstprüfung und Verantwortung von Redenden und Hörenden. Zur Unterscheidung von Annehmen und Aufnehmen vgl. die glänzende Interpretation, die ELIAS CANETTI dem Dasein HERMANN BROCHS gegeben hat (Augenspiel 36f.): „Es war kein kaltes und machtgieriges Schweigen, wie es von der Analyse her bekannt ist, wo es darum geht, daß ein Mensch sich rettungslos einem anderen ausliefert, der sich kein Gefühl für oder gegen ihn erlauben *darf*. Brochs Zuhören war von kleinen vernehmlichen Atemstößen unterbrochen, die einem bezeugten, daß man nicht nur gehört, daß man *aufgenommen* worden war, so als wäre man mit jedem Satz, den man sagte, in ein Haus eingetreten und lasse sich da umständlich nieder." (ebd 37) N.B.: Ich kann mich nicht selber *auf*nehmen!

An die Stelle der Konkurrenzsituation tritt eine noch näher zu beschreibende *Kooperation* der Töchter und Söhne Gottes im Hören und im Reden. Erst da ist es sinnvoll, das Ich des Predigers und das Ich des Hörers zu bedenken (vgl. das Kapitel über die Notwendigkeit der Predigt), wo die Predigt aufgrund des Werkes Gottes als gemeinsame Arbeit in den Blick kommt (1.Kor 3!), als gutes Werk (vgl. FÜRST, Das gute Werk der Predigt), das mit dem Verlangen alles Fleisches nach Selbstverwirklichung nicht verworren sein will. Was kann denn eine Predigt, die das Ich des Predigers und des Hörers unausgesprochen mit dem Ich Gottes, des Retters und Richters, konkurrieren läßt, anderes offenbaren als unsere Gottlosigkeit? Unser Unglück? Unsere – böse – Angst? Wenn doch aus dem menschlichen Herzen böse Gedanken kommen (Mk 7,15.20–33), z. B. dieser: „Du mußt dir selbst vergeben!" Umgekehrt: Wo immer das Werk der Predigt sich dem Werke Gottes als dienlich erweist, da tritt der hervor, dessen Dasein für viele einen Raum des spannungsvoll-fruchtbaren Miteinander zwischen dem Hörenden und dem Redenden schafft, einen Spielraum, der das Wort in dem ihm eigenen *Rhythmus* frei hin und her schwingen läßt. Das Gott dienliche Werk überfordert uns nicht mit der Utopie der gläubigen Selbstverwirklichung, sei's als Prediger, sei's als Gemeinde, sondern gebietet uns heilsame Selbstbeschränkung. Indem wir im Hören auf Gottes Zusage unser (künftiges) Sein als Gottes Werk empfangen, beschränken wir uns im Reden auf das jedermann Glaubwürdige. Die Selbstbeschränkung im Reden, die dem Hörer wohltut, führt zu einer Selbstentschränkung im Hören auf Gott hin: Nicht ich, der Prediger als Person, oder wir als Gemeinde müssen glaubwürdig sein bzw. uns glaubwürdig machen, sondern Gott, dessen Wort allen Glauben verdient, nimmt unser Wort in Gnaden hin und lobt unsere Werke, so wahr er auch sagt, welche Werke ihm nicht gefallen, nämlich die Werke der maßlosen Selbstüberschätzung und Selbstunterschätzung (was in der Praxis beides oft auf dasselbe hinausläuft!).

Der Prediger, so sehr er Anteil hat an dem der Gemeinde gegebenen ‚Geist des Glaubens' (2.Kor 4,13), ist dennoch nicht dessen bevorzugtes ‚Medium' oder exemplarischer Darsteller. Die Redefiguren des repräsentativen und des exemplarischen Ich (vgl. JOSUTTIS, Prediger 92f.) sollten nicht in diesem Sinne mißverstanden werden, lassen doch diese Redefiguren das Ich in seiner Fraglichkeit erscheinen (vgl. Röm 7,24 mit Gal 2,20): Das Ich des Redenden muß vielmehr von dem des Hörenden *unterscheidbar* bleiben. Überhaupt stellt die Gemeinde weder im ganzen noch in einem ihrer Glieder den Geist des Glaubens durch die Predigt dar (gegen SCHLEIERMACHER und seine modernen Nachredner: vgl. nur MÜLLER, Homiletik 538f. 554 mit DANNOWSKI, 45f.): Solche Selbstdarstellung ist dem eschatologischen Charakter der Gemeinde unangemessen. Solange die Gemeinde noch nicht vollendet ist, solange Gott noch nicht alles in allem ist (1.Kor 15,28 vgl. mit Apk 21), bleibt Christus ihre verborgene, kritische Mitte, steht also zwischen ‚uns' (und Gott) wie zwischen der Gemeinde und der noch nicht glaubenden Welt (Joh 10,16). Im Geist des Herrn bringt die Predigt vielmehr den heilsamen Unterschied zwischen Gott und jedem menschlichen Ich oder Wir zur Sprache (Jer 17,9f.; Apk 2,23), so daß das Herz, indem es vor Gott offenbar wird, zugleich vor den Menschen verborgen sein darf in Christus: "ICH BINS,/Ergründer von Nieren und Herz/und ich gebe euch – einem jeden –/nach dem Stand eurer Dinge." So ist das Herz des Predigers – Gott sei Dank! – nicht das Medium der Predigt. „Die Aufgabe, Glauben und Vertrauen zu dem Bringer des Evangeliums zu wecken, kann nur durch die Anstrengung des eigenen Herzens und Gewissens gelöst werden" (MÜLLER, Autorität 186, im Anschluß an EMANUEL HIRSCH). Nein! Der Prediger steht nicht ‚hinter', sondern ‚*neben*' seinem Wort (ADLOFF, Plädoyer 84), das ihn richtet und erhebt, auch schützt, wo er um des Wortes willen wehrlos wird.

Die Probe auf die gesuchte Kooperation zwischen Redendem und Hörendem läßt sich an der Stilform des homiletischen ‚Wir' machen (vgl. KRAUSE, Anredeformen 119.132). „Gegen den Pfarrer, der Wir sagt, kann ein mündiger Predigthörer nur aufbegehren und protestieren", schreibt MANFRED JOSUTTIS (Prediger 83). Dagegen erklärt WOLFANG TRILLHAAS, der Prediger sei „nur der erste Hörer seiner Predigt" und solle darum grundsätzlich, statt „seine Zuhörer von oben herab" anzureden, „inklusiv" predigen: „Wenn sein Kontakt mit den Hörern nicht gestört wäre, würde er per ‚Wir' predigen; denn was die anderen angeht, geht ihn auch an; was die Zuhörer freut, freut ihn auch. Die Zweifel der Hörer sind auch die seinen; ihre Anfechtungen sind ihm wohlbekannt." (Einführung 54) Und: „Je weniger zwischen dem Prediger und seinen Zuhörern steht, je mehr er ihr Nachbar, Zeit- und Schicksalsgenosse geworden ist, desto mehr werden die Hörer im Wort des Predigers sich selbst wiederfinden" (ebd. 54f.). Beide Autoren argumentieren demokratisch, im Interesse der Hörer. Aber während dieser ‚Wir' sagt, damit er die Hörer nicht (per Du, Ihr oder Sie) „von oben herab" anreden muß, sagt jener pointiert Ich, um den mündigen Hörer nicht durch das Wir zu vereinnahmen und zu vergewaltigen. Man sieht: Mißtrauen, demokratisch wohlbegründet, steht hier der Kooperation im Wege. Fehlt Christus als Mittler, gibt es kein solidarisches Wir, weder im Bekenntnis der Schuld noch im Lobpreis des göttlichen Erbarmens, das nicht erschlichen wäre – im Falle von TRILLHAAS durch einen etwas unheimlichen, weil offenbar alles verstehenden Herrn Nachbarn, eben doch: pfäffisch. Das ‚Wir' ist-auch!-eine Anredeform der Mutlosigkeit (vgl. BOHREN, Predigtlehre 409). Solidarität muß darum in der gewissenhaften Predigtarbeit mit dem Ich des Predigers so *erkämpft* werden, daß der Hörer an dem Kampf um die Einsicht in das alle Verbindende beteiligt wird. Aber das kann natürlich nicht Sache des einzelnen Hörers oder der Summe der Hörer sein. Hier kommt, wovon weder bei TRILLHAAS noch bei JOSUTTIS die Rede ist, Gemeinde ins Spiel als Spielraum für den Kampf um das freie Wort. Der Prediger wird hier notwendig den Unterschied zwischen dem für alle geltenden Gebot und seiner persönlichen Meinung zu lernen haben (1.Kor 7,10ff.25.40). Der Gemeinde in Thyatira rechnet es der Herr als Schuld an, daß sie die prophetische Isebel gewähren läßt (Apk 2,20) und nicht zur Buße bewegt, d.h. zur Selbstbeschränkung des dem Ich gegebenen Geistes, damit die Gemeinschaft nicht (als Reaktion darauf?) durch die Lasten eines der Kirche nicht gebotenen, ‚alternativen Lebens' (2,24) zu Fall komme, Schuld auch darum, weil die Selbstüberschätzung der Prophetin so wenig bekommen wird wie die Selbstunterschätzung ihren Kindern und ihren Gegnern.

Im ,Wir' geht's also um das Selbstverständnis der Gemeinde. Die Gemeinde ist weder als Alternative innerhalb der Welt zu verstehen (,wir Christen'; aber: die Kirche ist nicht Israel) noch als radikale Antithese zum (Wir des) Kosmos, sondern (missionarisch) als Zumutung an jedermann und so als die Gemeinde *der* jeweils anderen (ADLOFF, Neue Aspekte 106), mit denen Solidarität im radikalen Schuldbekenntnis wie im Lobpreis des grenzenlosen Erbarmens immer neu einzuholen ist (Röm 11,32). Israel bleibt dabei das notwendige Korrektiv gegen fanatischen Extremismus und kompromißlerischen Opportunismus. Ein aktuelles Beispiel: Feministische Theologinnen könnten in der Darstellung der ,Isebel' im Sendschreiben nach Thyatira ein männliches Ressentiment gegen die Frau wittern. Das zu beurteilen steht mir nicht zu. Aber ich werde, als Mann, dagegen auch nicht einwenden, im Wir der christlichen Gemeinschaft sei der Geschlechterkampf doch ,aufgehoben' (so wie angeblich der Gegensatz zwischen Juden und Heiden). Vielmehr kommt alles darauf an, was die ,jeweils anderen' einander zu sagen haben, also per ,Du' und ,Ihr', die Frauen den Männern und die Männer den Frauen. Nur so kommt's zu einer Solidarität, die noch etwas anderes wäre als jener elende Gruppengeist, der uns sprachlos macht. Eine Feministische Theologie freilich, die, um ,Isebel' zu retten, heidnisch-antijüdisch würde, hätte niemandem etwas zu sagen.

Wie kommen wir miteinander weiter? Hörende und Redende bedürfen zu ihrer gesunden Kooperation der Heiligen Schrift (vgl. JOSUTTIS, Bibel 390 ff.). Die Schrift ist die heilsame, andere aufrichtende Schwachheit des Redenden und die lebendige Stärke des Hörenden! Denn: Wie schwach ist doch der Prophet von Patmos mit dem schrift-gemäßen (Ps 2,7 ff. vgl. mit Apk 2,18.26 f.), befremdlich spröden Christus des Sendschreibens gegenüber der faszinierenden, leibhaften Präsenz der Prophetin vor Ort! Wie stark aber macht, andererseits, die biblische Christusoffenbarung die Gemeinde gegenüber der Versuchung, sich nach heidnischer Manier einer menschlichen Königin oder einem König blindlings zu unterwerfen! Wie gut für beide, für Prediger und Gemeinde, wenn sie mit Hilfe der Schrift im Dienste des unsichtbaren Königs aller Könige miteinander gesunden, der Prediger, indem er die Grenzen seiner Geisteskraft nicht überrennen muß, die Gemeinde, wenn sie die Ansprüche der heidnisch-frommen Welt auf Totalität in ihre Schranken weisen kann!

Und wenn es umgekehrt wäre? Wenn die Schrift die andere niederwerfende Stärke des Redenden und die tödliche Schwachheit des Hörenden wäre? So hätte man's gern, und so hat man's dann auch zur Strafe und zum Unglück aller Beteiligten. Erst reklamiert der predigende Theologe die Schrift als sein Privileg (Machtfrage!), und dann leidet er darunter, daß er mit der vergötzten Schrift nicht in die Höhe kommt, sondern durch Gottes Zorn immer tiefer sinken muß, bis zu den ‚Tiefen des Satans', die ihm den Mund verschließen, so daß er sich ins Geschwätz flüchten muß. Erst überläßt die Gemeinde erleichtert die Schrift dem charismatischen Fachmann, und dann beklagt sie ihre Unmündigkeit, dies, daß sie nicht zu Wort kommt in der Predigt. Ist die durch die Schrift mögliche Kooperation im Hören und im Reden von beiden Seiten aufgekündigt (und das scheint weithin der Fall zu sein), so hilft der Schrei nach Kommunikation nichts.

An dieser Stelle zeigt sich's, daß der Homiletik mit Homiletik allein (die Frage der Notwendigkeit der Predigt steht auf einem anderen Blatt! s.o.) nicht aufzuhelfen ist. Mehr nämlich als den Predigern bewußt (und vielleicht auch nur lieb) ist, lebt ihr Predigen von – noch – vorhandenen biblischen Reminiszenzen ihrer Hörer. Fehlen diese, kann sich der Pfarrer nicht mehr verständlich machen, oder er muß versuchen, die Bibel durch seine Predigt an biblische Analphabeten, narrativ etwa, zu vermitteln. Doch dazu ist die Predigt nicht das geeignete Medium; versucht man es dennoch, wie Horst Albrecht es versucht, so verliert die zum ‚Symbol' gewordene biblische Erzählung ihr ‚Formgeheimnis' (Rosenzweig, Formgeheimnis; Vetter, Biblische Erzählung) an ein ihr fremdes Gesetz. Natürlich kann man dann auf die Bibel mehr oder weniger verzichten, kann außerbiblische Geschichten erzählen und die Gemeindeglieder ermuntern, „Selbstzeugnisse" und „authentische Erfahrungen" (Schloz, 29) im Gottesdienst vorzutragen. Nur: So kommt es, vielleicht, „zur symbolischen Inszenierung konziliarer Gemeinschaft" (ebd.), aber die gesuchte Kooperation bleibt aus. Mir scheint, nicht nur für die Predigt hänge alles daran, daß die Prediger nicht weniger als die Predigthörer sich gemeinsam – und das kann *in* der Predigt, im Gottesdienst nur sehr unzureichend geschehen – als biblisch Lernende, als Schüler des Biblischen ABC (Miskotte) in der *Arbeit* an der Bibel zusammenfinden. Es geht dabei nicht in erster Linie um Auslegung oder gar Anwendung der Bibel, sondern, vielleicht, darum z.B., daß wir, indem wir in den Dialog der Schrift hineingezogen werden, selber dialogfähig werden. Daß dabei dem christlich-jüdischen Dialog eine entscheidende Bedeutung für unseren Umgang mit der Bibel zukommt, ist kein Zufall. Natürlich kann solch biblisches Lernen nicht früh genug beginnen. Ich halte es schon seit langem für einen Skandal, wie die Kirche an den Kindern (nicht als Objekten der Betreuung und Unterhaltung, sondern als *Subjekten* ernsthaften biblischen Lernens!) vorbeigeht. Kinderbibelwochen allein tun's nicht! (Vgl. zur Sache JÖRNS, Predigtnot 113.118.) Vom Religionsunterricht darf man weithin schweigen (vgl. aber BALDERMANN). Wenn wir nicht, Prediger wie Predigthörer, werden wie die Kinder und *lesen* lernen (BETTELHEIM, 53–67), bleiben wir als Analphabeten unmündig angesichts der uns bedrängenden Bilder. Daß auch der Gottesdienst einer neuen (Vor-)Lesekultur bedarf, sei angemerkt (vgl. ADLOFF, Lektor).

Aber es könnte ja auch sein, daß Prediger und Hörer da und dort der seichten sonntäglichen Versuche, ein Publikum – hoffentlich angenehm! – zu unterhalten, aufzumuntern, zu aktivieren, die Welträtsel zu lösen und den Sinn des Lebens zu erörtern, müde geworden sind. Entdecken sie dann beide, als alltäglich miteinander Lernende, daß und wie sie einer nicht durch fromme wie unfromme Vorurteile verstellten, sondern der wirklichen Bibel bedürfen, so soll das der gottesdienstlichen Predigt zugutekommen. Der Prediger muß nicht länger beteuern, wie schwer ihm der Text gefallen ist, um den Text dann wie eine heiße Kartoffel fallen zu lassen, sondern darf seine Schwäche für den Text als Liebe zum Text (wer redet hier von ‚Herrschaft' des Textes?!) erkennen lassen, und die Gemeinde braucht nicht länger die Person ihres Predigers anzusehen, der aus ‚unmöglichen' alten Texten (bestenfalls) ansprechende ‚Angebote' hervorzaubert, sondern wird stark in der barmherzigen Kritik aller Weltweisheit, aller Menschenmeinungen und Menschenwege, je deutlicher sie das Wort und den Willen ihres Herrn erkennt. Das Beieinander von Schwachheit und Stärke, das den Kommunikationsvorgang der Predigt kennzeichnet, sieht sie vorgebildet in der Person des Herrn selbst, der alles, was er ist, als der Sohn des Vaters (Apk 2,28), als das Wort Gottes ist, und der so die Welt auf ihr gnädiges Ende, auf Gott hin richtet und treibt.

‚Welt' steht also in der schriftgemäßen Predigt, die ihren Herrn vor Augen hat, immer auf dem Spiel (Apk 2,26f.). Wir leben ja im Leibe, erfahren im Leibe das Beieinander von Schwachheit und Stärke, das menschliche Kommunikation kennzeichnet. Darum geht's! Es geht also nicht darum, ob und wie die Kirche durch die Predigt mit der Welt kommunizieren könnte. Wozu sollte die Kirche das tun? Um in verkehrter, heidnischer Auslegung von Ps 2 *ihre* Macht zu erhalten und zu verbreiten? (Man mag statt Kirche auch ‚Christentum' sagen: gleichviel!) Nein, die Frage nach Essen und Trinken, die Frage nach der Sexualität, die Fragen des Leibes also sind nicht zufällig *die* Zeit- und Streitfragen des Neuen Testaments in Korinth wie in Rom, in Pergamon wie in Thyatira (Apk 2,21 f.): Galt doch schon das erste Gebot, das Gott dem Menschen im Paradiese gab, dem Essen (Gen 2,17)! Gerade darin nimmt die Predigt die Welt ernst, so ernst, wie die Welt sich selbst nie nehmen kann, weil die Welt in Gestalt des Sünders den Leib entweder über- oder unterschätzt (was beides auf dasselbe hinausläuft). „Der Mensch muß essen. Dies Naturdekret des Leibes ist so kardinal wie die darin mitverfügte Sterblichkeit", sagt der biblisch-jüdisch erfahrene HANS JONAS (Wissenschaft 20). Das klingt wie krasser Materialismus, also wie LUDWIG FEUERBACHS „Der Mensch ist, was er ißt." Aber: Wenn aus den die Welt in Ost und West (und leider auch die Kirchen) beherrschenden idealistischen Parolen von Frieden, Freiheit und Menschenwürde, von Gerechtigkeit und Fortschritt am Ende zur Ehre des Weltgeistes auch nur Fressen und Gefressenwerden herausschaut? Sollte die Predigt, statt sich durch die Beteiligung am ideologischen Kampf wichtig zu tun und unwichtig zu machen, nicht vielmehr darauf bestehen, daß es in der Welt, von der die Kirche ein Teil ist, in der Tat ‚zentral' um Essen und Trinken gehen muß, *weil* zu verkündigen ist, daß im Wort des Schöpfer-Geistes alle Not des Leibes wie der Seele gemeint ist? Dann lehre die Predigt *die Würde des Leibes!* Weit entfernt also davon, durch angeblich geisterfüllte Predigten ‚den' Menschen so vom Leibe zu abstrahieren, daß Menschenmassen (die Menschen der Dritten Welt!) als geistlose *massa perditionis* manipuliert und verachtet werden können, diene die Predigt dem armen Wort, das Gottes Geist für alles Fleisch verheißt. Insofern kommt jede Predigt in die Nähe jenes Mahles zu stehen, in dem der Herr den Seinen gebietet, dankbar zu nehmen, zu essen und zu trinken, was sie aus seiner Hand empfangen (vgl. ADLOFF, Plädoyer 117 f.)

Soll man also das Wort der Predigt ‚sakramental' verstehen (vgl. MÖLLER, Seelsorglich predigen 23–29)? Gibt es ein *‚sacramentum verbi'* (BONHOEFFER,

Homiletik 244)? Man wird angesichts der neuerlichen – biblisch gedachten – Bestreitung des Sakramentsbegriffs durch Markus Barth die Worte zu wägen haben. Aber: Wenn ‚Theologie ohne Sakrament' (Bernet) hieße, das mündliche, nicht vom Leibe zu abstrahierende Wort, weil es mit den Kommunikationsbedingungen des Sakraments stehe und falle, zusammen mit dem Sakrament als nicht der ‚Radio-Situation' der Moderne (Bernet, 29 ff.) entsprechend preiszugeben, statt darauf zuzuhalten, dann *muß*, nicht ohne Ironie, auf dem *sacramentum verbi* bestanden werden. Wie sich „Illusion" (31) und Wirklichkeit dann verteilen, wird sich schon zeigen (vgl. noch Josuttis, Pfarrer 104).

Und nun ergibt es sich, daß genau da, wo Kirche und Welt notwendig miteinander zusammenkommen, im Leibe, sie geschieden sind wie Feuer und Wasser, wie Liebe und Hurerei. Die vermeintliche Neutralität einer Kommunikationstheorie, die jeden mit jedem in beliebige Beziehungen zu versetzen beansprucht, entpuppt sich als Sünde wider den Geist des Sohnes, der unsere Beziehungen durch den Willen des Vaters bestimmt und heilsam geordnet sein läßt. So verständlich der Wunsch nach ‚möglichst viel' Kommunikation sein mag: Der Prediger, der sich solchen Wünschen, statt essend und trinkend in der *Communio* des Mahles zu verharren, hingäbe, hätte sich schon prostituiert. In den Einsetzungsworten des Abendmahles werden unsere Beziehungen zu Gott und untereinander durch Leib und Blut Christi so bestimmt, daß zwischen Ja und Nein, zwischen Gut und Böse immer neu unterschieden werden kann. Gut ist uns alles, alles Fremde, was Gottes Gebot uns zur Gabe werden läßt, böse das uns – als unser Raub – gnädig Entzogene, also unser (vermeintlich) Eigenstes, Privates, unser Besitz. Diese – bewegliche – Grenze haben Prediger und Gemeinde dankbar zu respektieren.

Johann Baptist Metz warnt die Homiletik davor, „sich in ihren theoretischen Konzepten ausschließlich an humanwissenschaftlicher Kommunikationstheorie zu orientieren", weil „für die wissenschaftlichen Theorien, die sich uns heute als Sprachtheorien anbieten, insgesamt gilt, daß das subjekthafte Fundament der Sprache und des Wissens vernachlässigt oder gar eliminiert wird ..." (21). Eine „Didaktik der Mündigkeit" (ebd.) tut gut, sich am Mund der Essenden und Trinkenden zu orientieren. Der Konsument, für den gilt: „The Medium is the Message" (Mc Luhan), und der *dankbar* wie *kritisch* Genießende: Hier werden sie unterscheidbar. Dann hieße predigen: Dank sagen, beten lehren (vgl. Heschel, Der Mensch 56).

Der Prediger, der in der Kommunion mit dem Hörer die Grenze zwischen Gut und Böse beachtet, wird davor bewahrt sein, in den Hörern sich selbst zu suchen, zu spiegeln, zu multiplizieren, wo doch in Wahrheit Gott der Heilige Geist sich in der Gemeinde finden will. Umgekehrt: Der Hörer ist nicht darauf angewiesen, sich mit dem Prediger (dem Text, Figuren einer biblischen Erzählung) zu identifizieren oder auseinanderzusetzen, sondern freue sich einer Rede, die jedes Ding und jeden Menschen – und so auch ihn selbst – in seinem unverwechselbaren, nur eben mit seinem Namen zu nennenden Geheimnis sein läßt, was sie durch Gottes Liebe werden sollen. Kumpanei mit dem Bösen wäre einer Predigt nachzusagen, die das Geheimnis der Menschen und Dinge im Interesse einer falschen Gemeinschaft und Nähe (Mk 14,44 f.) verrät an eine anonyme Öffentlichkeit, die sich nicht zur Verantwortung rufen läßt, einer Predigt als Werbung für eine ‚gute Sache', für das Christentum als unser Produkt – konservativ („Da weiß man, was man hat") oder progressiv („Es gibt viel zu tun. Packen wir's an!"). Kommunikation ohne erkannte, bereute Schuld (Apk 2,21 f.), ohne Umkehr in die Verborgenheit Gottes, die Raum hat für alle, auch für die jeder Kommunikation Verschlossenen (Mk 5,1–20): Sie wäre nicht die Gemeinschaft des Leibes und Blutes Christi, in die uns Gottes offenbares Wort hineinbirgt.

Der Hinweis auf die Verantwortung der Kirche für die Welt verschlägt da nicht, wo die Kirche – als ‚Isebel' – der Hure Welt, dem ideologischen Baalsdienst so verfallen ist, daß sie niemand in Person meinen kann. Was die Beziehungen der Glieder des Leibes Christi *und damit* das Verhältnis der Kirche zur Welt von Grund auf runiniert, ist eine den Menschen als Gottes Ebenbild mißachtende Betrachtungsweise, die dem Ich und seinen Taten die Namen raubt, um sie durch die willkürliche Etikettierung von Wollungen und Strebungen zu ersetzen. Eine schlimme Handlung, gut gemeint – als ob das eine Entschuldigung wäre! Eine Tat aus christlicher Motivation – als ob das etwas Besseres wäre als ein bestimmtes gutes Werk! ‚Das Prophetische' in Isebel – als ob das prophetische Wort nicht überprüfbar wäre durch das Kriterium seiner Tauglichkeit zum Bau einer Bekennenden Kirche! ‚Das Missionarische', als die Absicht, möglichst viel Dumme zu fangen – als ob der Missionar nicht, wie sein Name sagt, definiert wäre durch seine Sendung, mit der er steht und fällt!

Ein Trost bei alledem ist es zu wissen: Gott allein kennt das Herz des Predigers und der Hörer (Apk 2,23). Damit entfällt auch eine ‚Motivforschung', die mit dem Wörtchen ‚nur' arbeitet und damit, mit dieser Abstraktion, dem im Leibe lebenden Menschen seine Würde raubt. „Der Prediger sagt das ja ‚nur' ... (weil er dafür bezahlt wird, weil er den Leuten gefallen will, weil er – psychologisch – zu dem oder dem Typus gehört ...)" „Der Gottesdienstbesucher kommt ja ‚nur' ... (aus Tradition, aus Neugier, um sich stabilisieren zu lassen, aus einem tiefen Mißverständnis der Wahrheit ...)" Auf die Texte angewandt: „Die Gesichte der Offenbarung des Johannes sind ‚nur' Schreibtischvisionen" (sagt der moderne Gelehrte am Schreibtisch, der es wissen muß). Kommt es denn nicht ‚nur' auf den Glauben an, der nicht abgesprochen, sondern zugesprochen werden sollte, der kein feststellbares Motiv ist, sondern nur durch den Glauben erkannt wird, wenn die Zeit des Glaubens da ist (Mk 5,36)?

Dann aber erweist sich die *Zeit*, die sich der Glaube von Gott geben läßt und nimmt, als das Medium der Predigt. In der Zeit des Glaubens werden nicht Motive, sondern wird der Mensch selbst, der Mensch als Leib, auf die Probe gestellt. Treue und Verrat ist das Thema, das zwischen Kirche und Welt entschieden wird. Das Bekenntnis zur Alleinherrschaft Gottes wird laut zum Zeichen, daß der Mensch nicht blind und stumm geschaffen wurde in den finsteren Zeiten des Unrechts und der Gewalt (Spr 24,10ff.). Sünde will konkret benannt werden – als Sünde gegen den Leib. Daß einer sich selber aufgibt (weil man ihm einzureden versucht hat, er müsse sich selbst ‚annehmen'?), daß er von anderen aufgegeben wird: Dem wehrt die Raum zur Umkehr ansagende Predigt rechtzeitig. Freilich sieht es oft so aus, als komme die Predigt regelmäßig zu spät und beziehe von daher den fragwürdigen Ruhm, immer recht zu haben bzw. schon immer recht gehabt zu haben. Das flüchtige Medium der Zeit zu nutzen fällt schwer, zumal dann, wenn Wissenschaft und Technik so viel scheinbare Triumphe über die Zeit bereithalten. Da möchte auch der Prediger ähnlich erfolgreich sein in der Kunst, die Zeit und mit ihr den leibhaftigen Menschen totzuschlagen. Sich durch empirische Allgemeinheiten – und auch die Suche nach dem Ich ist eine solche Allgemeinheit, die in Röm 7,24 mit dem verzweifelten Ruf nach Befreiung vom Leibe endet – den vom Leibe zu halten, der des rettenden Zurufs jetzt bedarf, weil er – er und kein anderer – ein schuldiger Mensch ist: Sollte darin das mit verkehrter Leidenschaft gesuchte Machbare und Lehrbare an der Predigt bestehen? Wichtiger scheint mir demgegenüber eine Lehre als Wegweisung, die den Prediger dorthin begleitet, wo er das ihm auf den Leib geschriebene Maß für die Zeit der Predigt selber findet. Dieser Ort ist die Gemeinde. Wer schnöde sagt: Es gibt sie nicht, die Gemeinde des Herrn, der ich in Liebe dienen könnte, der lernt eben nicht predigen.

Klaus-Peter Jörns hat als *pium desiderium* angemeldet, „daß Pfarrer, wenn sie eine (ganz sicher aber, wenn sie die erste) Pfarrstelle antreten, ein Jahr lang keine Predigt halten, sondern mit den Menschen sprechen, auf sie hören, sie ... besuchen und Zeit haben, die Bibel zu studieren, denn das ist der Grund ihrer Arbeit; das Verfahren, mit einer ‚Antrittspredigt' in die Gemeinde zu kommen, sagt nämlich vom ersten Tag an, daß der Pfarrer zwar viele Predigthilfen, aber Leben und Gemeinschaft mit dieser Gemeinde nicht notwendig braucht, um von der Kanzel in ihrer Kirche predigen zu können ..." (Predigtnot 118). Dem stimme ich lebhaft zu, füge aber als Trost für alle (wozu wohl auch Jörns und ich gehören), denen dies nicht vergönnt gewesen ist, hinzu, daß der Prediger, je länger er predigt, um so unausweichlicher die Gemeinde so kennenlernt, daß er ohne die Gemeinschaft mit ihr kein Wort zu sagen vermag. Und das gilt erst recht dann, wenn die Dinge sich um des Wortes Gottes willen krisenhaft zuspitzen und der Prediger seine Einsamkeit erfährt. Ja, ich gehe so weit zu behaupten: Der Prediger muß erst sehr konkret (wie Paulus, der Verfolger der Ekklesia) seine Schuld an der Gemeinde erfahren haben, damit ihm durch die Gemeinde das Vergebungswort aufgeht, das er zu verkündigen hat. Ist nicht die ‚billige Gnade', die nach wie vor von protestantischen Kanzeln verkündigt wird, die schlimme Frucht von Predigern, die an ihrem Leibe, der ein Glied des Leibes Christi ist, unerfahren sind in der Schuld und die sich in ihrer Unerfahrenheit nur zu helfen wissen, indem sie sich selbst rechtfertigen? (Das kann man auch tun, indem man vehement die ‚Rechtfertigung des Gottlosen' predigt!) Eine jüdische Stimme zur ‚Erneuerung des Protestantismus': „Luther mußte gegen den Ablaßhandel kämpfen; heute müßte er gegen die Seuche der Selbst-Absolution kämpfen" (Heschel, Erneuerung 142). Die Forderung, jeder Prediger müsse einen Beichtvater haben, wird im Protestantismus wohl Postulat bleiben. Aber das Postulat wäre auch eine Verengung des hier Gemeinten. Was geschieht denn in einem ernstgenommenen Gottesdienst, an dem man eine Gemeinde (ihren ‚Engel') immer noch erkennt – und zwar nicht nur in den Anwesenden, sondern auch und erst recht in den (permanent) Abwesenden? Leider sind unsere Gottesdienste viel zu kurz, zu hektisch (das wird durch Gottesdienstreformen nur immer schlimmer!), um der Zeit-Erfahrung von Schuld und Vergebung Raum zu geben. Und das merkt man eben an den Predigern und ihren Predigten!

Gewiß, es ist ja auch wahr: Was sich so als Gemeinde ‚darzustellen' versucht, in Thyatira und anderswo (vgl. meine Übersetzung von Apk 2,19), immer perfekter, immer dynamischer organisierte Maßlosigkeit, „symbolische Inszenierung konziliarer Gemeinschaft" gar, mit entsprechenden, den Pfarrer und seine Zeit auffressenden Bedürfnissen („Was machen wir denn heute zur Abwechslung? Tischtennis und Abrüstung? Ein bißchen Friede? Darf's auch etwas Spiritualität sein?") – das muß ich mir aus dem Sinn schlagen, wenn ich jene Mühseligen und Beladenen (gibt es sie nicht?) zu Gesicht bekommen will, denen die Zeit der Freiheit als Gemeinde angesagt ist. Hören muß ich auf das Atmen, das Stöhnen und Lallen, das Jubeln und Lachen – nicht nur, aber auch in den Liedern der Kirche, um zu ermessen, was meine Stunden, Tage und Jahre als Prediger erfüllen kann. Es ist das eben nicht die Sorge um ‚die' Zukunft (der Welt, der Kirche gar), um ‚die' Jugend und andere ‚Zielgruppen' – nach alledem trachten die frommen Heiden –, sondern die zornig-liebende Leidenschaft für das jetzt bedrängende und bedrängte Leben, für die Kinder, die hart arbeitenden und manchmal auch feiernden alltäglichen Menschen wie die Arbeitslosen, die Einsamen, die Kranken, die Suizidgefährdeten, die Krüppel, die Alten, die Sterbenden, die schuldig- Gewordenen, kurz, für das, was in den Evangelien ‚Volk' heißt (und was, mit Ernst Lange ‚Ensemble der Opfer' zu nennen, den Sachverhalt verkürzt: Vgl. Möller, Seelsorglich predigen 148 ff.), für alles, was – merkwürdige Gemeindeerfahrung! – Zeit nicht unersättlich verschlingt, sondern, indem es sie braucht, vermehrt zum Lob des Schöpfers. Zeit geht nicht verloren in der Kirche, die Gottes Wohltat für seine Kreatur zu brauchen weiß, sondern erfüllt sich durch das immer wieder neu gesagte Wort, das zum Gotteslob auffordert.

Ist es weise zu sagen, die rechte Predigt schwimme gegen den Strom der Zeit, widerstehe ihrem Geist? „Leicht und kühn zitiert ihr den Geist der Zeit, aber lasset ihn uns doch recht in eurer Rede erscheinen und antwortet! Da die Zeit in Zeiten zerspringt, wie der Regenbogen in fallende Tropfen: so gebt die Größe der Zeit an, von deren innewohnendem Geist ihr sprecht!" Und: „Mit der großen

Frage, die jeden, also euch mittrifft, wie ihr, wie alle in derselben Zeit befangen, euch so hoch aus ihren Wellen hebt, daß ihr ihren Gang sehen könnt, nicht bloß ihren dunkeln Zug fühlet, verschon' ich euch halb. Und geht nicht der Strom, der euch führt, in einem Meere, worin ihr, aus Mangel an Ufer, seine Bewegung nicht messen könnt?" (JEAN PAUL, 359) Vielleicht widersteht die Predigt sogar der unreifen Vorstellung, man müsse partout und permanent gegen den Strom schwimmen – was einer doch nur allein, von Zeit zu Zeit, auf kurze Dauer und auf eigenes Risiko tun kann und wobei die Mühseligen und Beladenen auf keinen Fall mithalten können. Die zeiterfahrene Predigt – sie relativiert den ideologisch bedingten Unterschied zwischen konservativ und progressiv, indem sie je nach Situation das eine wie das andere ist (nur nicht: opportunistisch) – braucht ja all ihre Kraft und Aufmerksamkeit für die *aktuellen* Gefahren des Zeitstromes, für die Klippen und Stromschnellen, die keiner wahrhaben will, am wenigsten die heroischen falschen Propheten. Die größte Gefahr kommt niemals von außen, sondern liegt im Glauben selbst, der allzuleicht sein Zeit-Maß verliert und zum Glauben an alles oder nichts wird (konkret: an irgendwelche Idole und ‚Bewegungen'), ein Glaube an den eigenen Glauben (Mk 14,29). Der Prediger, der sein Zeitmaß von dem Glauben des ‚Volkes' (den Jesus nicht verachtete) empfängt, bekommt sehr schnell den Widerspruch des vermessenen Glaubens zu hören, er mache es sich und anderen zu leicht. Rücksichtslos sei das gegenüber ihnen, den Meistern und Magiern des Glaubens, die es sich – man sehe es doch! – und anderen mit dem großen Weltgewichte und seinen Problemen schwer machen müßten. Nun, sieht man wohlsituierte (deutsche?) Christen vor lauter Bierernst ins Schwitzen geraten – das Stemmen des Globus als tägliche Turnübung –, so ist bisweilen Respektlosigkeit als Respekt vor dem Ernst und dem Leiden eines einzigen Kindes die angemessene Antwort. Der Prediger ist nicht dazu da, Gottes Kindern Mühlsteine an den Hals zu hängen, die er selbst nicht zu tragen gedenkt und an denen er zur Strafe selber ersaufen muß, wenn er's andern antut, sondern er hat zu zeigen, wie wunderbar leicht Lasten den Gliedern des Leibes Christi werden können, wenn sie nur *gegenseitig* getragen und so neu verteilt und ausgeglichen werden (vgl. Gal 6,2 mit Apk 2,24). Dabei braucht sich der Prediger nicht dessen zu schämen, daß ihm über der tätigen Teilnahme an den Lasten anderer die gewiß schwere Arbeit des Predigens am Ende eigentümlich leicht wird. Es gibt auch Begräbnisse, von denen er mit einem Auferstehungslied im Herzen heimkehrt. Er kennt ja den, der die Lasten der ganzen Welt in Wahrheit getragen hat, um alle Mühseligen und Beladenen unter seinem sanften Joch aufatmen zu lassen. Er sieht ja die starken Füße des Sohnes Gottes, die es mit den tönernen Füßen jeder Weltherrschaft aufnehmen (Dan 2,33 vgl. mit Apk 2,17).

Predigt als Zeitkritik? O ja, die gelehrten Doktoren und Diagnostiker unserer individuellen und gesellschaftlichen Krankheiten und ihre Nachredner auf der Kanzel („Professoren-Küster", wie KIERKEGAARD sagte: Der Begriff Angst 13) verstehen ihr blutig-radikales Handwerk nur allzu gut und deprimierend. Aber in der Kirche Jesu Christi ist die Therapie erst die wahre Diagnose. Gibt doch das neutestamentliche Evangelium nicht Antwort auf vorhergewußte Fragen, sondern wirft seinerseits die Fragen auf, die es beantwortet (Apk 5,2 ff.!), wie auch ABRAHAM JOSHUA HESCHEL es als erste Aufgabe einer (jüdischen) Religionsphilosophie ansieht, „die Fragen wiederzuentdecken, auf welche die Religion eine Antwort gibt" (Gott sucht 3). Kein Wort also über die Krise der Kirche, die nicht die Krise zur Gesundung wäre! Nur der Herr selbst, der die Vollmacht hat, die kranke und lahmende Kirche aus der Horizontalen in die Vertikale zu bringen, damit sie hinter ihm erhobenen Hauptes hergehe, weiß und darf sagen, daß Liegenbleiben in einer faden Immanenz Sünde wäre (Mk 2,1–12). Natürlich sind der Symptome Legion ebenso wie der Mittel, die gegen die *vermeintlichen* Krisen von theologischen Krisenagenten verschrieben werden. Aber es bedürfte schon einer paradoxen „Symptomverschreibung" (vgl. WATZLAWICK/BEAVIN/JACKSON, 220–224 mit ADLOFF, Plädoyer A 309.695), damit die für die Therapie entscheidende Einsicht aufblitzt, daß die Kirche wie die Welt just an den Folgen ihrer (guten!) Taten, an dem Gift ihrer Erfolge stirbt, weil ein jeder Mensch, wie man in der Kirche weiß, allein von dem leben kann, der der rechte Arzt gerade für seine Schuld geworden ist, ein Arzt für Herz und Nieren (Apk 2,23). Würde sich ein Prediger leidenschaftlich gegen solche Einsicht wehren, so wäre das zunächst eine gesunde Reaktion: Denn er soll ja Erfolg haben wollen, er soll die guten Werke ohne Wenn und Aber loben, und er soll gerade nicht den Kranken an seiner Schuld messen, sondern an dem göttlichen

Arzt, den er zu verkündigen hat. Aber solche gesunde Reaktion gehört in den Krankheits- und Heilungsprozeß hinein: Nur im *Kampf* mit Gott, den der Glaube gewinnt, im *Fieber* als der dem Pathos christlicher Verkündigung gemäßen Temperatur erscheint die Krankheit zugleich mit der Heilung (Joh 11,4).

„Ist es nicht an der Zeit, daß wir aufstehen lassen im Namen Jesu, wo man im Namen der Wissenschaft nur noch sediert? Aufstehen lassen sollen wir den Kranken, nicht ihn falsch beruhigen. Geschweige denn seine Seele stillegen" (STEIGER, Ermutigungen 56f.). Eben deshalb muß der Arzt dem, der wohlgemut ist, das Singen und dem, der sich schlecht fühlt, die Klage verschreiben (ebd. 54f.). Merkwürdige Verschreibungen: Aber sie heben die Lähmung auf, in die sich der Mensch, als Sünder, immer wieder durch seine Taten selbst verstrickt, es sei denn, er würde mit der Praxis Gottes, die ihn dem befreienden Gericht unterwirft, konfrontiert. Die Frage, die Vater BLUMHARDT seinen Söhnen mitsamt der Antwort (CHRISTOPH BLUMHARDT kommt immer wieder darauf zu sprechen, z.B. Ansprachen I 43 am 8. 6. 1880 zu Ps 22,9!) mit auf den Weg gab: „Was wird den Menschen einmal richten?" „Seine Tugenden!", ist vielleicht auch ein Schlüssel für den Geist der Heilung in Bad Boll. An Selbstbewußtsein und an gesundmachender Praxis soll's also nicht fehlen, wo die Krisis offenbar wird. Zur Frage nach dem Erfolg vgl. das nächste Kapitel sowie JOSUTTIS, Erfolg 168–172.

Der Gedanke blitzt wohl zuweilen auf, daß gerade das Christentum eine öffentliche Gefahr, eine todbringende Pest für die Welt (Apg 24,5) sein möchte, aber der Gedanke ist viel zu grauenhaft, als daß Schwachköpfe mit anarchistischen Neigungen damit spielen dürften. (Die Hüter der öffentlichen Ordnung haben gelegentlich die Gefahr gewittert, um die es sich da handelt.) So bleibt es nicht zuletzt in der Apokalypse bei der Verkündigung, daß Gott durch den Geist, der der Geist Jesu Christi ist, alles rettet, was ihm gehört – durchs Feuer hindurch, durch Zerstörung, die als Zerstörung der Zerstörung verstanden sein will (Apk 2,27). Welche Aufgabe für den Prediger, diesen rettenden Geist ins Leibhafte zu übersetzen, angesichts der vielfältigen Gebrechen in seiner Gemeinde, die doch nicht verschwiegen werden können und die im Kleinen offenbaren, was die Gesellschaft im Großen bewegt. Der biblische Zusammenhang von Sünde und Krankheit, der durch individuelle und kollektive Schuldzuweisungen und – verrechnungen pervertiert ist, könnte da wieder fruchtbar gemacht werden, wo der Kranke, statt sich als Opfer und Objekt (auch der Medizin) zu erfahren, in der Gemeinschaft des Leibes Christi vor Gott und den Menschen seine Krankheit als Subjekt selbst verantwortet, wobei unsere falschen Begriffe von Krankheit und Gesundheit heilsam relativiert werden. Denn ist der gesund, der sich der Herausforderung des Leidens in Person nicht zu stellen gedenkt? Und ist der krank, der es tut? Also: Der Prediger, der in Erinnerung an die antike Industrie- und Handelsstadt Thyatira den Spuren des Purpurs in der Bibel gefolgt und dabei fündig geworden ist (vgl. nur Ex 35,25.35; Jer 10,6–10; Ez 27,7.16; Spr 31,32; Hhld 7,6; Mk 15,17; Lk 16,19; Apk 17,4ff.; 18,12.16) bis hin zu jener Lydia aus Thyatira, der der Herr, ihr Arzt, das *Herz* auftat (Apg 16,14), der mag sich zu ähnlich subtilen biblischen Forschungen in seiner Gemeinde anregen lassen, indem er z.B. fragt, was und warum etwas ihm und seinen Hörern an die *Nieren* zu gehen vermag, bzw. noch wichtiger: was und warum nicht …

Ein solcher Umgang mit der Schrift mag uns ungewohnt erscheinen: Aber er führt uns so in die Johannes-Offenbarung hinein, daß wir uns wie der Seher die Schrift einverleiben. Die Bitterkeit der Krisis, die wir dabei empfinden müssen (Apk 10,9f.), ist die Krisis der Rettung. Nach Jakob Böhme gilt: „Auf dem Weg von der Angst zur Feuerqual der Liebe ist das sich drehende Rad der Erbitterung, es ist der Schwefel, die dritte Qualität des Sulphur", wie der Dichter Paul König im Nachwort zu seinem Gedichtband (171) schreibt. Aus der Erfahrung der Erbitterung am herrschenden Kirchenwesen ist das folgende Gedicht „Reue" zu lesen: „Die Zeit ist wo wir von den Sünden reden/ Mit denen Ihr bisher verschont: Ihr hattet/ Die Spanne Zeit sie Euch zu beichten … Aufschub/ ist nun verboten und wer fragt Euch heute:/ ‚Bereut Ihr nicht denn noch ist Zeit der Reue?'/ Die Zeit ist wo wir Eure Sitte leuchten/ Mit einer seltnen Lampe durch und durch./ Wo nichts entgeht und was entgleiten will/ In Purpur sich verrät und Euch erhellt:/ Als Leuchter in der Nacht die lieblos lodern." (ebd. 72)

Das Karl Barths theologische Existenz bestimmende konkordante Lesen von ‚Bibel und Zeitung' führte bei Barth nicht dazu, daß er die Zeitung mit der Bibel verwechselte, geschweige denn, daß er sie als Aufhänger und Stichwortgeber für die Predigt gebrauchte: Wurde doch nicht nur die Bibel in die Zeitung, sondern auch die Zeitung in die Bibel übersetzt. Unter dem hier angesprochenen Gesichtspunkt einer Pathologie der Kirche gehört das oftmals geistlos, nämlich falsch kulturkritisch von seiten ihrer Gegner wie humorlos verbissen von seiten ihrer Apologeten, behandelte Thema der Bedeutung der *Medien* für die Verkündigung in den Gedankengang hinein (vgl. nur DANNOWSKI, 18ff.32.88–91). Ich muß für meinen begrenzten Zweck hier nicht zwischen Printmedien und ‚Neuen Medien' unterscheiden, kann auch das Phänomen der Schrift, ja, sogar, da ein Prediger ohne Mikrophon heute schon die Ausnahme sein dürfte, die Verfremdung der menschlichen Stimme mit in die Betrachtung einbeziehen. Die so verstandenen Medien stehen keineswegs in – heidnischer – Konkurrenz zur Zeit des Glaubens, die sich oben als das Medium der Predigt zeigte. Vielmehr kommt in ihnen die Krankheit des Geistes in differenzierter Weise zum Austrag. ‚The Medium is the Message'? Wenn, dann so: Das Medium ist die Botschaft des den Menschen an seine Wunderwerke dahingebenden Zornes Gottes, *weil* Gott in Christus zur Unmittelbarkeit des Geistes befreit, so wie die prophetisch als ‚Medium' des Geistes redende Isebel in Person das Gericht über die Gemeinde in Thyatira war, *weil* Gott selbst um Jesu willen als der Geist des Vaters in allen seinen königlichen Töchtern und Söhnen präsent sein wollte (Apk 2,26ff.). Eine homiletische Medienkunde beginnt darum und endet mit der Einsicht, daß und wie Gott uns in der Hand hat (wie der Töpfer die Tongefäße), indem wir ihn zu unserem Werk zu machen meinen: Es ist (Ps 2,4) zum Lachen, und die Frage ist, ob ein Prediger die Freiheit bekommt mitzulachen mit Gott, bevor er auch nur den Mund auftut. Wird über die Medienfrage, die ihrerseits auf das sogenannte Sprachproblem zurückweist, in Aktion und Reaktion gestritten, so mag der Streit ein Index dieser hochnotwendigen Freiheit sein – der Freiheit, Gott gesagt zu haben und dazu sogar zu stehen.

HEINRICH BÖLL hat dafür in ‚Doktor Murkes gesammeltes Schweigen' eine glänzende Parabel geschrieben: „Bur-Malottke hatte dem Intendanten vorgeschlagen, das Wort Gott durch die Formulierung ‚jenes höhere Wesen, das wir verehren' zu ersetzen, hatte sich aber geweigert, die Vorträge neu zu sprechen, sondern darum gebeten, Gott aus den Vorträgen herauszuschneiden und ‚jenes höhere Wesen, das wir verehren' hineinzukleben." (8) Und das Ergebnis am Ende: „Der Techniker lächelte, griff nach der Zigarettendose, die immer noch oben im Regal stand. ‚Hier', sagte er, ‚hier ist eine Stimme, die in einem akustikfreien Raum ‚Gott' sagt.'" (Vgl. dazu auch ADLOFF, Vernunft 405–409).

Kommt gerade in Rundfunk und Fernsehen grell heraus, daß die menschliche Stimme im Ernst das Wort Gott nicht tragen kann (das Beste ist, alle Peinlichkeit beiseitegelassen, immer noch Komik), so wird die Kirche zurückverwiesen an das Buch, von dem – auch im Blick auf die anderen Medien – gilt: „Es ist das besondere Buchschicksal der Bibel, daß sie als einziges noch und immer wieder mündliches Buch sich in unsere Welt und Zeit des Schrifttums hinübergerettet hat" (ROSENZWEIG, Formgeheimnis 25).

Wüßten die Homiletiker (was die Dichter wissen), in welchem Ausmaß unsere Hervorbringungen in der Sprache „durch das Gesetz der Epoche mit Stummheit geschlagen sind" (ROSENZWEIG, ebd.), sie würden nicht ausgerechnet die Dichter zu ‚Sprachhelfern' (zu OTTO, Rhetorische Aufgabe 120.126) erwählen: Ließe sich doch schon an EDUARD MÖRIKE zeigen, wie der Dichter um der Heiligkeit des Wortes willen den Prediger zum Verstummen bringen mußte. Redet der Prediger dann trotzdem munter weiter, meint er gar es mit dem Dichter oder als Möchtegern-Dichter tun zu können, so zeigt er nur, daß er den Dichter nicht verstanden hat. Desgleichen frage ich, ob der narrative Eifer auf unseren Kanzeln wirklich HARALD WEINRICHS Einsicht in den Verlust der ‚narrativen Unschuld' (WEINRICH, 331.333) hinreichend realisiert hat (vgl. schon ADLOFF, Plädoyer A 459). „... wir müssen zunächst wieder auf biblisches Erzählen *hören* lernen; vielleicht können wir dann eines Tages auch nacherzählen" (VETTER, Biblische Erzählung 190, Hervorhebung von mir). Wer das nicht will, in dem Wahn, er könne, ohne zu hören, die Bibel aus eigenem Geist „mit Geschichten fortsetzen", „in denen sich der Gott Abrahams und Jesu zeigt", der muß dann freilich den Namen dieses Gottes mit dem koketten Zusatz: „geheiligt werde sein Name!" als Schall und Rauch behandeln (KLEEMANN, 257). Aber vielleicht läßt sich der Prediger ja von den Dichtern, von den auf Erzählung angewiesenen Kindern so heilsam anfechten, daß er aufs neue in die Schrift getrieben wird?

„Er hat so viel gepredigt, daß er an nichts mehr glaubt. – Wie sehr darf man seinen Glauben beteuern, ohne ihn zu gefährden? Das Verhältnis finden" (CANETTI, Provinz 95). Der Satz erschreckt, macht aber mit Recht auf die Gefährdung eines ‚Glaubens' aufmerksam, der aus dem *Reden*, nicht aus dem *Hören* kommt (vgl. MÖLLER, Seelsorglich predigen 61 ff.). Es gibt kein unmittelbares Verhältnis zwischen ‚meinem' Glauben und der Verkündigung ‚des' Glaubens, in dem Christus erscheint, weil, wie wir sahen, Christus zwischen dem Hörenden und dem Redenden steht. Das läßt sich am Leibe des Paulus (2. Kor. 4,7–15) wie des Johannes (Apk 1,9–20) ablesen. Das Erschrecken über den von uns nicht zu bestreitenden Satz CANETTIS ist der Preis, den ein gewissenhafter und phantasievoller Prediger dafür bezahlt, daß Gott durch Schuld, Leiden und Tod hindurch sein, des Predigers, Wort als schriftgemäß hören läßt und bestätigt. Ein solches Wort ist, wo es ergeht, immer zeitgemäß. Es kommt nicht zu spät wie die Zeitung, ohne daß es der Zeit vorauseilen müßte und also nicht gehört werden könnte. Muß die Zeitung die Illusion nähren, daß jeden Tag immer etwas Neues geschieht, indem das Ereignis des Vortages berichtet wird, als geschehe es eben jetzt (GERTRUDE STEIN, 64ff.), so läßt Gott die Sonne stillstehn zu Gibeon und den Mond im Tale Ajalon (Jos 10,12ff.), so oft es ihm gefällt, auf die Stimme eines Menschen zu hören, der für die ihm Anbefohlenen den Trost einer jetzt nötigen Gottestat erbittet – inmitten der Schrecken des alles vernichtenden Todes, gegen die historische Krankheit, an der so viele Theologen ohne rechten Trost darniederliegen. Müssen die elektronischen Medien die konkrete Zeit des Hörers/Zuschauers, seine Erinnerungen, seine Hoffnungen vernichten, indem sie Gleichzeitigkeit mit den Ereignissen inszenieren, ja z.T. die Ereignisse herstellen, so sucht Gott die verlorene Zeit (Pred 3,15), um sie in seiner Gegenwart zu versammeln. Denn: Es gibt ein *ewiges* Evangelium von dem Schöpfer, der als der Richter aller welthistorischen Bosheit sich selber – jeden Tag aufs neue – treu bleibt (Apk 14,6f.), der seufzenden Kreatur zugut, es gibt den Morgenstern (2,29; 22,16), der den Tag heraufführt, an dem Gott – unmittelbar – das Licht der Welt sein wird.

Die Gemeinde nimmt in ihren nächtlichen Liedern, die die Gottestat des Todes und der Auferstehung Jesu preisen, solch kosmische Herrlichkeit vorweg, bis der Herr kommt. Aber: „Die Theologie wird darüber wachen müssen, daß die Sprache des Glaubens sich nicht von der Sprache des Kreuzes Jesu entfernt. Das wird keine Aufgabe der Stilistik, sondern der nüchternen Rückbesinnung auf die Wahrheit sein, daß sich das Anrufverstehen des Glaubens nur dort in seiner Wahrheit hält, wo es durch die Not unsres Daseins dazu gezwungen ist. Der Glaube singt sich nicht ins Wunder hinein, sondern das Wunder offenbart sich ihm in der Unausweichlichkeit des Augenblicks" (FUCHS, Hermeneutik 264f.). Darum verharrt die Predigt wachsam am Ort des Kreuzes, in der

Zeit des Gerichtes. Furcht und Zittern (1. Kor 2,3; Phil 2,12), den sterblichen Menschen eigen, werden da – als *Inhalt* der dem Glauben gegebenen Zeit – zum heilsamen Medium für das Wort der Gnade, das alles ins Leben wendet. Die Erfahrung der unscheidbaren Einheit von Gott und Mensch, von Mensch und Mensch, von Mensch und Schöpfung will *im Schmerz der Trennung* bewahrt werden. Ist nicht für diese Erfahrung der *Brief* die rechte Gestalt (falls man hier überhaupt von ‚Gestalt' reden will!)? Für die Leidensgeschichte des Wortes? Ist es Zufall, daß das Neue Testament, literarisch gesehen, aus dem apostolischen Brief – was ja auch für die Apokalypse gilt (KARRER)! – hervorwächst, aus dem Brief, der dem Enthusiasmus heidnischer ‚Kommunikation' widersteht (vgl. ADLOFF, Plädoyer 19 A 131 f.; 40 f.69 f.73 f.88 A 670 u. ö. mit *ders.*, Missionarische Existenz 17 f.)?

Zum „Briefschreiben von Erwachsenen" liest man in den glänzenden vier Vorlesungen von GERTRUDE STEIN, die unter dem Titel ‚Erzählen' (Narration) veröffentlicht wurden und von der ‚Narrativen Theologie' wohl noch einzuholen sind: „Es ist das eine Mal da das Schreiben für ein Außen nicht das Innen zum Außen oder das Außen zum Innen macht es ist ein Verstreuen aber es ist kein Verwechseln, es ist fast eine Art von Nachahmung des Heiratens des Eins-Sein von zweien, wobei sie dennoch zwei sind und vermutlich zwei so sehr wie nur etwas" (93; Interpunktion wie im Text).

Wird nicht notwendig, bei aller Liebe zum Erzählen, die Predigt etwas vom Brief an sich haben, der Zeit läßt für die Antwort, auch wenn's weh tut, und warten kann, bis der Zusammenklang aller getrennten Stimmen sich von selber einstellt, wo und wann es Gott gefällt? Die Predigt, die die Gemeinde „nicht zu einer ihr das Wort von den Lippen reißenden Hörerschaft machen" will (ROSENZWEIG, Formgeheimnis 27)?

Im Rückblick wird die Kirche ihren Herrn erkennen, wenn sie sich dorthin weisen läßt, wo Gott alles in allem versammelt, sich zur Ehre, dem Geschöpf zur Freude: dem Morgenstern entgegen.

# Zehn Thesen

1. Die Predigt bringt das Ich des lebendigen Gottes, die Person des Heiligen Geistes, zu Gehör.
2. Das Ich des Predigers und das Ich des Hörers können nicht in heillose Konkurrenz zu dem göttlichen Ich treten, wenn Christus, der Mittler, zwischen uns steht.
3. Weist das Bekenntnis der Kirche die Predigt auf die Schrift an, so setzt dies die Kooperation von Hörenden und Redenden in der lernbereiten Arbeit an der Schrift voraus. Die Schrift ist die Schwachheit des Redenden und die Stärke des Hörenden, nicht umgekehrt!
4. Aller Wille zur Kommunikation in der Predigt ist an dem strengen und gnädigen Maßstab der durch das Mahl des Herrn gestifteten Kommunion zu messen. Der Geist ist nicht vom Leib zu trennen.
5. Kommunikation als Quantität verstanden (möglichst viel ...) schlägt um in die Qualität der Kumpanei mit dem Bösen.
6. Gott allein kennt das Herz des Predigers und seiner Hörer. Der Prediger interpretiere wo irgend möglich *in bonam partem,* damit er um so deutlicher die Sünden in Worten und Werken benennen kann, die das Bekenntnis der Kirche ausschließt.
7. In einer ‚perfekten' Gemeinde bedürfen die Mühseligen und Beladenen (die es da erst recht gibt!) besonderen Zuspruchs und Trostes – auch um den Preis, daß die selbstgerechte Mehrheit daraufhin dem Prediger Rücksichtslosigkeit und Lieblosigkeit ihr gegenüber vorwirft.
8. Krankheiten in einer Gemeinde sind – auch! – ein Spiegel der Sünde. Ein Prediger, der von dieser gefährlichen, mißbrauchten und darum nicht jedermann zumutbaren Einsicht Gebrauch machen will, überlege sich gewissenhaft, ob er auf die Vollmacht der Gemeinde setzen kann, von Sünden freizusprechen.
9. Jedes für die Verkündigung gebrauchte Medium, vom die menschliche Stimme verfremdenden Mikrophon angefangen bis hin zu Zeitung, Rundfunk und Fernsehen, ist, gemessen an der Heiligen Schrift als *dem* ‚mündlichen Buch' (Franz Rosenzweig) ein Beitrag zur Pathologie der Kirche.

10. Furcht und Zittern, die den Lobgesang der Kinder Gottes und ihre Fürbitte für alle Menschen begleiten, sind als Inhalt der dem Glauben gegebenen Zeit das einzig heilsame Medium der Predigt. Die Gestalt der Predigt tendiert im Neuen Testament nicht zufällig zum Brief.

# Die Augen und die Füße des Herrn

*Predigt mit Apk 2,18–29*

Besonders anziehend auf den ersten Blick stelle ich sie mir nicht vor, nein, durchaus nicht als die verführerische Frau, von der der kleine christliche Adam träumen mag, wenn er sich das Träumen erlaubt. Unscheinbar eher, eine alltägliche Erscheinung unter alltäglichen Menschen auf den Straßen der in Industrie und Handel regsamen Stadt Thyatira in Kleinasien. Aber: Wenn die Stunde da war, wenn die immer größer werdende Schar der Anhänger sie umgab, ein williger, zu jeder Hingabe bereiter Menschenkörper, wenn ein Zittern der Erwartung durch die Reihen lief, wenn der Geist die Prophetin emporriß über die elende Alltäglichkeit hinaus, über Essen und Schlafen, Arbeit und dumpfe Trägheit, über Krankheit und Tod hinaus – ihr hättet sie, ihr hättet euch selbst nicht wiedererkannt. Eine Königin, die keines Purpurs bedarf – und das in einer Stadt, die vom Purpur lebte! Und so mag denn Thyatira, so mag der Name jener Prophetin (nennen wir sie für heute Lydia) der Geheimtip gewesen sein unter den Christen in Ephesus oder in Smyrna, die sich unter allzu braven Predigten zu langweilen begannen und die Gemeinde verließen. „Auf, nach Thyatira!", flüsterten sich die Leute zu, wenn wieder einmal die kleinasiatische Krankheit, die Paulus schon in Troas kennenlernte – ich meine: der Kirchenschlaf –, zugeschlagen hatte, „Auf, nach Thyatira, da findet ihr Liebe und Glauben, Dienst und Geduld, eine junge aufstrebende Gemeinde, bei der doch wahrhaftig die letzten Werke noch besser sind als die ersten." Ihr hättet dabei sein müssen, wie die Prophetin die Gemeinde erhob zu jener letzten Sicherheit, die Antwort weiß auf alle quälenden Fragen des Daseins, ja, die selbst das Rätsel des Bösen nicht ungelöst, die ‚Tiefen des Satans' nicht unaufgeklärt läßt.
Soll ich uns wünschen, dabei gewesen zu sein? Ich wünsche es lieber nicht. Denn ob wir so fest im Glauben, so tief verwurzelt in der Heiligen Schrift gewesen wären, daß wir mit Gewißheit und ohne blinden Fanatismus hätten urteilen können: Unzucht und Götzendienst? Ob uns angesichts jener Prophetin, die ich einer anderen Frau aus Thyatira zu Ehren (Apg 16,14) Lydia genannt

habe, die Geschichte der Isebel eingefallen wäre, der tatkräftigen Dame aus Tyros, die ihren Mann, den König Ahab von Israel und sein Volk lehrte, die überkommene Religion des alten Wüstengottes zu reformieren, auf die Höhe der Zeit zu bringen, von verkrusteten Strukturen zu befreien, ihr frisches Blut (Menschenblut) zuzuführen, damit auch die hoffnungsvolle Jugend wieder Lust und Geschmack bekäme am Gottesdienst? Nein, um so messerscharf urteilen und so bestürzende Einfälle haben zu können, dazu muß einer schon Offenbarung empfangen haben wie Johannes auf Patmos, Offenbarung von einem König nach Gottes Herzen, dem der Purpur, getränkt mit seinem eigenen Blut, allein und von Rechts wegen zusteht. Wer Ohren hat, der höre also, was der Geist dieses Königs seiner Gemeinde zu sagen hat, damit wir, außer vor Gott, vor nichts mehr in der Welt erzittern und niederfallen.

Es sind die Augen des Sohnes Gottes, die uns festhalten, wenn wir uns in den Text vertiefen, Augen wie Feuerflammen, die alles durchdringen, auch das Innerste, Herz und Nieren. Was wird aus der ‚Szene' in Thyatira, wenn diese Augen auf sie fallen? Der Text macht es unmißverständlich klar: Am Ende der großen Begeisterung, des unaufhaltsamen religiösen Aufschwungs erscheint das Krankenbett der Prophetin, die völlige Lähmung der Bewegung, die erschreckende Erkenntnis, daß nichts mehr geht. Habe ich damit von Thyatira geredet? Oder von der Kirche aller Zeiten? Von der großen Missionsbewegung? Von unserer bürgerlichen Gesellschaft, die sich ihr Ende nicht mehr lange verschleiern kann? Oder – von mir selbst? Auf jeden Fall scheinen wir für die Erkenntnis unserer Krankheit, unserer Paralyse, noch nicht reif zu sein. Sonst würden wir uns nicht so viel künstliche Bewegung machen, so viel Wind säen, für den wir Sturm ernten werden, sonst würden wir die neuerdings wieder in Mode gekommene Wichtigtuerei mit unserer Angst als das durchschauen, was sie ist: als Flucht vor dem, dessen Gegenwart wir nicht entgehen, selbst wenn wir Flügel der Morgenröte nähmen und aussteigen wollten aus dieser Welt.

Ach, seid doch still und haltet still, wenn der Herr der Welt so vernehmlich, von Tag zu Tag vernehmlicher, mit euch redet! Geht nicht nach Gilgal, geht nicht nach Bethel (vgl. Amos 5,4–7), sagt nicht: ‚Auf, nach Thyatira', auch nicht ‚Auf, nach Taizé', kommt nicht nach Hermannsburg, wenn ihr hofft, dort die Schatten loszuwerden, die ihr im Lichte Gottes werft! Die Schatten werden länger am Abend. Sucht nicht das wahre Leben auf Kirchentagen, selbst wenn man euch mit der Parole lockt: ‚Umkehr zum Leben'. Warum haben sie denn nicht gesagt, was einzig ihres Amtes wäre: Umkehr zu Gott und seiner Gerechtigkeit? Weil es dazu keines Kirchentages bedarf? Weil das der Tag des Herrn wäre? Das ist wahr. Um zu Gott umzukehren, dazu brauchen wir nirgends hinzugehen, damit können wir jederzeit beginnen und neubeginnen – wenn du willst, an diesem Abend. Zeit zur Umkehr ward sogar dem ‚Weibe Isebel' gegeben, wenn sie nur von ihrem angemaßten Thron herabsteigen wollte, ablassen von dem Versuch, die quälenden Fragen des Daseins zu beantworten, wenn sie nur die ‚Lydia' sein wollte, die Gott in der Taufe mit Namen gerufen hatte, eine alltägliche Frau mit der herrlichen Berufung, an jedem neuen Tag das lichtvolle Geheimnis der Gegenwart Gottes dankbar zu erfahren, als wär's der letzte Tag, der Tag des Herrn.

Was sie, was uns an der Umkehr hindert, ist freilich unsere Schuld. Es ist das häßliche, unlösbare und heute massenhaft erfahrbare Rätsel unserer bösen Angst, daß wir uns lieber selbst mitsamt unserer Welt kaputt machen, als daß wir ans Licht kommen und sagen: „Gott, ich habe gesündigt, ich – ich und kein anderer – habe nicht wieder gutzumachende Schuld auf mich geladen. Und nun sag du mir, was ich tun soll, wenn ich noch leben darf, – und wenn ich nur deine Güte loben darf mit jedem Atemzug." Glücklich, selig der Mensch, der das tut! Glückliche Menschen sind wir, die wir für die beiden Freunde im Seminar gebetet haben in der Zeit ihrer Krankheit, wenn wir nur einen Bruchteil unserer kindlichen und verzweifelten Gelübde, die mit jedem aufrichtigen Gebet verbunden sind, erfüllen! Jetzt, wo wir die beiden wieder unter uns haben: „Ich will meine Gelübde dem Herrn erfüllen vor allem seinem Volk in den Vorhöfen am Hause des Herrn, in dir, Jerusalem. Halleluja! (Ps 116,18 f.). Ja, ich will. Ich will auch nicht die anderen beiden, die Toten, vergessen, deren Schicksal für immer mit dem der Überlebenden verknüpft sein wird. Ich will jeden Tag neu lernen zu gehen, mich in deinen Spuren, mein Gott, zu bewegen, bis ans Ende, bis du kommst und mich aus dem Staube hebst. Wie sollten wir da noch Langeweile haben? Wenn wir nur festhalten, was wir von Gottes Sohn empfangen, Leib und Blut als Zeichen seiner gnädigen Gegenwart, bis er kommt, das Böse und alle Übel dieser Welt wegzuschaffen in einem Augenblick ...

Achtet auf die Füße des Herrn, wenn ihr euch seine flammenden Augen habt gefallen lassen! Diese Füße aus schimmerndem Golderz (wie der Text sagt) treten zwar in der Offenbarung des Johannes die Kelter des Zornes Gottes – das Ergebnis kann jedermann in unserer Welt wahrnehmen, Kinder des Zorns, die wir sind –, aber sie lassen auch einen Ausweg erkennen. Wenn nämlich der Herr den durch schlechte Prophetie und Predigt gequälten und am Ende gelähmten Menschen in Thyatira sagt: „Ich will nicht auf euch werfen eine andere Last", eine Last, die ihr nicht tragen könnt, dann heißt das doch, daß er diese Last selber durch die Welt trägt, auf starken, nicht versagenden Füßen, und uns, so entlastet, erlaubt, auf den eigenen schwachen Füßen ihm zu folgen.

Die Last, die wir nicht tragen können und doch als Fluch unserer Menschheitsgeschichte tragen, erleiden müssen, heißt heute: Gewalt. Das gilt für Regierende und Regierte, für Lehrer und Schüler in gleicher Weise. Das galt auch für die Prophetin in Thyatira: Sie (welch ein Fluch!) mußte Gewalt ausüben über Menschenseelen, die danach lechzten, unterdrückt und ausgelöscht zu werden, und konnt's doch nicht tragen, den Seelenmord. Warum bietet sich uns Gewalt immer wieder als scheinbarer Ausweg an? Gewiß, solang's klirrt – auch hier im Text hört man am Ende, wie Töpfe zerschlagen werden! –, klingt das recht lustig, faszinierend und verheißungsvoll, ein Ausweg aus steinerner Öde des Daseins. Aber wo's klirrt (Gewalt gegen Sachen?), da wird auch Blut fließen und das Ende ist unabsehbar. Nein, Gewalt ist kein Ausweg. Aber auch Gewaltlosigkeit nicht: Sie schafft ja die Gewalt nicht weg, die tief in uns steckt, steigert sie womöglich erst recht. Was wir uns versagen, das mag am Ende uns oder andere erst richtig scharf machen. Nicht Gewaltlosigkeit, Christus ist der Ausweg: Will nämlich der Sohn Gottes die Last tragen, die wir nicht tragen können, dann laßt uns zu dem Glauben Mut fassen, daß wir ihm, unserem geliebten Herrn, unsere böse Gewalt, ja, alle Gewalt im Himmel und auf Erden (vgl. Mt 28,19) antun müssen, weil er das so will, weil er sie allein wegschaffen kann. Wenn wir also zum Tisch des Herrn gehen, so denkt mit Furcht und Zittern: Der Leib, den wir empfangen – ist das nicht der Leib, den wir verletzt haben (es könnte auch der eigene Leib sein)? Der Kelch, aus dem wir trinken – ist das nicht das Blut, das wir vergossen haben oder hätten vergießen können? Und sagt jetzt nicht: Dies, euren Gott mit Füßen zu treten, das hättet ihr nicht gewollt! Im Gegenteil, dazu sollt ihr euch jetzt bekennen und sollt die wunderbare Wandlung fühlen und loben, die euch damit widerfährt. Denn: „Ich bin es", spricht der Herr. „Ich bin der Ausweg aus Angst und Gewalt, der Morgenstern nach langer, sternloser Nacht. Ich habe die Götzen und ihre blutigen Opfer überwunden und der beständigen Liebe einen geraden Weg gebahnt in der Welt bis ans Ende."

Achtet also auf die Füße des Herrn und denkt an die Last, die diese Füße tragen. Und wie ihr all eure blinde, kalte, ohnmächtige Wut im Bauch, mit der ihr nicht wißt, wohin, dort am Altar niedergeworfen habt vor ihm, so sollt ihr als freie Menschen hinter ihm und keinem anderen hergehen auf dem Weg des Friedens. Darum laßt es gelten, was er euch sagen wird: „Gehet hin in Frieden!"

Predigt am 13. 2. 1982 (Abendmahlsgottesdienst des Missionsseminars Hermannsburg)

# Apokalypse 3,1–6

Und: Für den Engel der Versammlung in Sardes –
schreib' auf!
Das sagt ER,
mit dem siebenfältigen Gottesgeist und
dem Siebengestirn:
Ich bin im Bilde –
deine Dinge,
glanzvoll dein Name,
du lebst (heißt es),
doch tot bist du. (1)
Erwach'
und kräftige,
was noch übrig ist,
dem Tode nah!
Nein,
ich hab's herausgefunden,
deine Dinge,
verkümmert sind sie vor meinem Gott. (2)
Erinnere dich so: Wie hast du's übernommen und
vernommen?
Und bewahr's und
umkehre!
Willst du nicht wachen,
komm' ich wie ein Dieb,
und eben nicht sollst du kennen
die Stunde, da ich komme über dich. (3)
Immerhin:
Du hast noch Namen in Sardes,
nicht eingeschwärzt haben sie ihre Kleider,
und umherschreiten sollen sie mit mir: weiß,
ja, sie sind es wert. (4)

Der Sieger im Kampf:
So wird er umhüllt: weiß,
und nicht lösche ich seinen Namen
aus dem Lebensbuch
und
laut nenne ich seinen Namen
vor meinem Vater und vor seinen Engeln. (5)
Wer ein Ohr hat,
hören soll er,
was der Geist sagt den Versammlungen. (6)

## Sardes oder: Die Folgen der Predigt

Es ist nicht so, daß unsere Konzentration mit dem Höhepunkt, den wir beim Sendschreiben von Thyatira erreichten, nachlassen dürfte. Im Gegenteil! Auf dem Weg der Predigt erfordert gerade der Abstieg besondere Aufmerksamkeit (Mk 9,9–13). Im Sendschreiben nach Sardes kommt das Aufgebot der sieben Geister und der sieben Sterne in der Hand des Herrn dem – plötzlichen – Absturz zuvor (Apk 3,1–3). Die Angst des Predigers, er könnte sich verstiegen haben und nicht mehr heil herunter kommen, will bedacht sein. Hat er – und ohne ein gewisses Schwindelgefühl ist solche Erkenntnis nicht zu haben – begriffen, daß es in der Predigt um Gott selbst geht, um Gott als Subjekt seines Wortes, dann mag ihn die Angst befallen, sein Predigen könne irdisch folgenlos bleiben. Und so fällt er der Nichtigkeit anheim, die das Los des Predigers ist, der partout – ‚auf Teufel komm raus' – etwas (ganz gleich was) bewirken will. Der Absturz von den Höhen einer zumindest in den Augen ihrer Gegner verstiegenen Wort-Gottes-Theologie in die Niederungen einer auch die billigsten Effekte nicht scheuenden, in Ermangelung theologischer Kriterien stillosen Predigtwirklichkeit könnte von da aus plausibel erscheinen. Dabei widerführe uns freilich im Blick auf das uns anvertraute Wort Gottes (und es bleibt uns anvertraut, ganz gleich wie wir darüber denken!), daß wir an einer „erstaunlichen Paradoxie zugrunde gehen: Wir glauben, daß wir die Aufgabe haben, dieses tote Wort zum Leben zu erwecken, während wir selber tot sind und das Wort lebendig bleibt" (ELLUL, 131 zu Apk 3,1–6).

Demgegenüber ist es wohl hilfreich, der Angst von Anfang an zu begegnen mit der nüchternen Einsicht, daß es ein folgenloses Predigen nicht gibt, wie ja auch keine unserer Taten, so wahr Gott Richter ist, folgenlos bleibt. Man mag diese Einsicht banal finden (ihr Effekt wäre dann im Blick auf eine banale Predigtwirklichkeit homöopathisch zu nennen): Auf jeden Fall würde durch sie der Angst die Nahrung entzogen. An ihre Stelle könnte die ungleich sachgemäßere Fragestellung treten, *welche* Folgen die Predigt hat. Untersuchungen, die der Wirkung der Predigt auf den ‚Hörer' gelten, leiden freilich aus naheliegenden Gründen, weil sie an – für die Herrschaft über das Predigtgeschehen unerläßlichen – Gesetzmäßigkeiten interessiert sind (vgl. DANNOWSKI, 101–112 mit JÖRNS, Predigtnot 112: „Verfahren"), darunter, daß sie die überraschenden, die nicht kalkulierbaren oder auch nur als unseriös empfundenen Folgen ausblenden. Ich denke z.B. an den Kirchenschlaf des Eutychos, der als Folge der langen Predigt des Paulus für die Gemeinde in Troas zur heilsamen und unvergeßlichen Erfahrung wurde (Apg 20,7–12; vgl. auch das im letzten Kapitel zur Länge des Gottesdienstes Gesagte). Man erinnere sich auch an Jona, dessen Gerichtspredigt scheiterte, weil die Leute von Ninive überraschend Buße taten. Oder, noch zugespitzter: Welche Bestürzung für einen Prediger („So ernst hab' ich das doch nicht gemeint!"), wenn einer seiner ‚Hörer' seine Worte wider alles Erwarten ernst nähme, indem er z.B. seinen Feind mit allen Konsequenzen liebte! Unwahrscheinlich? Vielleicht – so unwahrscheinlich wie die Wahrheit des Satzes, daß der Glaube aus der Predigt (Röm 10,17: aus welcher Predigt?) kommt? Bleiben wir dennoch bei der Einsicht, daß unser Predigen in jedem Falle – wenn auch nicht die gewünschten – Folgen hat, dann tut sich hier ein weites Feld der kritischen, der selbstkritischen Beobachtung auf, deren Ergebnisse sich zu keinem Gesetz, dessen sich die Predigt bedienen könnte, fügen – es sei denn zu jenem geheimnisvollen Gesetz der Freiheit, dessen Gericht nach Jak 1,25; 2,12 Prediger wie Gemeinde unterworfen sind.

Gewinnen wir in der Frage nach den Folgen der Predigt größere Freiheit, braucht das Thema des Erfolges nicht tabuisiert zu werden. Der von Manfred Josuttis beschriebene Teufelskreis für den Pfarrer: „Ich brauche Erfolg, aber ich darf ihn nicht wollen, deshalb kann ich ihn auch nicht sehen und muß doch mehr als alles tun, um ihn zu suchen" (Erfolg 165) ist auch deswegen teuflisch zu nennen, weil er eine entscheidende Überlegung ausläßt: „Gesetzt, ich hätte den Erfolg, den ich insgeheim begehre: Wäre ich ihm gewachsen" (vgl. Lk 5,1–11, zu Paulus: Adloff, Plädoyer 41f.91f.; *ders.*, Missionarische Existenz 11.21f.)? Es könnte ja sein, daß wir recht gern die Erfolglosigkeit des Wortes Gottes vorschützen, indem wir auf anderen, scheinbar ungefährlicheren Feldern unsere Erfolgserlebnisse suchen, weil wir seinen Erfolg im Ernst nicht zu verantworten gedächten. Wer verantwortet denn den geradezu unheimlichen Erfolg, den das Wort vom Kreuz im Abendland gehabt hat? Ich spreche von Verantwortung, nicht von Verwaltung. Denn verwaltet wird der Erfolg ja – mehr oder weniger erfolgreich –, wobei man froh wäre, gewisse kirchengeschichtliche Altlasten endlich los zu sein, von den so wirksamen Kreuzzugs- und Kriegspredigten bis hin zur nicht minder wirksamen Judenhetze auf den Kanzeln vor, durch und nach Martin Luther. Das Dumme ist nur, daß man mit dem Unkraut, das man nicht verantworten will, auch den Weizen los ist (Mt 13,24–30), mit der Fluchgeschichte auch die Geschichte des Segens. Daß mit dem Erfolg des Wortes Gottes auch Abgründe des Bösen, der Schuld aufbrechen, will von uns verantwortet sein. Geschieht das nicht, macht sich Verantwortungslosigkeit in Predigten breit, kann auf Kosten der Gemeinden alles ausprobiert werden in dem Sinne, wie ich's einmal von einem Kirchenmann hörte: „Gemeinden sind durch Predigten nicht kaputtzukriegen", was kein Vertrauen auf die Wirksamkeit des Wortes Gottes war, sondern ein unverhüllter Zynismus.

Es ist ein Vorurteil, unser Predigen beginne bei einem imaginären Nullpunkt und geschehe im luftleeren, geschichtslosen Raum, in einer experimentellen Situation, deren Bedingungen wir diktieren. Mag sein, das unbeschriebene Blatt Papier, das bei der Vorbereitung der Predigt vor uns auf dem Schreibtisch wartet, legte uns das Vorurteil immer wieder nahe, mag sein auch das historisch-kritische Hinterfragen des Textes in den Kopf des Autors hinein, also das Fragen nach dem ‚ursprünglichen' Sinn des Textes (eine überaus künstliche Angelegenheit). Aber von dem Vorurteil sollten wir uns freimachen können. Wir sind als Prediger mit den

Folgen der Predigten unserer Vorgänger, ja, mit den Folgen unserer eigenen Predigten immer schon konfrontiert (was übrigens auch z.B. bei Paulus zu beobachten wäre). Das würde selbst für den heute kaum mehr gegebenen Fall gelten, daß ein Missionar zu vom Christentum gänzlich unberührten ‚Heiden' käme. Auch er käme ja nicht als unbeschriebenes Blatt, sondern als Erbe der gesamten Christentumsgeschichte, und er würde, wenn er seinen Auftrag versteht, zusammen mit den ‚Heiden' zu entdecken haben (ohne daraus einen ‚Anknüpfungspunkt' zu machen!), daß und wie sich ihnen Gott schon längst bezeugt hat. Bevor Paulus anfängt, in Korinth zu predigen, läßt ihn Gott wissen, daß er schon ein großes Volk in dieser Stadt hat (Apg 18,10)!
Wir haben uns also gerade als Protestanten, bevor wir historisch-kritisch ‚feststellen', wie es ‚eigentlich' gewesen sei, klarzumachen, daß wir Kinder einer Geschichte sind, also Mütter und Väter im Glauben haben. (Hätten wir sie nicht, wir könnten nicht unsererseits geistliche Kinder durch unser Predigen gebären, wir blieben steril, armselige Schöpfer und Opfer unseres Predigtpublikums.) Gemeint ist damit jetzt nicht nur der schon immer gute und wohlfeile homiletische Rat, sich statt von geistig anspruchslosen wissenschaftlichen Kommentaren entmutigen, von den großen Auslegern der Vergangenheit von Augustin bis Karl Barth und Rudolf Bultmann belehren und inspirieren zu lassen, was sich reichlich lohnt, wie jeder, der hier in die Schule geht, bezeugen kann – und ich füge heute mit Nachdruck die jüdischen Meister hinzu, denen auch Luther mehr verdankte, als er wissen konnte und zugeben wollte. Es geht vielmehr weit darüber hinaus um das im Atemraum der Schrift Freiheit gewährende ehrfurchtsvoll-kritische, liebend-zornige Gespräch mit den Müttern und Vätern zu dem Ziel, daß wir ihr Dasein mit unserem Wort selbständig verantworten (vgl. Adloff, Neue Aspekte 96ff. mit Trowitzsch, Verstehen 37–54). Es wird in diesem Gespräch dann auch Raum für die Begegnung mit den Folgen des eigenen Wortes und für u.U. fällige Widerrufe sein. Es sieht also nur auf den ersten Blick so aus, als ob die Betrachtung der Folgen der Predigt in der Geschichte unser Wort im Heute unausweichlich determiniere, als geschehe nichts Neues unter der Sonne: In Wahrheit zeigt sich auch hier jenes ‚Gesetz der Freiheit', das dem Liebenden immer neue Spielräume zum Leben mit anderen eröffnet, gerade wenn die Toten ins

Spiel kommen. Gibt es zwar nicht die ,Gnade des Nullpunktes', so doch die Gnade, die kraft der Zeitfülle Gottes alle Morgen, alle Sonntagmorgen neu werden kann. Dem entspricht eine Treue auf seiten des Predigers, die der jeweiligen Gegenwart das von ihr vergessene, verleugnete Alte als ihre Möglichkeit verheißend und warnend neu aufzuschließen vermag.

Die verantwortliche Predigt wird das im biblischen Sinne ,Neue' nicht verwechseln dürfen mit dem werbewirksamen unersättlichen Reiz jenes (angeblich) Neuen und Neuesten, dem wir auch in der Kirche so leicht unterliegen. Vielmehr ist der talmudische Rat zu bedenken: „Wollst auf das Alte hören, so wirst du auf das Neue hören" (b. Ber 40a). Alt und Neu werden in der Bibel nur dort zu Gegensätzen, wo der Gegensatz zwischen Gott und der Sünde ins Spiel kommt. Wird das nicht beachtet, kommt es in der Predigt zwischen Alt und Neu zum Wettlauf wie zwischen Hase und Igel: Auch die raffiniertesten, subversiv gemeinten ,Gegenspiele' (vgl. Bieritz, 127–132) werden vom alten Spiel, dem Spiel des Sünders verschlungen, der, ob er nun Geborgenheit oder Aufbruch sucht, doch immer nur eines meint: sich selber. Dann wird es in der Predigt um mehr und zugleich um weniger gehen müssen als um „Verwandlung von Wirklichkeit" (ebd. 132), nämlich um Freiheit, die um des Neuen willen das Alte nicht länger überspielen, verdrängen, zerstören muß: Von „Szenen der Freiheit" spricht Michael Trowitzsch (Verstehen 47) in Anlehnung an eine von Ranke (in anderem Sinne) gebrauchte Formulierung, wobei Freiheit bestimmt ist als Liebe. An die ,Gnade des Nullpunktes' zu glauben, war übrigens auch 1945 eine Illusion – die Illusion der Besten vielleicht.

Ich rede damit von der Möglichkeit (von der wohl noch jeder leidenschaftliche Prediger geträumt hat) einer ,Erweckung' der Gemeinde (Apk 3,2). Solche Möglichkeit steht und fällt mit der Freiheit des lebendigen Gottes, der in der Fülle des (seines!) Geistes (Apk 3,1) das vollkommene, den Tod besiegende ewige Leben schafft. Die Möglichkeit der Erweckung hängt nicht, füge ich sofort hinzu, an unserem Urteil über die Gemeinde oder an deren Selbsteinschätzung, wobei wir uns auf den Thron des Richters, an die Stelle Christi zu setzen pflegen. Die Gemeinde von Sardes hält sich nicht nur selbst, sie gilt auch im Urteil der Kirche ihrer Zeit für eine besonders lebendige, erweckte Gemeinde (vgl. Adloff, Sendschreiben 20)! Passen wir also auf mit unseren Urteilen! Das Leben, über das wir zu verfügen meinen, indem wir auf unsere Weise zwischen Leben und Tod zu unterscheiden beanspruchen, kann uns schnell abhanden kommen, wenn der ,Dieb in der Nacht' (Apk 3,3) bei uns einbricht. Umgekehrt: Wie kommt es, daß eine Kirche wie die von vielen längst totgesagte russische Orthodoxie seit Jahrzehnten, wenn wir den Zeugnissen von TATJANA GORITSCHEWA folgen, gerade unter der privilegierten Kaste der ,Intelligenzija' überraschend neues Leben gebiert? Natürlich kann man das auch erklären, aber eben erst hinterher. Geht es bei der Erwekkung also um die Möglichkeit eines überraschenden Wunders, so heißt das nicht, daß wir Prediger uns aufs Warten beschränken müßten. Aber es heißt, daß wir vor allem anderen den unter uns erwecken, der allein der Wunderbare ist, den Herrn, der der Geist ist, daß wir mit dem Psalm rufen: „Rege dich!/ warum schläfst du, mein Herr!/ erwache!/ nimmer verwirf uns in die Dauer!/ Warum versteckst du dein Antlitz,/ vergissest unsere Not, unsere Umklammrung!" (Ps 44,24f.; vgl. Mk 4,38). In solchem Rufen und Schreien entdecken wir uns dann in der Tiefe unserer Todesnot verbunden mit der sterbenden Kirche, der toten Gemeinde, in deren Mitte wir zur Predigt aufgerufen sind, erfahren wir leidvoll, wie uns menschliche Werke, Traditionen, Träume (zuhöchst gerade mit dem Namen der Frömmigkeit und des göttlichen Geistes sich schmückende) den Blick für das Wunder nehmen, für das Dasein Gottes, der nicht schläft noch schlummert (Ps 121,4). Und weil wir Prediger das Leiden an dem Gott, der sich in seiner Freiheit verbirgt, so schwer aushalten und immer wieder versucht sind, der Gemeinde einen handlichen Götzen anzubieten, darum müssen wir in der Gemeinde nach den Menschen suchen, die mit uns in den Schrei aus der Tiefe einstimmen und alle fliehen, die uns davon abhalten, vor allem die hurtigen Kirchenreformer. Werden wir aber dann nicht die Erfahrung machen, daß Gott uns gehört hat, ehe wir ihn riefen? Daß er in seinem Wort unseren Werken zuvorkommt mit seinem Werk und so die Gemeinde erweckt von einer Taubheit, die nur auf das Eigene zu hören vermag (vgl. ADLOFF, Vernunft 407f.), auf die eitle Selbstdarstellung ,ihres' Glaubens und das dazugehörige Ach- und Wehgeschrei heruntergekommener Christentümer, hin zu einem Hören auf das Unerhörte, das Gott nicht nur zu tun, sondern zu sein verspricht?

Wir müssen uns nicht festlegen lassen auf ein restauratives Erweckungsmodell des 19. Jahrhunderts, das die Totalität des Lebens nur allzu bereitwillig dem Teufel überließ, weil man zwar einzelne Seelen retten wollte, aber nicht den Mut hatte, den Gott zu erwecken, der im Namen Jesu als der Herr über alle und alles bekannt sein will. „Was noch übrig ist,/ dem Sterben nah" (Apk 3,2), kann nicht überleben, auch der ‚heilige Rest' wird untergehen, wenn er nicht Kräftigung erfährt vom Ganzen her, von jener Gemeinde der Getauften, die jetzt noch tot heißen muß, aber – in ihrem Engel – erweckt werden soll (vgl. Ellul, 129). Der ‚Rest' hat also allen Grund, sich geistlich nicht zu überheben: Das wäre auch im Blick auf die Frage des Gemeindeaufbaues zu bedenken (vgl. dazu Möller, Gemeindeaufbau 79–134). Wer also heute auf eine Erweckung der Gemeinde setzt, der muß schon – durchaus im Interesse dessen, was noch lebensfähig ist in der Kirche! – aufs Ganze gehen, der muß Leben und Tod im Angesicht Jesu der Gemeinde der Getauften so vor Augen stellen, daß deutlich wird: Wir entscheiden mit unserem Tun, mehr noch mit unserem Lassen nicht nur über uns, sondern über Gottes lichtvolles Dasein in der Welt, bevor es zu spät ist und wir in der Finsternis einer Gott und sich selbst verfluchenden Welt untergehen. Wer die Gemeinde erweckt sehen wollte, der müßte schon Gott und die Welt segnen mit ein und demselben Wort, dem Wort des Geistes, von dem es heißt, daß er „der Feindschaft ... feind" (EKG 105,7) sei. Dessen sind wir nicht mächtig. Halten wir uns also an den, der im Buche des Lebens zu lesen, der die den Sünder nicht bei der Sünde behaftende, sondern freisprechende Sprache vor Gott und den Engeln zu reden weiß (Apk 3,5).

Wir werden uns dann freilich mit der Erwecktheit der vermeintlich Wachen und Bewußten auseinanderzusetzen haben (vgl. Lønning, 241–245.248), der Frommen ebenso wie der Aufgeklärten, der zu einer Theologie Bekehrten ebenso wie der politisch und sozial Engagierten, die den Durchblick zu haben meinen, also all jener, die sich selbst ins Licht und die anderen ins Dunkel stellen. Nichts ist so schwer, so unmöglich, ein reines Gotteswunder wie die Erweckung der Erweckten (Joh 9,39ff.). Hier muß – erstmals in diesem Buch und zugleich letztmals – thematisch von der Bedeutung der historisch-kritischen Bibelauslegung für die Predigt die Rede sein. In dieser Methode steckt von ihren Anfängen her ein politisches Moment, indem mit ihrer Hilfe der Anspruch, sehend zu sein, zu wissen, als Machtanspruch entlarvt werden kann (vgl. Adloff, Neue Aspekte 99–103, Ebach, Ursprung 49f.). Emanzipiert sich mit Hilfe dieser Methode die (bürgerliche) Welt von der Macht einer Offenbarungswissen als Herrschaftswissen verwaltenden Kirche, so mag man das loben und tadeln wie andere Machtkämpfe auch, falls einem am Moralisieren etwas liegt. Aber was tun, wenn die Kirche sich daraufhin der fremden Macht einer durch welterobernde Wissenschaft, Technik und – Krieg herauspräparierten ‚Wirklichkeit' blindlings unterwirft, um wenigstens zu einem Teil den Anspruch zu retten, sehend zu sein? Wird da nicht eine ungleich radikalere Kritik fällig, eine Bibelkritik in der Kraft des Geistes, der sich als der Herr der Schrift erweist, wie der *Prediger* KARL BARTH sah (vgl. SCHELLONG, 145–153 mit MARQUARDT, Exegese)? Einzig unter der Voraussetzung *dieser* Kritik wird dann von einer begrenzten Funktion historisch-kritischer Bibelauslegung in der politisch-gesellschaftlich bewußten (wobei hierzulande andere Bedingungen gelten als in Ländern der Dritten Welt) Verfremdung biblischer Texte die Rede sein dürfen, damit das Wort der Schrift als ein fremdes, von außen kommendes Wort lautwerden kann, als ein Wort, das nun nicht mehr hoheitlich von der Kirche an die Welt ergeht, sondern als das Wort des die Welt regierenden Gottes (nicht exklusiv, aber nachdrücklich) in der Kirche gehört wird. Sofern die historisch-kritische Methode, in der abendländischen Kirche siegreich geworden, als Machtanspruch geltend gemacht wird, kann sie diese ihre mögliche Funktion freilich nicht oder nur sehr unvollkommen erfüllen, sondern stärkt die geistliche Sattheit der fundamentalistischen wie der aufgeklärten Bibel-Besitzer (‚Bibel-Baale'), die der einen in der bloßen Abwehr und der daraus folgenden Immunisierung gegen jegliche Kritik, die der anderen im faden Triumph über den vermeintlich toten Buchstaben, von dem sie nicht merken, daß sie von ihm getötet und gerichtet werden. Mich selbst läßt in dieser Hinsicht (der Leser mag seine eigenen Erfahrungen haben) das christlich-jüdische Gespräch immer noch aufhorchen (vgl. nur FLUSSER): Werden in diesem Gespräch kirchliche Besitz- und Machtansprüche auch historisch-kritisch destruiert, so kann die Kirche die Bibel neu als unverdientes Geschenk zurückerhalten, als Gottes von jeder Fremdherrschaft befreiendes Wort für alle, die Juden zuerst und auch für die den Logos als ihren Gott verehrenden Griechen, als Wunder. Hoffnung auf Erweckung der Erweckten läge also in dem Wunder beschlossen, daß sie ihre – heidnische – Blindheit gegenüber dem unaussprechlichen Geheimnis der Heiligen Schrift eingestehen, indem sie sehend werden gegenüber der die ganze Welt (auch die Welt der Wissenschaft!) erfüllenden Herrlichkeit Gottes. Der Prediger soll sich also nicht mit den Erfolgen historisch-kritischer Bibelauslegung schmücken, sondern soll ihre Ergebnisse selbst verantworten, indem er konsequent weitergeht bis zu dem Punkt, daß er als Bettler vor der Tür des Wortes Gottes steht, um eben so Anteil zu bekommen an der Fülle der göttlichen Gerechtigkeit und Wahrheit (Apk 3,2).

Um Mißverständnissen vorzubeugen (die in dieser Sache vielleicht unvermeidlich sind): Es geht nicht darum, ob wir für oder gegen die historisch-kritische Methode sind. Es geht aber darum, dem herrischen Wahrheits*anspruch* dieser Methode (vgl. immer noch Ebeling) zu widerstehen, damit wir in der Freiheit des Geistes kritisch wahrnehmen können, was auf dem Felde historisch-kritischer Arbeit an Früchten des Geistes zur Reife kommt und was unter die Kategorie der Werke des Fleisches zu fallen hat (Gal 5,19–23). Nichts also gegen das Kritische: Es kann vielmehr gar nicht kritisch genug zugehen, wo das Wort Gottes ins Spiel kommt. Augenblicklich sieht es eher so aus, als ob die Bibelwissenschaft neuen Irrationalismen und Dogmatismen (ungewollt?) Vorschub leistet. Nichts gegen das Historische, wenn das heißt, daß die Toten Mitspracherecht haben in der geschichtlichen Gegenwart (s.o.). Im Gegenteil: Wir haben hart zu arbeiten gegen das Vergessen. Alles aber gegen eine geistige Unreinlichkeit (Apk 3,4), die den Glauben durch die augenfälligen Erfolge der Wissenschaft korrumpiert sein läßt und sich dessen auch noch rühmt (vgl. zur Sache nur Bohren, Biblische Theologie 163–181 sowie Adloff, Plädoyer 80f.93.99.105, *ders.*, Neue Aspekte 94–108).

Nicht von der Gnade des Nullpunktes, sondern vom Nullpunkt der Gnade wäre also angesichts der Folgen der Predigt zu reden. Um billige Gnade handelt es sich da nicht – deckt doch gerade das Ereignis der Gnade Gottes die ‚gnadenlosen Folgen des Christentums' (Amery) auf und rechtfertigt damit zugleich das historisch-kritische Vorgehen als freie Selbstkritik der Kirche. Aber die Gnade präzisiert nun auch, als Vergebung, die Verantwortung des Predigers so, daß sie ohne Einschränkung von ihm getragen werden kann. In diesem Sinne ist das – anstößige – Lutherwort aus der Schrift Wider Hans Worst (s.o. Kapitel ‚Notwendigkeit') zu korrigieren: „... ein Prediger mus nicht ... Vergebung der Suͤnden suͤchen, wenn er gepredigt hat ..." (WA 51,517,22f.): Gerade die

Vergebung befreit ihn von dem bösen Zwang, sich selbst entschuldigen und reinwaschen zu müssen und gibt ihm so den freien, umfassenden Blick für das von ihm zu Verantwortende. Mit Recht widerspricht RUDOLF BOHREN EBERHARD JÜNGELS These einer zwischen Gott und Mensch geteilten Verantwortung (Predigt verantworten 111ff. zu JÜNGEL, Predigten 7), wenn er, gegen JÜNGEL, den Prediger auch für die Folgen seines Wortes verantwortlich macht: Man kann die Predigt nicht „aussetzen wie ein Findelkind" (ebd. 112; vgl. dazu ADLOFF, Plädoyer 105 A 788). Die Gnade ist in dem Maße heilsames Gericht über das Werk des Predigers, daß *alles*, das Wollen wie das Vollbringen (Phil 2,13), die Vorbereitung der Predigt wie ihre Folgen als Wirken des Geistes Gottes verantwortet werden kann, ohne daß die Würde des guten Werkes dadurch beeinträchtigt würde. Im Gegenteil: Sie tritt gerade so ins Licht. Die Würde des guten Werkes der Predigt wird hingegen mißachtet, wenn die Predigt als *Leistung* gnadenlos eingeklagt wird wie von ERNST LANGE: „Ich werde das Gefühl nicht los, daß es nicht an der Botschaft liegt, sondern an der Übersetzung, nicht an Gott, sondern an mir, an meiner Weise zu predigen, vielleicht an meinem Predigtverständnis" (Brief 7). Es bessert an dieser Gnadenlosigkeit nichts, wenn zwischen „Verständigung" und „Einverständnis" (Theorie 49), bzw. zwischen „Gelingen" und „Erfolg" (DANNOWSKI, 124) unterschieden wird und wenn für das erstere der Prediger und für das letztere Gott verantwortlich sein soll, wobei Gott hier so gedacht ist, wie ihn sich jener Knecht dachte, der seinen Herrn für einen harten Mann hielt (Mt 25,24/Lk 19,21). Ich kann mir nicht helfen: Die Entlastung von vermeintlich untragbaren theologischen Ansprüchen, die von LANGE und anderen für die von ihnen inaugurierte Homiletik verheißen wurde, führt zu einem beständigen Leistungswettbewerb, bei dem das Gewissen des Predigers auf der Strecke bleiben muß. Beim sensibleren Prediger äußert sich das in einem permanent schlechten Gewissen: Er wird dann nicht mehr nach getaner Arbeit, einem großen Vorbild entsprechend, in Ruhe sein Bier trinken können und Gott mit seinem Wort die Welt regieren lassen (zu ALBRECHT, 97). Der ‚steile' dogmatische Anspruch, von dem man den Prediger entlasten wollte, war er am Ende der Spruch der Gnade, der die Gewissen tröstet und so gewissenhaft-verantwortliche menschliche Arbeit überhaupt erst möglich macht? Eine Predigt, die ihre Hörer nicht belastet mit dem schlechten Gewissen des Predigers (denn irgendwo muß er ja bleiben mit seinem Gewissen!), nicht ‚kompetent' genug zu sein für ein hilfreiches Wort in einer immer komplizierter werdenden Welt? (Zur Frage der homiletischen Kompetenz vgl. JOSUTTIS, Kompetenz.) Kurz: Umkehr zum ‚Nullpunkt der Gnade', zur Taufe, zu den ‚weißen Kleidern' tut nach dem Sendschreiben von Sardes not (Apk 3,4f.): „Erinnere dich so:/ Wie hast du's übernommen/ und vernommen?/ Und bewahr's und umkehre!" (Apk 3,3). Es ist dafür gesorgt, daß aus solcher Umkehr nicht die Rückkehr zu einer die Erfahrung mißachtenden Homiletik abstrakter theologischer Ansprüche werden kann. Kehren wir also um, dann: dem Kommenden entgegen, dessen Spruch uns erst erfahren macht!

Was ist denn das Wort, das *heute* zu sagen ist? Ich sagte schon: ein Wort, das Gott und die Welt miteinander zu segnen vermag. Von irgendeinem ‚Wende'-Optimismus ist dieses Wort durch Abgründe getrennt. Das Vorherrschen von Parolen wie ‚Friede und Sicherheit' (1. Thess 5,2f. vgl. mit Apk 3,3) ist, im Gegenteil, bei JOHANNES wie bei PAULUS das sicherste, ein todsicheres Anzeichen dafür, daß der Einbruch, die Katastrophe die Parolengläubigen gänzlich unvorbereitet treffen wird. Auf der anderen Seite wirkt auch ein modischer Pessimismus in Gestalt einer ‚ökotheologischen Apokalyptik' (dazu vgl. TIMM) eher als ein die konkrete Stunde verschlafen lassendes Narkotikum, denn als Hilfe zum Wach- und Nüchternsein. Die ‚Enthüllung der Wirklichkeit' (ELLUL, 3–27 vgl. mit EBACH,Apokalypse 11) – denn das sagt das heute vielgequälte Wort ‚Apokalypse' – hat mit oberflächlichen Stimmungen wie Optimismus und Pessimismus nur so viel zu tun, daß sie beiden die Gründe entzieht und so unser Dasein von Grund auf anders gestimmt sein läßt, ernster und froher zugleich. Es geht da nicht mehr um Katastrophen, die wir fürchten und, indem wir sie zu vermeiden suchen, vielleicht erst recht herbeiführen: Dort, wo die Katastrophen schweigen müssen, hört man in der Apokalypse Gesang. Es ist das kein Gesang, der die Schreie der Opfer übertönt: Sie kommen darin vielmehr zu ihrem Recht, indem sie Gottes Gerechtigkeit preisen. Indem das Ja und Amen zu Gottes Schöpfung erklingt, wird das Nein zu jedweder Bosheit definitiv. Die Predigt, die im Namen Jesu, des Opferlammes, heute auf diesen Gesang lauschen lehrt, der in Ewigkeit nicht mehr verstummen wird, macht

Mut zu einem Glauben, der sich nicht mehr durch Werke der Verzweiflung selbst beweisen muß, sondern die Tat riskiert, die Gott preist und sich darin – als Opfer – verzehrt. Es kann das eine ganz gewöhnliche (?), unscheinbare Tat sein: z.B. ein Kind zeugen, zur Welt bringen, aufziehen, warum nicht: eine Predigt halten oder eine außergewöhnliche Tat, falls *Gott* die Freiheit dazu gibt, also, als *ultima ratio,* Widerstand gegen das Böse unter Einsatz des Lebens – eines kann es auf keinen Fall sein: ein verzagtes Tun, das, weil es von dem lebendigen Gott keine befreienden Taten erwartet, die Herrschaft der todbringenden Götzen verewigt. Zu den schlimmsten Sünden rechnet die Apokalypse die Feigheit (21,8) – da, wo das dankbare Bekenntnis gefordert wäre, das in den Gesang der Schöpfung mit einstimmt. Der Grund für den Gesang, den die Predigt nennt, liegt im Unsichtbaren, im Zukünftigen als dem, das werden muß: „Das was mich singen machet, ist, was im Himmel ist" (EKG 250,13). Aber das Zukünftige ist im Wort der des Geistes gewärtigen Predigt präsent, das Unsichtbare wird als fester Grund alles Sichtbaren erwiesen, der Himmel reißt auf über der Erde: „Die Sonne, die mir lachet, ist mein Herr Jesus Christ" (ebd.). Wenn in der gnädigen ‚Enthüllung der Wirklichkeit' durch Gott die Wolken und Nebel der durch Menschen gemachten Weltgeschichte sich verziehen, erscheint der Herr, der die Folgen unserer Taten auf sich nahm, um im alles verklärenden Licht seines Sieges (Apk 3,4f.) diejenige Zukunft anbrechen zu lassen, die jetzt schon als Freiheit von der Herrschaft der Bosheit jedermann zugemutet werden kann. Duldet dies keinen Aufschub, so haben wir damit erst recht Zeit gewonnen, von der Freude am Herrn erfüllte Zeit – zu warten, bis er alles vollendet haben wird. So macht die Predigt die Gemeinde der Zukunft ihres Herrn gewiß und bestärkt sie in der freudigen Erwartung seines Kommens. Wer solch Warten unverantwortlich nennen wollte, der hätte insofern recht, als Freiheit, die in der Herrschaft Christi gründet, in der Tat meint: „Existieren in einer letzten, tiefsten *Unverantwortlichkeit*" (BARTH, KD I/2, 299). Denn nicht ist uns die Last der göttlichen Weltregierung aufgebürdet. Andererseits entspricht aber gerade der Unverantwortlichkeit im Letzten die Freiheit zu konkreter menschlicher Verantwortung im Vorletzten – kraft der Gnade, wie wir sahen.

Natürlich muß man jetzt fragen: Ist das nicht alles phantastisch – phantastisch wie die ganze Apokalypse? Nun, gemessen an dem, was wir die ‚Tatsachen' zu nennen pflegen, ist die Verkündigung des kommenden Herrn in der Tat phantastisch zu nennen. Aber wie steht es um das Maß, mit dem wir da messen? Um das herauszubekommen, sollte sich der Prediger schon – nicht ohne einige notwendige philosophisch- wissenschaftstheoretische Vorbesinnungen – auf die Arbeit der ‚Tatsachen' feststellenden Wissenschaft einlassen (nicht nur, weil er u.U. Wissenschaftler unter seiner Kanzel hat). Bloße Lektüre von gelehrten Abhandlungen und naive Übernahme sogenannter wissenschaftlicher ‚Ergebnisse' tut's gerade ‚wissenschaftlich' nicht! Neugier und Freude am Experimentieren sind dagegen nötig, um nicht nur klug über ‚Empirie' daherzureden, sondern selbst wissenschaftliche Erfahrungen auf dem Felde der Homiletik zu machen. Ich verweise nur auf das – prinzipiell wiederholbare – BARIÉ-Experiment. Man kann auch, als Hochschulabsolvent, in der eigenen Erfahrung zur Not nachvollziehen, was die Autoren der Hannoveraner Hörer-Untersuchung gegen die Vorerwartung zu ihrer eigenen Verblüffung gerade auch bei Hochschulabsolventen entdeckten, nämlich: „Der Grad der Zustimmung zu gehörten Sprechhandlungen des dogmatisch-bezeugenden Predigttyps fällt ... gerade bei Hochschulabsolventen hoch aus" (DAIBER u.a., 2/348 vgl. mit DANNOWSKI, 138f.). HORST ALBRECHT hat im Blick auf diese Untersuchung sicher recht, wenn er von ihren Autoren sagt: „Ihre Methoden wie auch die Fülle ihrer Einzelergebnisse bleiben jedoch für Gemeindepfarrer schwer nachvollziehbar" (89). Aber selbst wenn sie es wären: Je länger jemand mit Erfahrungen dieser Art umgeht, desto mehr wird er von einer Krankheit befallen, einer Tristesse, der ich das Attribut ‚milde' beifügen möchte: *milde Tristesse.* Das kann nicht gut anders sein, wenn sich die empirisch verfahrende wissenschaftliche Homiletik in scheinbar weiser Selbstbeschränkung als „Mittelschichtshomiletik" (DANNOWSKI, 34) versteht (vgl. aber den engagierten Einspruch von ALBRECHT, 17–29) und insoweit als ihr Maß das bürgerliche Mittelmaß erkennen läßt, das dann als solches gerade – woran sich seine Gefährlichkeit zeigt! – mit dem Phantastischen kokettieren mag: So spricht DANNOWSKI im Anschluß an KARL-HEINRICH BIERITZ (127–132) von der „Verwandlung der Wirklichkeit auf die phantastische Wirklichkeit in Christus hin" (42). Sollte man aber als Theologe von dieser Krankheit, von dieser je und dann ins Romantisch-Phantastische ausbrechenden Tristesse nicht geheilt werden – unter der Voraussetzung, daß man sie erst einmal durchgemacht haben muß? Ich betone das ‚Muß', um zu unterstreichen, daß es sich um Mißachtung der ‚Tatsachen' nun wirklich nicht handeln kann – schon gar nicht der Tatsache, daß der Prediger der Mittelschicht angehört. Aber ein Maß für die abgründigen Schrecken und hinreißenden Schönheiten, für das Extreme der Wirklichkeit bekommen wir so nicht. Die Apokalypse – die ‚Unterschicht' verstand wohl allezeit besser, welche Musik da gespielt wird als die nicht nur politisch bewußtlosen Mittelschichten – könnte am Ende realistischer sein als eine Wissenschaft, die, vom Erfolg geblendet, das Wichtigste ausblenden muß: die Furcht Gottes als den Anfang der Weisheit im katastrophalen Ende der Weltweisheit, Anfang einer Wissenschaft von den Taten dessen, der tut, was er sagt, indem er seinen stillen Weg durch die aufgeregte Welt bis ans Ende geht, ja: gegangen *ist.* An ihm empfangen wir das Maß unserer Verkündigung, unserer Hoffnungen, unseres Tuns: einen Weg im Ausweglosen. Von ‚Tatsachen', von ‚Heilstatsachen' gar reden wir in diesem Zusammenhang besser nicht. Tatsachen-Vergötzung in der Theologie war noch nie ein besonderer Index ihres Realismus, wohl aber einer tiefsitzenden Unsicherheit, die das Feuer der Apokalypse in Form von Scheiterhaufen, vielleicht sogar von Atombomben in die eigene Regie zu nehmen bestrebt war. Wir tun also gut, die Kategorie des schöpferischen Wortes Gottes rechtzeitig störend wie befruchtend in die wissenschaftliche Besinnung einzulassen.

Den theologiegeschichtlichen Hintergrund des Begriffes ‚Tatsache' hat Reinhart Staats instruktiv vorgeführt, wobei Lessings Polemik gegen den Begriff im Fragmentenstreit besondere Bedeutung zukommt (Tatsache, 329–338). Im ‚Nathan' wird gegen die Tatsachenideologie des christlichen Patriarchen („Tut nichts! der Jude wird verbrannt.") die Tat der Menschenliebe eingeklagt (339ff.). Bei dieser Alternative kann man nicht stehenbleiben. Führt die *Parabel* weiter? Kann der Gleichniserzähler Jesus der Predigt aufhelfen (vgl. Weinrich; Kleemann, 257)? Aber die Gleichnisse Jesu sind bleibend auf sein *Kreuz* bezogen, wie die Evangelien zeigen, zu Recht, wie ich meine. Der Versuch, hinter das Kreuz zurückzugreifen (als hätte die Auferstehung das Kreuz rückgängig gemacht) auf einen nicht von Anfang an durch *Gottes* Tat bestimmten historischen Jesus, um von ihm Sprachhilfe zu empfangen, bleibt nicht zufällig im Phantastischen und Utopischen stecken (zu Bieritz, 127–132; vgl. zur Sache Harnisch,

158–167; 305–314, über dessen Sicht freilich noch weiter zu diskutieren wäre). Harmlos ist das nicht (vgl. zur gegenwärtigen Apokalypse-Konjunktur EBACH, Apokalypse 8–11; 24ff.).

Es geht eben nicht darum, das ‚Empirische' zu transzendieren! Das in der Theologie seit ERNST BLOCH, aber nicht unbedingt in seinem Sinne, hoffähig gewordene ‚Utopische' als eine zeitgemäße Weise des Transzendierens scheint mir, in der (Mittelschichts-) Kirche nur eine Variante dessen zu sein, was man früher (welche Ironie gegenüber BLOCH!) ‚Idealismus' nannte. ‚Utopisch' ist demgemäß das, was man immer erstrebt, aber nie erreicht. Vor solchem zeitgemäßen Trost in der theologisch-kirchlichen Tristesse kann ich nur warnen: „Der Künder, bei dem ein Traum war,/ erzähle einen Traum,/ und bei dem war meine Rede,/ rede meine Rede getreu:/ Was soll das Stroh bei dem Korn! / ist SEIN Erlauten" (Jer 23,28). Stroh und Korn! Es gibt eine ganze Theologie des gänzlich folgenlosen ‚Man müßte' und ‚Man sollte' und ‚Was wäre, wenn ... Ja, dann!' auf den Kanzeln, Theologie des Optativs, die – nach Abbrennen des Strohfeuers – am Ende Prediger und Gemeinde nur zusätzlich demprimieren muß. Verständlich ist der Seufzer natürlich schon: Ach, hätten wir doch Gemeinden, lebendige Gemeinden! Aber wissen wir auch, was wir da sagen? Die so überaus ‚lebendige' Gemeinde in Korinth z.B., von deren aufregenden Gottesdiensten so mancher Pfarrer träumen mag, diese der Versammlung von Sardes so ähnliche Gemeinde, die vor lauter geistlichem Leben Krankheit, Tod, Sünde und die Banalitäten des Alltags in ihrer Mitte nicht sehen (und infolgedessen auch nicht die Auferstehung der Toten hoffen) wollte, war für Paulus bei aller Liebe zwischendurch eher einen Alptraum wert, einen Traum von Gottes Gericht. Zum Erwachen muß diese Gemeinde gerufen werden, d.h. vom Tod ins Leben, so wie Paulus sich von himmlischen Gesichten (2.Kor 12,1–5), von Todessehnsucht (Phil 1,23f.) vorwärts rufen läßt, dem (Gerichts-) Tag entgegen. In der Zeit, in der Gott seine Verheißungen wahrmacht, bleibt keine Zeit für Wunschträume von Gemeinde, geschweige denn von einer neuen, besseren Welt nach dem Maße unserer Vorstellungskraft. U-topisch erscheint die Bibel nur, wenn man den nicht kennt, den die Rabbinen, weil die Welt der nichtigen Träume nicht sein Ort ist, *ha-makom* nennen, den Ort der Welt. In seiner Gegenwart, in der Zeit, in der er die Gefangenen

Zions und mit ihnen die Welt zu erlösen anfängt, zu *sein* wie Träumende, wie glücklich Träumende, weil die Wirklichkeit so überwältigend ist (Ps 126,1): das ist inmitten von Arbeit, Leiden und Kämpfen um des verkündigten Wortes willen der wahre Realismus, die Realität der Gemeinde, deren Dasein, nicht ohne Gottes Israel, die Welt gründlicher verändert als Programme und Ideologien. Diese Gemeinde, die nicht den großen Durchblick zu haben beansprucht, sondern in tiefer Weltnacht ihren Weg geht, nein, geführt wird: sie schaut in dem Gekreuzigten, in ihm allein das lichtvolle Geheimnis des Schöpfers und Erlösers aller. Je näher sie an dieses Geheimnis herankommt, desto weniger kennt sie sich selber: Es genügt, daß der Herr sie kennt. Es genügt, daß sie (und wen könnte sie davon ausschließen!) geschrieben steht im Buch des Lebens (Apk 3,5; 20,15), denn: *„abscondita est ecclesia, latent sancti"* (verborgen ist die Kirche, unbekannt sind die Heiligen, WA 18,652 Z.23). Sie, die Kirche, sie, die Heiligen sind kein Gegenstand von unglücklichen Träumen – dazu sind sie viel zu tief und glücklich verborgen in Gottes Gegenwart – und machen darum auch unsere Bilder, unsere Konzeptionen von ihnen zunichte.

Es lohnt sich für den die Folgen der Predigt bedenkenden Prediger (s.o. im Kapitel ‚Situation'), die Realität der verborgenen Kirche zu wissen. Nicht damit er sich flüchte aus den sichtbaren Miseren des Gemeindealltags ins Ideale – das gerade nicht! –, sondern damit er die Gemeinde da suche und finde, wo sie als Geschöpf des Wortes Gottes, wo sie in ihren Miseren als Gegenstand von Gottes Sorge und Arbeit erscheint. Der die Gemeinde wirklich, und d.h. in ihrer Verborgenheit, in ihrem Engel *glücklich* – und nicht als Ideal unglücklich – liebende Prediger wird im Alltag überall auf ihre Spuren, Spuren ihres Gesegnet-Seins stoßen. Das ist für die Optik der Predigt entscheidend und erledigt weithin das Problem von Anknüpfungspunkten und sogenannten Aufhängern. Noch mehr: Die verhängnisvolle homiletische Neigung, das Negative zum Hebel des Positiven zu machen, wodurch das bloß gedachte, postulierte Positive zum Instrument geistigen Terrors wird (Glaube als gesetzliche Forderung statt als unverdientes Geschenk!), bekommt dann keine Nahrung mehr, wenn alles Negative als das von Gottes Ja wirksam Negierte wahrgenommen werden kann. So verstanden kommt Gottes Ja zur Gemeinde an der Gemeinde von Sardes besonders strahlend heraus, wie nicht erst die weißen Kleider am Ende zeigen. Der unglücklichen und unglücklich machenden Neigung zur homiletischen Schwarz-Weiß-Malerei muß nicht nachgeben, wer das Bessere fand, das zwar des Guten Feind ist, aber keineswegs vom Bösen lebt: „... darüber freuet euch nicht, daß euch die Geister untertan sind. Freuet euch aber, daß eure Namen im Himmel geschrieben sind" (Lk 10,20). Auf den Spuren der gesegneten Gemeinde wandert der Prediger durch alle nötigen Negationen hindurch in einem Progreß von einer Freude zur anderen und wird eben so zum schärfsten Kritiker der Kirche, die *ihren* Namen auf Erden großmachen will, statt ihn von Gottes Hand geschrieben sein zu lassen. Der Konflikt mit denen, die in der Gemeinde Rang und Namen haben, wird so – aber nur so, nicht aus perverser Lust an der Entlarvung von Autoritäten! – u. U. unausweichlich, falls diese ‚Namen' den Fortschritt in der Freude aufhalten. Da werden dann Menschen, die keinen Namen haben, die der Prediger oft nicht einmal kennt, wichtig. In kritischen Situationen mag der Prediger zu seiner Beschämung auf sie gestoßen werden – auf sie, die das strahlende Gewand der Wahrheit nicht mit der hämischen Freude an der Ungerechtigkeit eingeschwärzt haben. Wird an ihnen die wahre Gemeinde sichtbar? Nein, sie wird es so wenig wie an dem, „was noch übrig ist,/ dem Sterben nah" (Apk 3,2) in Sardes. Gerade weil diese Namen so kostbar sind, bedürfen sie der Verborgenheit in Gottes Gegenwart um so mehr. Manchmal lese ich das 16. Kapitel des Römerbriefes, diese Liste weithin unbekannter Namen, aus der ich, wenn ich's nur zu lesen verstünde, mehr über die Kirche des Urchristentums lernen könnte als aus sämtlichen Ekklesiologien des Neuen Testamentes; ich lese mir und Gott die Namen laut vor und verweile bei denen, von denen ich nichts weiß, mit besonderer Ehrfurcht und Liebe, dankbar dafür, daß ihre Namen in der Heiligen Schrift verzeichnet sind, und ich füge vielleicht noch Namen mir nicht oder kaum bekannter Menschen aus meiner Gegenwart hinzu. Nicht in den ‚Zielgruppen', vor denen, um sie zu gewinnen, ich mich der Kirche der Getauften zu schämen versucht bin, statt mich zu Gottes Werk, zu Jesu Leib zu bekennen, finde ich die Adressaten der Predigt, die Gemeinde des Herrn, der sich meiner nicht schämen wird, wenn er mich inmitten der Seinen antrifft, sondern in der Verborgenheit des Gebetes finde ich sie. So, in solcher Verborgenheit, wird die Gemeinde dann auch in der Predigt als die erscheinen, über der Gottes und seiner Engel Herrlichkeit aufgeht, weil Jesu Name mit Recht in ihr genannt wird.

Und wenn ich allein bliebe? Es war der Erfolg der vollmächtigen Predigt des Propheten Elia, daß er als Verfolgter der Königin Isebel außer Landes mußte (1.Kön 19). Ganz so dramatisch braucht's bei uns nicht zuzugehen, obgleich keiner von uns wissen kann, wohin, in welche verborgenen und öffentlichen Kämpfe ihn der Geist in seiner Situation treiben wird. Vom Streit der Ideologien, in den sich mancher heillos verstrickt, rede ich nicht. Aber wo durch die Predigt der befreienden Gnade Schuld aufgedeckt wird, da ist's aus mit der Gemeinschaftsseligkeit. Und wenn da und dort – ganz undramatisch – die zunehmende Vereinsamung eines Pfarrers der ‚Erfolg' einer Predigt wäre, die nicht angepaßt genug ist an die wechselnden Moden der Zeit? Das kann schon so sein. Sicherlich muß, wer solche Einsamkeit erleidet, sich auch (wie Elia?) fragen, ob daran nicht ebensogut ein ungeistlicher Eigensinn schuld sein könnte. Aber selbst wenn es so wäre – und es wird an dieser Frage immer etwas Berechtigtes und Wahres sein! – bleibt doch zu erwägen, ob denn die Erfahrung, mit dem Nullpunkt der Gnade ganz auf sich selbst, den – zugegeben – Eigensinnigen, Trotzigen zurückgeworfen zu sein, dem Prediger je erspart bleiben kann, wenn er nicht mit der Herde mitlaufen, sondern ihr vorangehen soll? Bereits der Anfänger im Predigen macht die Erfahrung, daß er mit dem Schwung der ersten begeisterten Anläufe des Angelesenen, Angelernten sehr schnell festsitzt und nun durch ein enges Nadelöhr der Verzweiflung an sich selbst (er weiß selbst nicht wie) hindurchmuß. Natürlich läßt sich diese Sache auch kreativitätspsychologisch betrachten. Wer mit fruchtbaren Gedanken schwanger geht, muß durch Schmerzen und Ängste hindurch (Inkubation, vgl. ROTHERMUNDT, 145 ff.) Aber es geht ja in der Predigt nicht nur um Gedanken! Es geht um die *Geburt der Gemeinde* (Gal 4,19). Und hier macht nun der Prediger, der den Schöpfer aller Dinge zu ehren hat und ja nicht ‚kreativ' mit ihm zu konkurrieren versuchen soll, noch eine andere Erfahrung. Gerade indem er die eisigen Schrekken der Einsamkeit kennenlernt, begreift er dankbar und demütig, daß er in Wahrheit nicht, daß er als Diener des schöpferischen Wortes niemals allein ist, sondern als Glied der *communio sanctorum* verbunden mit den Heiligen auf Erden wie den Engeln im Himmel, in der Gemeinschaft des Vaters, des Sohnes und des

Geistes. Und wie Paulus den Galatern gegenüber nicht allein war, sondern betont *alle* Brüder, die bei ihm sind, aufbietet (Gal 1,2), so wird sich der Prediger in Sardes, scheinbar auf verlassenem Posten (denn wer kann schon Tote erwecken?), erst recht in der Gemeinschaft der sieben Geister und der sieben Sterne (Apk 3,1) wissen. ROTHERMUNDT weist mit Recht auf die Bitte um den Geist nach Röm 8,26 hin (147): Doch der Geist ist der Geist der Gemeinde, in deren Seufzen die ganze Schöpfung mitseufzt (Röm 8,22). Wenn LUTHER in Worms, als Einzelner, wie er rückblickend sagen konnte, die Kirche war, dann verliert der heroische Mythos vom großen schöpferisch-Einsamen seine Kraft: Er steht mitten in der Gemeinschaft derer, die ihn tragen, der (wenigstens!) Siebentausend, die ihre Kniee nicht gebeugt haben vor dem Baal, wobei noch hinzuzufügen ist: Was wäre Elia ohne die Raben (1.Kön 17,4ff.), was Paulus ohne die Ochsen, die auch für ihn gedroschen haben (1.Kor 9,9)? Die Angst vor folgenlosem Predigen, die uns am Anfang des Kapitels begegnete, kann damit ein letztes Mal ins Auge gefaßt und angegangen werden. Wo das schöpferische Wort Gottes ist, da ist auch, als notwendige Folge, vielfältiges Leben, „ein jedes nach seiner Art" (Gen 1,20–23) – nicht in irgendeiner Kausalität, auch nicht in chronologischer Folge, sondern in der die Zeiten versammelnden Gegenwart Gottes. Und es kommt vielleicht die Stunde, in der ein Prediger, der sich in einer Gemeinde auf verlorenem Posten fühlte, zu seiner Überraschung entdeckt, wie viele Menschen es in dieser Gemeinde gibt, die ihm für sein geduldiges Ausharren dankbar sind: Hält er doch mit ihnen den Gott aus, der in seinem Sohn stirbt, damit er nicht allein bleibe – weder auf Erden, noch im Himmel noch im Wasser unter der Erde. Mit solchen Gedanken kann ein Prediger furchtlos die Predigtarbeit zum Ende bringen. Es ist schon Donnerstag: Höchste Zeit! Und: Es ‚wimmelt' schon von Leben.

# Zehn Thesen

1. Folgenlose Predigten gibt es nicht. Es fragt sich vielmehr, *welche* Folgen die Predigt hat.
2. Kein Prediger fängt beim Nullpunkt an, sondern er ist immer schon mit den Folgen vorausgegangener Predigt konfrontiert.
3. Bei der Erweckung von Gemeinden geht es darum, der Fluchgeschichte menschlicher Werke, der frommen zumal, mit dem (alles neu) schaffenden Worte Gottes zuvorzukommen.
4. Die Erweckung der Erweckten ist ein besonders großes und seltenes Wunder Gottes. In diesem Zusammenhang kann (!) historisch-kritische Forschung an der Schrift eine begrenzte Funktion haben (zur Ehre Gottes) und heilsam sein (für die Menschlichkeit der Frommen), vorausgesetzt, es geht in der Bibelkritik um die Kraft des Geistes, der sich als der Herr der Schrift erweist.
5. Kraft der Gnade Gottes lernt der Prediger nicht nur die Vorbereitung, sondern auch die Folgen der Predigt zu verantworten. So wird er erfahren in der Aufgabe, das jetzt nötige Wort zu sagen.
6. Das jetzt zu sagende Wort ist die Predigt, die die Gemeinde der Zukunft ihres Herrn gewiß macht und in der freudigen Erwartung seines Kommens bestärkt.
7. In die Verantwortung des Predigers ist es eingeschlossen, daß er die mittels empirischer Forschung erhobenen, zumeist trübe stimmenden ‚Tatsachen' und ‚Sachzwänge' scharf ins Auge faßt – in der tätigen Hoffnung auf Gott, der der alles verändernde Herr auch der vergötzten Tatsachen ist.
8. Wunschbilder sind für den Prediger trügerische Ratgeber. Eines der trügerischsten Wunschbilder heißt: Lebendige Gemeinde.
9. Wichtiger für den (trotz allem) über einer Gemeinde liegenden Segen als die Namen, die der Prediger kennt, sind oft die Namen, die er nicht kennt.
10. Auch ein Prediger, der sich in einer Gemeinde auf verlorenem Posten wähnt, soll wissen, daß er nicht allein ist und daß er eines Tages Menschen begegnen wird, die ihm für sein geduldiges Aushalten danken werden.

# Apokalypse 3,7–13

Und: Für den Engel der Versammlung in Philadelphia –
schreib' auf!
Das sagt ER,
heilig – verläßlich,
Träger des Davidsschlüssels,
aufschließt er, und
keiner schließt zu;
und: zuschließt er, und
keiner schließt auf: (7)
Ich bin im Bilde –
deine Dinge,
da,
ich gab vor dir – eine Tür schloß ich auf,
keiner vermag's: schließt keiner sie zu.
Ja,
klein ist die Kraft, die du hast,
und doch: du bewahrtest mein Wort,
und nicht sagtest du ab meinem Namen. (8)
Da,
ich gebe
aus der Kirche Satans
– sie sagen,
Juden seien sie
und nicht sind sie's:
sie lügen! –
Da,
ich tu's,
kommen werden sie und
niedersinken zu deinen Füßen und
erkennen: ICH habe dich lieb. (9)
Du bewahrtest

mein Aushaltewort –
ICH bewahre dich auch,
wenn die Stunde schlägt, Stunde des Ernstfalls,
wenn sie kommt,
weltweit,
zu fällen die Erdenbewohner. (10)
Ich komme schnell.
Festhalte,
was du empfangen,
daß keiner wegnehme
deinen Kranz. (11)
Der Sieger im Kampf:
Ich tu's,
Säule wird er im Haus meines Gottes,
und hinaus muß er nicht mehr,
und ich schreibe auf ihn
den Namen meines Gottes
und
den Namen der Stadt meines Gottes
– das neue Jerusalem ist's,
aus dem Himmel senkt sich's von meinem Gott –
und
meinen Namen,
den neuen,
den unerhörten. (12)
Wer ein Ohr hat,
hören soll er,
was der Geist sagt den Versammlungen. (13)

# Philadelphia oder: Der (Auf-)Bau der Predigt

Aus der unbestreitbaren Tatsache, daß eine Predigt vom Prediger gemacht wird, zu schließen, die Predigt sei ‚machbar', wäre ein trauriger und eines Theologen unwürdiger Schluß. Denn damit schlösse er sich und seine Gemeinde von der wunderbaren Erfahrung aus, daß und wie mein Werk den Gott loben kann, der das Wollen und Vollbringen für das von ihm geschenkte und allen geltende ‚Wohlgefallen' wirkt (Phil 2,13) und damit gerade meine unteilbare Freiheit zum guten Werk in Kraft setzt. Es wird hieran nichts gebessert, wenn die Grenzen des Machbaren bedacht und Gott jenseits dieser Grenzen als Lückenbüßer unserer Schwachheiten für zuständig erklärt wird: im Gegenteil! So schiedlich-friedlich läßt sich Gott nicht aus der Welt herausdrängen und seinen Menschen nicht die Würde des Werkes (s.o. im letzten Kapitel) rauben. Gilt es (nicht nur) für den Prediger, im eigenen Tun Gottes Werke zu ‚bewahren' (vgl. Apk 2,26 mit 3,8.10f.), so ist die Kategorie des Machbaren zu ersetzen durch die Kategorie des *Gebotenen.* Daß wir damit gegen Ende des Weges der Predigt vollends ins Gedränge kommen und uns nicht kantisch („du kannst, denn du sollst") zu retten vermögen, läßt sich nicht leugnen. Aber entspricht dieses Gedränge am Ende nicht gerade der Erfahrung des Predigers, der über der Arbeit an der Predigt ein Gespür für das Ungeheuerliche seiner Aufgabe bekam – jenseits der Frage, ob ich das (das Predigen) kann oder nicht kann? „Ich hab mich nie entsatzt, das ich nicht wol predigen kan, aber daruon hab ich mich oft entsetzt und geforcht, das ich vor Gottes angesicht also hab und soll mussen reden von der grossen majestet und von dem gottlichen wesen. Drumb seit nur starckh und bettet!" (LUTHER, WA TR 2,144 Z. 17–20). Nicht um ein Können geht es da also zuerst und zuletzt, um Kenntnisse und Fähigkeiten, die einer hat, sondern um ein Sein, einen *Stand* vor Gott, um die gebotene und dem Prediger zugemutete Kraft und Stärke zum Unerhörten. Mag der ‚Macher' als Theurg sich an einem unglücklichen Selbstbewußtsein überheben und so zwischen dem Wahn, Gott zu sein und dessen Kehrseite, der Angst, nichts zu sein, hin und her schwanken – nicht so der Prediger wie jedweder Täter eines guten Werkes. Ihm wird in einer ebenso erschreckenden wie erfreulichen Partnerschaft zwischen Gott und Mensch die Einsicht zuteil, daß der große Gott unsere kleine Kraft (Apk 3,8) nicht zunichte macht, sondern als Kraft gelten läßt, zwar nicht alles, aber etwas sein und bedeuten läßt zu seiner Ehre.

Wer die von LUTHER beschriebene Situation kennt – und welcher Prediger, der etwas davon ahnt, was es heißt, den Namen

Gottes in den Mund zu nehmen, kennt sie denn nicht? –, wird die Beteuerung, es gelte zwar erstlich sich an das Machbare zu halten, aber „letztlich" dann doch der „Verheißung" zu glauben, ja, man müsse gar „einen Raum über das Machbare hinaus offenhalten" (DANNOWSKI, 16), freundlich ausgedrückt als rührend empfinden. Sorgen haben die Leute! Aber das kommt davon, wenn einer nicht *am ersten* nach Gottes Reich und nach seiner Gerechtigkeit trachtet (Mt 6,33). Gott kommt zu seinem Reich und zu seiner Gerechtigkeit gewiß auch ohne und gegen die Theologen, die ihn mit einem ‚letztlich' in jenseitige ‚Räume' abzuschieben suchen. Aber wir, Prediger und Hörer, bringen uns um die uns von Gott zugedachte Freiheit zum Wort, um den Erweis des Geistes und der Kraft, wenn wir nicht von Anfang an den gebietenden Gott vor Augen haben. Denn: „Die Predigt arbeitet mit am ‚Reich der Freiheit'" (MÖLLER, Seelsorglich predigen 16). Arbeitsteilungen, wie sie entfremdete menschliche Arbeit kennzeichnen, sind für die Zusammenarbeit zwischen Gott und Mensch gerade auszuschließen! Also nicht: Ich tue das Meine und Gott tut das Seine, sondern Gott entzieht mir gnädig das Meine, den in die Unfreiheit treibenden Anspruch des Machens, und gebietet mir, das Seine wahrzunehmen. (Zur Kooperation zwischen Gott und Mensch, die kein Synergismus ist, vgl. BOHREN, Predigtlehre 74–78. 232ff.236 und ROTHERMUNDT, 136ff.)

Die kleine Kraft: Ein höchst bemerkenswertes und geheimnisvolles Etwas, das bedacht sein will von dem, der fragt, was *geschieht*, wenn eine Predigt gemacht wird. Offenbar gibt es dieses Etwas nie an und für sich, sondern immer nur in einer Relation – angesichts einer offenen Tür (Apk 3,7f.), die ein bewegliches Hinüber und Herüber zwischen Gott und dem Menschen zuläßt. Ist die Tür verschlossen, dann fehlt der Predigt die ihr nötige Spannung im Aufbau, und kein Griff in die homiletische Trickkiste kann hier auf Dauer aushelfen. Man wende nicht ein: Aufregend sei doch gerade die (noch) verschlossene Tür, wie bei einer Erzählung die Spannung daher komme, daß man das Ende nicht kenne. Aber das wäre aus der Unfreiheit gedacht. Entscheidend ist auch hier der Weg, den Gott und Mensch in Freiheit miteinander gehen, entscheidend sind die unverhofften Begegnungen auf dem Wege. Das nußknakkende bzw. problemlösende Eichhörnchen indessen, rot oder braun, das der Prediger am Ende triumphierend von der Kanzel klettern läßt, das hab' ich doch von Anfang an gekannt. Da gehen wir dann lieber gleich in den Wald statt in die Kirche. Und vielleicht sollte der Prediger bei seiner Vorbereitung wirklich im Wald gewesen sein bzw. an den Wald denken (auch etwas EICHENDORFF kann nicht schaden im Zeitalter des Waldsterbens, um „Wald und Welt versausen" zu hören im „Abschied"), um aus der überaus spannenden, geheimnisvollen Stille des Waldes die hilfreiche Relation zwischen seiner kleinen Kraft und dem großen Gott ermessen und aushalten zu können. Nicht zu pfeifen braucht er da aus Angst, sondern Gott wird er loben in der Stille, wenn er weiß, daß ihm mit dem Weg die Hoffnung auf ein Ende des Waldes geboten ist, die Verheißung des Blickes in eine überraschend sich öffnende Landschaft. So braucht auch die Predigt kein ermüdendes Angstprodukt zu sein, wenn der Prediger weiß, was er an der Heiligen Schrift hat, die geöffnet vor ihm liegt. Gerade nichts Abgeschlossenes! Der Grundfehler im Aufbau einer Predigt, auf Dauer tödlich für Prediger und Gemeinde, liegt darin, daß der Prediger schon mit dem Verlesen des Textes die Schrift sichtbar (!) oder heimlich zuklappt, indem er Abschließendes vor die Gemeinde bringt nach dem greulichen Motto: Ich danke dir Gott, daß ich alles besser weiß als der Text. Das soll, angeblich, besonders ‚neutestamentlich' sein: Neuer Wein in neue Schläuche. Aber den neuen Wein trinke ich gern einmal oder zweimal und bin ihn schnell leid. Der Kenner hält sich an den lukanischen Jesus: „... niemand, der vom alten trinkt, will neuen, denn er spricht: Der alte ist gut" (Lk 5,39; vgl. FLUSSER, Neuer Wein). Darum schließt der lukanische Jesus, liebevoll, wie er vom alten Wein redet, seinen Jüngern die Schrift nicht zu, sondern auf (Lk 24,32). Was heißt dann schon ‚Altes' Testament? Bei einem Wort, dem die Zukunft gehört, wie und weil es die Gegenwart erfüllt?

Zwischen ‚Aufbau' und ‚Gliederung' ist zu unterscheiden (JOSUTTIS, Predigtaufbau 188f.): ‚Aufbau' gehört zu einer (dramatischen) Geschichte, wie sie in der Predigt zu verkündigen ist; ‚Gliederung' nennt die Teilung eines (zeitlosen) Ganzen, über das der Teilende herrscht, indem er über Anfang und Ende verfügt und so die Mitte bestimmt. Ich spreche hier vom Aufbau und nur insofern von der Gliederung, als Gott der ist, der mit dem (Auf-) Bau des Kosmos Anfang, Ende und Mitte der Zeiten offenbart (Weish 7,17f.) Will die Predigt in ihrer ‚Architektur' (SOMMERAUER, 113–120) der Offenbarung entsprechen, wie sie sich etwa (aber nicht nur) in der Offenbarung des Johannes zeigt, so wird sie auf eine ‚Architektur in Bewegung' (ELLUL, 28 u.ö., französischer Originaltitel: ‚Architecture en Mouvement') stoßen. SOMMERAUER macht für den Ablauf der Predigt mit Recht auf folgende Möglichkeit nachdrücklich aufmerksam: „Die Spirale um den Pfeil verdient besondere Beachtung, weil sie dem christlichen Geschichtsverständnis entspricht. Es scheint sich alles zu wiederholen. Wer nicht aufpaßt, sieht nur die Wiederholung. In Wirklichkeit aber bewegen sich die einander sehr ähnlichen Windungen um den Pfeil herum auf das Ende zu" (117). Im Sendschreiben nach Philadelphia bewegt sich alles auf das Kommen des Herrn (Apk 3,11) zu, der in seiner Person die dramatische Geschichte des Hauses Davids (Apk 3,7 vgl. mit Jes 22,22) so wiederholt, daß die Gemeinde in diese Geschichte eintreten kann (vgl. MARQUARDT, GPM Bh. 2,59f.65). Gerade wenn man das sieht, wenn man also die neuzeitlich-bürgerliche Entdramatisierung der Geschichte (vgl. EICHER, 67–70) nicht mitmacht, kann der homiletische Akt entlastet werden. Interessanterweise gelingt das ERNST LANGE nicht, obwohl (oder weil?) er doch ausdrücklich für eine Entdramatisierung des homiletischen Aktes plädiert (Brief 8; Theorie 36), denn: „Die Predigt macht nicht die Zeit des Evangeliums" (MILDENBERGER, 138). Die Entlastung kann nicht gelingen, solange die Relation zwischen der kleinen Kraft und dem großen Gott unbedacht bleibt. Statt der Spannung im Worte Gottes gewahr zu werden, muß man dann Spannung künstlich herstellen, „sich ... unter Druck bringen" (MILDENBERGER, ebd.). Aufschlußreich bleibt JOSUTTIS' Analyse des Predigtaufbaus (Predigtaufbau 187–200): Was im Schema von Gabe und Aufgabe (189–193), von Frage und Antwort (193–196) noch als Problem offenblieb, das scheint in der konkreten Unterscheidung von Gesetz und Evangelium (die nicht zum Schema werden darf: 200) zur Lösung zu kommen: „Der Predigtaufbau in der Folge von Gesetz und Evangelium entspricht also in ausgezeichneter Weise der Geschichte, die das Wort Gottes in Jesus Christus mit dem Menschen gehen will" (199f.) Aber diese Lösung öffnet erst den Sinn für die Probleme, macht u.U. darauf aufmerksam, daß sich hinter der Formel ‚Gesetz und Evangelium' die unerledigte und dogmatisch unlösbare Frage nach dem Verhältnis von Israel und Kirche verbirgt, worin sich die Theodizeefrage zuspitzt. „Die Unterscheidung zwischen solchen Sätzen, die eine Lösung anbieten, und solchen, die die Erlösung bezeugen" (JOSUTTIS, Predigtschluß 207), ist dann nicht nur für den Predigtschluß von fundamentaler Bedeutung. Mehr noch: Die Frage nach dem Gebot und dem Gebotenen, im Protestantismus verdrängt und in zwanghaften Appellen an das Machen-Können verzerrt wiederkehrend, gewinnt neue Dringlichkeit: Es ist das vom Ende her ergehende Gebot, das die Tür öffnet, durch die wir in die Geschichte Gottes eintreten können, und das dem Wort Gottes die ihm eigene Spannung zwischen Tod und Leben bewahrt. Ich denke nicht, daß ‚Gestalt' (MEYER ZU UPTRUP) die Antwort auf die hier gestellte Frage ist, obwohl ich KLAUS MEYER ZU UPTRUP weithin gerne folge und meinerseits in der Meditation dem Prediger die Begegnung mit dem Engel wünsche. Aber die ‚Gestalt' ist viel zu rund und schön, als daß sie erkennen ließe, wonach das Gebot verlangt: nach dem Tun, nach der kleinen Kraft, nach der Wörtlichkeit des Wortes.

Das Geheimnis der kleinen Kraft – die Schrift birgt es in Relation zu einem immer abgründiger, immer größer werdenden Gott (wodurch die kleine Kraft nicht zunichte wird, im Gegenteil!), der mit seinen Wegen noch lange nicht am Ende ist. Das versteht gerade der leidenschaftlich gut, der sich von dem Herrn der Kirche, der der Herr der Welt ist, tröstlich zusagen läßt: ‚Ich komme schnell' (Apk 3,11). Gott widerspricht sich nicht, wenn er ihn die Spannung zwischen dem prophetisch-zornigen Geschrei der Gequälten: „Herr, wie lange ...?" (Apk 6,10) an die Adresse des Heiligen, des Verläßlichen (Apk 3,7) und der priesterlich-liebenden Bitte um den Frieden, *pro mora finis*, um den Aufschub des Endes (TERTULLIAN, Apologie 39, vgl. ADLOFF, GPM 1974/75, 250) aushalten läßt, zwischen der ‚Naherwartung' und der ‚Parusieverzögerung' (wie die etwas albernen Fachausdrücke lauten), und ihn so mehr und mehr öffnet für das überwältigende Kommen des Schöpfers und Neuschöpfers. Es muß eben buchstäblich alles erfüllt werden, so buchstäblich, daß es dem Christen schlecht ansteht, den Buchstaben zugunsten des Geistes, Israel zugunsten der Kirche, das irdische Jerusalem zugunsten des himmlischen, die Gemeinde in Schwachheit zugunsten der Gemeinde in Herrlichkeit zu verachten. Würde die Predigt den schmerzlichen Widerspruch zwischen Fleisch und Geist, den nur Gott aufheben kann, einebnen in den abstrakten und nichts bewegenden Gegensatz von Wirklichkeit und Ideal, so würde sie mit der geöffneten Tür die fundamentale Tatsache der erwählenden Liebe Jesu zu seiner Gemeinde leugnen, die sich am Kreuz zuspitzt und vollendet. Das Wort vom Kreuz, als das Ärgernis, das es (nicht nur) nach Paulus ist, verhindert, daß die christliche Predigt dogmatisch und ethisch aufgeht. Was Liebe ist, wo Gott ist – das muß vielmehr angesichts des ärgerlichen Kreuzes immer neu so buchstabiert werden, daß darüber die konkrete, einmalige Person des Juden Jesus im Zusammenhang mit der Geschichte seines Volkes, mit der Geschichte des Hauses Davids (Apk 3,7) anschaulich gemacht wird. Hier wird dann freilich auch deutlich, wie wenig das in der Predigt geleistet werden kann, wie sehr die Predigt das gemeinsame biblische Lernen mit der Gemeinde voraussetzt und fordert (vgl. das Kapitel ‚Medium'). Wer dagegen im (ihm angeblich vertrauten) Geiste Jesu luftige Postulate an Kirche und Welt von der Kanzel ausgehen läßt („Jesus würde heute ..."), der hat noch nichts von dem Geist des Vaters und des Sohnes verspürt, der in der kleinen Kraft zu Hause sein will, im Senfkorn als dem Anfang, in dem sich buchstäblich alles erfüllt. Dieser Geist postuliert nicht dies und das, sondern behauptet nicht weniger als Gott selbst, als Gottes Dasein, weil er die Verluste im Gang der Geschichte nicht trostlos abschreibt, sondern Gott als unsere Hoffnung auf ewig vorgeschrieben sein läßt.

Ob diejenigen unter den Christen in Philadelphia (die Mehrheit?), „die sagen,/ Juden seien sie,/ und nicht sind sie's" (Apk 3,9), sich in die Sicherheit einer als abgeschlossener Besitz usurpierten Offenbarung geflüchtet haben, weil sie Angst haben vor dem kommenden Gott? Vor dem Sauerteig eines Glaubens, der es geduldig mit dem großen Ganzen, mit der geballten Macht in Gestalt des Römischen Weltreiches aufnehmen wird, solange er den größeren Gott kennt, der das Vereinzelte, Vergessene, Verlorene, Seltsame, Liegengelassene, Marginale, Abgespaltene aufhebt und sammelt? Natürlich kann man mit der vergeßlichen Angst Geschäfte machen, Anhänger en gros zu gewinnen suchen für eine Christenheit, die noch in ihrem Engagement für alles Gute, Wahre und Schöne rastlos auf der Stelle tritt, die Macht noch im Protest demonstrierend-anbetend umkreist, statt sich selber dem Gericht zu stellen, das am Hause Gottes beginnt (1.Petr 4,17). Doch früher oder später muß der fromme Schwindel auffliegen, erweist sich die viel beredete missionarische Dimension der Verkündigung als leer, wenn da kein Gott ist, der sendet, der bis ans Ende der Welt, in alle Zukunft sendet, die er liebt. Zeigt sich das wahrhaft Missionarische nicht erst in der bedrängenden Aporie, in die Jesu Gottesliebe die Gemeinde treibt – eine Aporie, die keine andere Wahl läßt als das Bekenntnis zur Hoffnung gegen alle Hoffnung? Ohne die tapfere Einsicht (der Gemeinschaft wie) jedes einzelnen in seine unverwechselbare, von ihm selbst zu verantwortende Schule ist für die christliche Verkündigung missionarisch nichts, aber auch gar nichts zu machen, außer jener widerlichen Selbstanpreisung, die ihren Lohn allemal dahin hat.

Für Paulus gehört zur missionarischen Existenz *bleibend* die Umkehr (vgl. ADLOFF, Missionarische Existenz 22–26). Insofern ist es sachgemäß, daß Missionspredigt hierzulande als ökumenische Predigt „im Dienst theologischer Dekolonisation" (GERN, 393) steht und gerade an den *anderen*, nicht an ‚uns' zuerst Gottes alle meinende Liebe buchstabiert (Apk 3,9). Das Unrecht in der eigenen Mitte (nicht das Unrecht der anderen) wird da zu thematisieren sein, denn: „Je unnachgiebiger Predigt sich ... durch das biblische Zeugnis die Schwachpunkte der gewohnten Gemeinschaft und der eigenen Gesellschaft sagen läßt, desto verheißungsvoller wird die hörende Gemeinde wahrnehmen, daß sie in Wirklichkeit bei ihrem Herrn ist, bei ihrer eigenen Sache, bei sich selbst" (GERN, ebd.). Bei ihrem Herrn: Denn der Richter, kein anderer, ist der Gott, der sendet, der beauftragt. Bei ihrer eigenen Sache: dem Schlüsselamt, das aufschließt in dem Maße, in dem es das Unrecht auszuschließen vermag. Bei sich selbst: indem sie hoffnungsvoll bei anderen ist und so den schlimmen Zwiespalt, zu ‚sagen' und nicht zu ‚sein', überwindet. Eine solche Predigt – und nur eine solche – wird auch den Ungläubigen erkennen lassen, „daß Gott wahrhaftig unter euch ist" (1.Kor 14,25).

Mit dem Rücken zur Wand, weil Gott die Fluchtwege der sündigen Selbstreflexion abgeschnitten hat, den Herrn der Welt vor Augen: Das ist ein guter, fester Stand für den Prediger, für das Zeugnis von dem Einen, das auszurichten er gesandt ist, ein Stand, von dem aus es nur vorwärts gehen kann. Wird am Ende in Philadelphia die Liebe Jesu zu seiner Gemeinde vielleicht nur an einer Minderheit der Treuen offenbar, dann hat die lautstarke, aber oft genug stumme Großkirche mehr denn je Grund, auf das stille, aber vernehmliche Zeugnis von solchen Minderheiten zu lauschen, die – durch keine Ideologie geeint – den Einen nennen, der in Liebe zu einen vermag, was immer Schuld und Tod auseinanderreißen. *Da* erscheint die Zukunft der Kirche – nicht in fragwürdigen Allgemeinheiten wie ‚der' Jugend, ‚den' Armen usw. Sie erscheint heute, nachdem dieses Zeugnis schuldhaft lange überhört wurde, auch, ja vorweg an jenem Israel, das mit dem Rücken zur Wand die Spannung zwischen der kleinen Kraft und dem großen Gott, dem König der Könige, auszutragen hat und austrägt und so seine ärgerliche Mission unter den Völkern als Hoffnung auf die Umkehr aller zu dem Einen erfüllt (vgl. ADLOFF, Judentum 200ff.203f.; VETTER, Mission 700f.). Israel als das unübersehbare Zeichen dafür, daß die dogmatische und ethische Universalrechnung der Heiden-Kirche, daß zumal eine die Erwählung Israels hochmütig ignorierende Rechtfertigungslehre (anders: Paulus in Röm 9–11) nicht aufgeht, verweist die Christenheit zurück auf das Fundament ihrer Verkündigung: auf die Liebe Jesu zu den Seinen, die als Liebe zu dem Gott Israels die bleibende Erwählung Israels zum kritischen Dienst an den Völkern bezeugt. Was hier heute noch schmerzlich offenbleiben muß, das gerade ist der Raum, in den die Umkehrenden, die kommenden Generationen eintreten werden. Wenn das nicht missionarisch ist!

Aber ist denn nicht die Rechtfertigungslehre nach dem Bekenntnis der Kirche der *articulus stantis et cadentis ecclesiae* (vgl. nur ASm II 1)? Ja und leidenschaftlich Ja, wenn diese Lehre das Geheimnis des Sohnes Gottes mit dem Schlüssel DAVIDS (Apk 3,7) bewahrt und einschärft, der von Gott nicht zum Idol für irgendwelche bürgerliche Jesusfreunde und -fans, sondern für viele zur Sünde gemacht wurde (2.Kor 5,21). Nein und ebenso leidenschaftlich Nein, wenn diese Lehre als Ideologie mißbraucht wird zur Verachtung Israels und zum Antinomismus, zur Rechtfertigung der Gottlosigkeit und der gottlosen Verhältnisse. Erschöpft sich die Rechtfertigungslehre etwa im Protest gegen frommen wie unfrommen ‚Leistungszwang' (wobei dann die Juden und die Pharisäer als Vertreter einer angeblichen Leistungsreligion permanent diffamiert werden müssen), so ist dieser Protest gottlos, es sei denn, es käme um Jesu willen die Freiheit in den Blick, in der ich mir das gute Werk, das den Schöpfer ehrt, *gern* geboten sein lasse. Angewandt auf das gute Werk der Predigt: Ich kann mich diesem Werk als einem Werke Gottes nicht entziehen mit dem Hinweis, ich sei nur ein schwacher Mensch, ein armer Sünder, von dem Gott eben darum nur menschlich-allzumenschliches Gerede erwarten dürfe: Predigt als Gerede. Nun, was zu dieser Einstellung, zu dieser als Demut getarnten Selbstrechtfertigung des kleinmütigen Predigers zu sagen ist, das steht im Gleichnis von den anvertrauten Talenten (Mt 25,14–30/Lk 19,12–27). Uns ist eben Göttliches anvertraut!

Vgl. LOTHAR STEIGER zu Jes 6: „Ja, wo stehst du denn, wenn diese Kritik, von Gott aufgetragen, am Platz ist? Wenn die Lippenprobe gemacht werden soll auf die Sprache der das Unrecht verschweigenden Kirche? Wenn Gott dich festhält wie den Jesaja, dich behaftet bei sehender Erkenntnis, dich stellt, der du so gern nichts Besonderes sein willst, deinen Kleinglauben für

Demut ausgibst, dieses Mickrige, getarnte Blasphemie, ohne Aufruhr in der Stimme? Denn auf einmal sollst du und kannst nicht, sollst Verödung predigen und bist selber nichts als öde, weiterredend, immer noch auf die eigenen unreinen Lippen deutend, diese verschleppte Kinderkrankheit, anstatt krank gewesen und genesen zu sein für die objektive Verheißung, die deine gestillte Verlorenheit für das Gericht in Brauch nehmen will, um die Gnade wieder aufblühen zu lassen" (Hochmut 135). Vgl. dagegen die Rechtfertigung des Kleinglaubens bei Axel Denecke: „Mein Glaube ist recht mittelmäßig, unfertig, mehr krumm als gerade, mehr von Niederlagen als von Siegen geprägt. Diesen Glauben erachte ich für wert, daß er anderen mitgeteilt wird. Der Hörer braucht sich vor solch einem Glauben nicht zu fürchten und zu verstecken. Sein eigener Glaube ist dagegen nicht mehr unscheinbar und klein ... Wenn wir bescheiden predigen, predigen wir menschlicher und damit wohl auch christlicher" (50). Merkwürdiger Trost: Sich daran zu stärken, daß der andere auch nicht mehr taugt als ich. Die kleine Kraft will aber in Relation zum großen Gott erscheinen! Merke: „Nicht jeder Pfarrer, der sagt, er sei auch nur ein Mensch, hat etwas Heilsames getan" (Steiger, Hochmut 120).

Wie gehen wir Prediger mit dem uns gegebenen Göttlichen um, mit der Heiligen Schrift, mit der Gemeinde, die in ihrem Engel als Tempel Gottes (Apk 3,12) offenbar werden will, mit uns selbst als den mit Leib, Seele und Geist zum Amt des Glaubens Geforderten? So, daß wir unseren Mangel an Gottesfurcht, an Zutrauen zu Gottes Regiment, unser Verlangen, Gott seiner Gottheit zu berauben (vgl. CA II) theologisch zu rechtfertigen wissen? Ist das unsere Rechtfertigungslehre? Dann sollten wir die Reformation schleunigst vergessen. Aber die Reformation könnte natürlich eine sehr aktuelle Erinnerung daran sein, was es heute heißen möchte, den uns anvertrauten Schatz zu bewahren, indem wir damit ohne Scheu wuchern. Also: Den Himmel religiös von der Erde zu trennen aus lauter Angst, es könne am Ende Gottes Wille auf Erden wirklich geschehen, oder vom Neuesten zum Allerneuesten zu hasten, weil man sich dessen schämt, daß der alte Gott schon längst auf dem Weg zu seinem Thron ist, um nach ewigem Recht die Völker und Menschen zu richten – beides wäre nicht reformatorisch, sondern heidnisch. Reformatorisch ist es hingegen, für die Reformation Buße zu tun, für den von uns, den Erben der Reformation, mit zu verantwortenden Nihilismus, der mit dem Entsetzen Scherz treibt: Hitler war noch nicht das Letzte ... Gäbe es in der

Welt ein unschuldiges Leiden und Sterben, das uns zugute käme: Das könnte uns wohl retten. Nun: Damit schriftgemäß zu spekulieren ohne Scheu, wir könnten dabei bankrott gehen, und *so* das göttliche Wort und den göttlichen Namen in dieser grauenvollen Welt zu bewahren, auszubreiten helfen – das ist dem Prediger befohlen als sein Beitrag zum Fortschritt auf Gottes Reich hin. Also: „Festhalte,/ was du empfangen ..." (Apk 3,11).

Ein solches Wort denkt an den Ernstfall, von dem Predigten hierzulande, trotz oder wegen der ständigen (apotropäischen?) Beschwörung von Weltelend und Weltkatastrophen, kaum etwas ahnen lassen. Aber müßte nicht die Predigt auf diesen Fall vorbereiten? Der Ernstfall für die christliche Gemeinde war und ist auch heute, wie man in anderen Teilen der Welt sehen kann, zunächst einmal die Verfolgung. Natürlich (das sagen wir schnell) soll man Verfolgung nicht herbeireden oder durch künstliche Aktionen herbeizuzwingen suchen. Doch ins Auge fassen müssen wir diese Realität christlicher Existenz schon, zumal sie ja keinen zufälligen Betriebsunfall darstellt, sondern sich u.U. mit Notwendigkeit aus der Predigt ergibt, also Normalfall ist. „Von Gott zu reden ist gefährlich" (Tatjana Goritschewa). Vermittelt die Predigt kein Gefühl für die Gefahr des Redens von Gott, wird sie unernst. Versucht sie gar falschen Ernst als Ersatz, werden Prediger und Hörer zu verdienten Gegenständen des Spottes: „Und schneidet eines apfelschälend sich,/ und quillt ein Tropfen Blut bescheidentlich,/ so stöhnt es: ‚Würdge Brüder schauet hier!/ Das blutge Märtrertum erleiden wir" (Conrad Ferdinand Meyer, Huttens letzte Tage IX). Auf den Ernstfall der Verfolgung bereitet die Predigt vor, wenn sie das Risiko kennt und wissen läßt, das sie mit sich führt, ja herbeiführt: nicht nur Ablehnung oder Tod, sondern schlimmer (?) noch, den Verlust der erstrebten oder sorglich gehüteten ‚Identität', den Verlust des *Namens*. Wir vergessen ja allzuleicht über den Namen derer, für die wir Fürbitte tun können, die unzähligen Anonymen, deren Gedächtnis – nicht auszudenken – allein bei Gott ist. Und so gilt es um so mehr jetzt, als Vorbereitung auf die große Prüfung, in der uns vielleicht sogar unser Name genommen wird, den Namen dessen festzuhalten, einzuprägen, der seinen unvergleichlichen Namen auf uns schreiben wird (Apk 3,12).

Unernst ist die Predigt, die es als Hauptproblem der Kirche

ansieht, die Kirche könne eines Tages mangels Nachfrage verschwinden und die darum in einer Art von Panik alles daransetzt, ihre – natürlich gänzlich ungefährliche – ‚Ware' an den Mann zu bringen (2.Kor 2,17), um die Kirche zu retten. Eine solche Predigt unterschiede sich in der Sache nicht von einem Fundamentalismus, der dem Fundament eben nicht ernstlich traut, wie das ständige ängstliche Pochen darauf beweist. Es mag ja sein, daß vieles (nicht alles), was wir auf diesem Fundament gebaut haben und bauen, keinen Bestand haben kann, verschwinden muß (1.Kor 3,11–15). Aber von Gottes Werk gilt: „Dein Werk kann niemand hindern,/ dein Arbeit darf nicht ruhn" (EKG 294,4). Investiert die Predigt furchtlos in dieses Werk, wagt sie es gar, mit dem Wort vom Kreuz auf Gottes Zukunft hin zu spekulieren, wobei unsere Verluste zu Gottes Gewinnen werden, dann wird sie mit dem Bedenken des Ernstfalls selber ernst. Darin liegt nun doch eine eigene Dramatik des Predigtaktes, die freilich des Dramatisierens nicht bedarf und darum keineswegs sichtbar sein muß. Scheinbar undramatische Zeiten – 40 Jahre ‚Frieden' (vgl. Ri 3,11; 5,31; 8,28 u. ö.) – mögen die Ungeduld derer befördern, die partout etwas ‚machen' wollen, weil sie nicht wissen, was die Kirche zu tun hat – nichts Beliebiges, sondern etwas Bestimmtes. Es liegt für die Predigt viel dran, dieses Bestimmte und in seiner Bestimmtheit Gefährliche zu erkennen: Das konkrete Schauspiel (1.Kor 3,9) der Apostel und ihrer Nachahmer steht gegen alle willkürliche Theatralik. Es muß also nicht das Martyrium sein! Der Hörer, der protestiert: „Ich will aber nicht der letzte Dreck sein!" (vgl. 1.Kor 3,12), hat schon verstanden. Er hat verstanden, daß Gott nicht seinen Namen dem unseren hinzufügt, so daß wir aufhören, Staub in seiner Hand zu sein, sondern umgekehrt unseren Namen dem seinen, so daß wir durch sein Wort bestimmt, geprägt, „wortförmig" werden, wie LUTHER sagen konnte. Und damit fallen Türen ins Schloß, die berühmten Hintertüren, die sich jeder von uns so gerne offenhält. Sollte Gott gesprochen haben? Er hat aber gesprochen – es sei denn, daß Prediger und Gemeinde die Tatsache nicht ernst nehmen, daß die Predigt einen, nein, *diesen* Text, daß sie – Perikopen- Continua- Themapredigt hin oder her – in jedem Fall die Schrift als Text hat, wenn sie im Namen Gottes ergeht.

„Daß eine evangelische Predigt anhand eines biblischen Textes ergeht, darüber herrscht in der gegenwärtigen Theologie ein beinahe unheimlicher Konsens" (JOSUTTIS, Bibel 385). In der Tat: Unheimlich muß der Konsens heißen, wenn dabei über die Schrift als Kanon Heiliger Schriften keine Einigkeit besteht. Wer den Text der Schrift als „Material" behandelt, neben dem es noch anderes gibt, was faktisch viele tun, nicht nur GERT OTTO (Rede 29), der bestreitet ihren kanonischen Rang. JOSUTTIS weist in diesem Zusammenhang auf die *identitätsstiftende* und identitätsstabilisierende Funktion der Bibel für die christliche Kirche hin (ebd. 392). Dem kann ich zustimmen, füge aber hinzu, daß diese Identität wegen des von der Kirche in Anspruch genommenen Alten Testamentes problematisch bleiben muß, eine geliehene, fremde Identität (vgl. Röm 11,17–24), deren Wahrheit sich an uns erst erweisen muß. Und das ist deswegen gut, weil so die Freiheit Gottes – es ist der Gott des Ersten Gebotes, der christlich als der Dreieinige ausgelegt wurde – ins Spiel kommt, mit seinem Wort zu tun, was ihm gefällt. Nicht ist dann die Schrift das Material des götzenproduzierenden Menschen (darin ist zwischen den Liberalen und den Fundamentalisten kein Unterschied!), sondern der Mensch wird durch das in der Freiheit Gottes gebrauchte Wort der Schrift zum ‚Material' Gottes, nämlich *„pura materia Dei ad futurae formae suae vitam"* (Wa 39/1,177 These 35). Das Bekenntnis der Predigt zur Schrift nicht als zu einem Götzen, sondern „als zu dem reinen, lauteren Brunnen Israels" (SD, Summarischer Begriff 1), neben dem es keine anderen Quellen geben kann (Jer 2,13), entspricht also dem Bekenntnis zu dem einen Gott, der die Herrschaft der anderen Götter, der Todesgötter, beendet. Von ihm erhält die Predigt ihre zur Freiheit des (ewigen) Lebens bestimmende Bestimmtheit. Dann steht die Identität noch aus: „Die Bibel als Basis der Predigt – Verheißung einer wahren Fortuna!" (JOSUTTIS, Bibel 393; zur Sache vgl. noch BOHREN, Biblische Theologie).

Der Widerstand gegen die Schrift als alleinige *Quelle* der Predigt (was ja nicht ausschließt, daß in dieser Quelle nicht auch anderes ‚gebadet' und so in der ihm gemäßen Freiheit zu Wort kommen kann) rührt heute u.a. aus der illusionären Vorstellung her, die Kirche dürfe sich um ihrer gefährdeten Zukunft willen auf nichts festlegen, außer auf ein leeres Gerede vom sogenannten ‚Christlichen', sondern müsse sich nach allen Seiten verständnisvoll offenhalten. Illusionär ist diese Vorstellung, weil jetzt die uneingestandenen Abhängigkeiten dominieren müssen und in dem Augenblick brutal ans Licht treten, wo jemand diese Abhängigkeiten anzutasten versucht. Wie frei war und ist denn die Kirche gegenüber dem unausrottbaren Antisemitismus, dem sie mit Worten abschwört, wie frei zu einem Frieden, der höher wäre als die herrschende Vernunft? Es zeigt sich, daß die nach allen Seiten hin offene Kirche faktisch in einem sehr engen, goldenen Käfig gefangen ist und daß, wer sich alle Möglichkeiten offenhält, am Ende keine konkrete Möglichkeit mehr hat, keine Tür, die ins Freie führt. Der Vogel darf in seinem Käfig noch ein bißchen quinquillieren als schwache Begleitmusik zum Lärm der Welt – mehr nicht. Die Predigt, die sich so unfrei, so hoffnungslos, so – bei aller Mühe um Konkretion – unentschieden artikuliert, kann von niemandem ernstgenommen werden, nicht einmal vom Prediger selbst. Umgekehrt: Verschließt man sich durch die unbedingte Hinkehr zu der lebendigen Quelle selbst die Hintertüren, die verlockenden Möglichkeiten, im eigenen Namen und d.h. auf direktem Wege zu den (allen) Menschen zu kommen, so öffnet sich überraschend eine andere, die wahre Tür: Die *Erde* als Ernstfall, als Ort (künftiger) Bewährung der Menschheit (Apk 3,10) wird offenbar. Das Wort Gottes, das die Fluchtwege abschneidet, läßt die Gemeinde zur Erde kommen (Apk 3,10: ‚Ökumene')! Das klingt heutzutage allzu selbstverständlich, läßt sich aber präzisieren durch den Hinweis, daß das Wort ‚Erde' mit Bedacht gewählt wurde. ‚Welt' als *vox theologica* hat in diesem Zusammenhang nichts verloren, und ‚Schöpfung' schließt auch das Himmlische ein, wie wir noch sehen werden. Erde aber als das von Menschen Bewohnbare und zu Verantwortende ist Ort eines Streites um Herrschaft und Macht, dem sich die Gemeinde nicht entziehen kann, weil für sie dieser Streit hoffnungsvoll entschieden ist. Sie wird dann mit neuer Sensibilität auf jenes exemplarische Stückchen Erde achten, das Gott seinem erwählten und geliebten Volk als Erez Israel verheißen hat, und wird von Israel Entscheidendes für ihr Dasein zu lernen haben (vgl. Vetter, Land 630ff.). Jehoshua Amir schreibt: „Das Beste, was Judentum der heutigen Menschheit beizusteuern hat, ist die Natürlichkeit, die mit dem Übernatürlichen zusammengeht. Und die gewinnen wir wieder in einer Welt, ... in der ... wir unseren eigenen Boden unter den Füßen haben ... Religion als eine gotteinsame Hinterwelt ist heute irrelevant geworden für die Zukunft des Glaubens in der Welt ... Wenn ein neues erlösendes Wort aus unserem Judentum an uns selbst und an die Welt hervorgehen soll, dann kann das nur aus Israels ewiger Kraftquelle herkommen, nämlich der organischen Einheit von dem Blick auf den Himmel und der Verbundenheit mit der Erde, so wie der Baum einen Wipfel hat, der in den Himmel weist, aber eine Wurzel, die ihn mit der Erde verbindet" (83f.). Die Kirche täte gut daran (um ihres Auftrags willen!), das Existenzrecht Israels im verheißenen Lande, unabhängig von der Frage der Staatlichkeit, nicht, wie es die Völker der Welt tun, zu problematisieren, sondern vielmehr von diesem exemplarischen Stückchen Erde her die Frage nach der einen, von der Menschheit gemeinsam zu bewohnenden Erde in den Blick zu bekommen (Beispiel: Jerusalem). Das ist als religiöse Frage nach dem einen Gott *die* ökumenische und als solche zwischen uns umstrittene Frage (Apg 17,22–31): Wem gehört die Erde? Der Streit wird nicht im Reich der Ideen, sondern konkret ausgefochten.

Nichts ist darum verfehlter für eine mit dem Anspruch auf Ökumenizität auftretende Predigt, als die Erde aus der Jet-Perspektive zu betrachten. Im Gegenteil: Die Möglichkeit, in kürzester Zeit (auch via Bildschirm) Distanzen zu überbrücken, läßt die Erde verschwinden. Wird in der Predigt das weltweite Leiden derer, die auf der Erde keinen Raum zum Leben finden, als Illustration für theologische Gedanken, als Material für Aktionen mißbraucht, wird mit der Vernichtung der Distanz auch die Erde vernichtet, der Ort einer jetzt nötigen Begegnung verstellt. Der Begegnung weicht man aus in weltweite hektische Betriebsamkeit und flieht sie, indem man sich mit Leiden ‚solidarisch' erklärt, die (noch) nicht die unseren sind, sich selbst für betroffen, wo es darum ginge, die Betroffenen geduldig anzuhören. Es braucht Zeit, es braucht sogar Distanz, es braucht – gegen alle falschen ökologischen Unmittelbarkeiten – *geschichtliches* Bewußtsein, um Erde als Ort der menschheitlichen Bewährung zu entdecken. Und es ist die Schrift, aus der der Prediger diese Zeit nimmt. Wenn nur nicht der Drang zu vorschneller Aktualisierung, zur Identifizierung mit den Personen der Texte dann wieder alles verdürbe! Kann uns dagegen die Schrift helfen, alles an seinem Ort, weil in seiner Zeit zu lassen, werden wir im Blick auf die Ökumene vor Ort vielleicht selber kundig, lernen in der Begegnung die eigenen Wurzeln verstehen: Statt als ‚Kirche Satans' andere und uns selbst in die Irre zu führen und so die Erde immer unbewohnbarer zu machen, entdecken wir die Liebe des Herrn, die uns selber trägt, an den *anderen* zuerst (Apk 3,9).

Und wenn die anderen – die Verfolgten wären? Genau das wäre

die entscheidende – die uns die Schrift erschließende und durch sie erschlossene – Einsicht, auf die heute alles ankäme, wie DIETER NESTLE mit Nachdruck zu zeigen nicht müde wird (vgl. nur Ursprünge 60–67). Dann ist die Erde allerdings die vom *Blut* der Unschuldigen getränkte Erde (Apk 6,10; 16,6); und davor, vor diesem erschreckenden Anblick, die Augen zu verschließen, hieße, den Ernst der Liebe Gottes zu verkennen und so dem Gericht zu verfallen. Aber wir könnten ja auch im Namen des Lammes, in dessen Blut wir getauft sind (Apk 1,5 f.), mit unaussprechlicher Dankbarkeit der Opfer und Leiden derer gedenken, ohne die wir nicht wären, ohne die wir keinen Augenblick sein könnten. Man mißverstehe mich nicht: Der Unterschied zwischen den Opfern und den Henkern wird gerade nicht aufgehoben! Solange indessen die (satanische) Anklage notwendig die Situation beherrscht, werden wir immer wieder bestrebt sein, den Unterschied aufzuheben und eine theatralisch-verlogene ‚Versöhnung über den Gräbern' zu inszenieren. Erst wenn die Anklage um Jesu willen schweigt und der Dank laut wird, können wir die Dinge nehmen und sehen wie sie sind: Wir empfangen von *anderen* die Feindesliebe, wie sie dem Vorbild des himmlischen Vaters gemäß ist (Mt 5,45). Und wenn die anderen keine Christen waren und sind? Um so besser für uns, für die Welt! Nur im reinen Dank, nicht im schnellen Zorn, nicht in der billigen Entrüstung über das Unrecht, erreichen wir die weltweite Gemeinschaft der Leiden, werden wir ‚betroffen', weil wir unser Herz nicht mehr trotzig vor ihnen verschließen müssen; ahnen wir, was Solidarität heißen könnte, nämlich die alle Kreaturen einschließende „Bruderschaft der Lobpreisung" (HESCHEL, Gott sucht 69). In der Solidarität des Lobpreises öffnen wir uns dem unterdrückten Schrei nach Recht, der nun aus unserem eigenen Herzen den Weg zu Gott sucht. Nicht der kleinste gemeinsame Nenner der großen ökumenischen Tagungen, die aus politischen Gründen zu viel ausklammern müssen, ist der Ernstfall der Ökumene, sondern der nächtliche Lobgesang, der das tödliche Schweigen, ja, das Schweigen der Toten selbst beendet. Erlosch denn ihr Recht mit ihrem Tode? Ich denke z. B. an die Armenier, deren Geschick FRANZ WERFEL 1933 prophetisch im Blick auf das, was seinem eigenen Volk widerfahren würde, eingeklagt hat. Müssen erst Bomben explodieren, Revolten erinnern? Nein, die Predigt tut nicht gut daran, sich an der ‚Tagesordnung der Welt' zu orientieren, weil das hieße, über die Nachtseite der Erde zur Tagesordnung überzugehen. Gewiß, wir können da nichts machen, nicht einmal (wieder) gutmachen. Aber, indem wir uns erinnern und erinnern lassen, bestehen wir gegen den erbarmungslosen Lauf der Weltgeschichte, der die Opfer schuldig spricht, auf der *Unschuld* der Verfolgten. Die Frage nach ihrer Sünde hat hier so wenig wie bei Hiob etwas zu suchen! Die Folge ist freilich, daß die Theodizeefrage schmerzlich aufbricht: „Erde bedecke nimmer mein Blut" (Hi 16,18)! Aber nur eine Ökumene, die sich die nächtliche Frage der Theodizee als Frage der unerlösten Welt zu eigen macht und sie nicht durch laute Geschäftigkeit zum Schweigen bringt, bleibt davor bewahrt, eine selbstgenügsame Sekte zu sein. So braucht die ökumenische Bewegung wohl je und dann die zu Herzen gehende Predigt, die sie in der Bewegung der Wahrheit hält.

Wo sind wir hingeraten, als wir durch die Tür, die Gottes Wort uns einzig offenhielt, hindurchgingen? Nun, ins Freie, unter den *Himmel.* Die Erde ist ja die Erde unter dem Himmel. Mit der Rede vom Himmel setze ich mich natürlich dem Verdacht aus, ich wollte nicht ‚weltlich' von Gott reden. Aber das ist ein mehrfaches Mißverständnis. Welt ist im Neuen Testament ein *Streit*begriff: Weltlich von Gott reden heißt dann nicht, die Welt zur Ruhe und zum Frieden mit sich selbst (‚heile Welt') bringen, sondern sie in einen Streit mit sich selbst hineinreißen, wobei die Welt vergehen und einer neuen Schöpfung, einem neuen Himmel und einer neuen Erde, Platz machen muß. Zwischen Himmel und Erde ist gerade kein Streit. Leugnen wir nun den Himmel als die dem Menschen entzogene, unsichtbare Schöpfung, so wird der Streit als irdischer Streit der Ideologen heillos und hoffnungslos. Ideologisches Reden von Gott ist gerade kein weltliches Reden von Gott, sondern ein mit unerträglichem Moralisieren einhergehender Fall von Weltflucht und Eskapismus. Umgekehrt wird die Predigt, die durch die offene Tür des Wortes Gottes unter den Himmel gelangt ist, der Welt gerecht und lehrt, ihrem Streit standzuhalten. Das Himmlische läßt – der Welt und ihrer Feindschaft gegen Gott zum Trotz – die Erde Erde sein, Erde in ihrer Unschuld als Gottes Schöpfung. Es ist als der offene Himmel, den Stefanus in der Stunde seines Martyriums sah (Apg 7,56), die Kraft, Gottes Feinden zu vergeben. Weltliches Reden von Gott muß mit Hilfe des Himmlischen die Welt verfremden, weil Gottes schöpferisches Gericht an ihr zu bezeugen ist, Gottes Arbeit an seinem neuen Jerusalem, das vom Himmel auf die Erde kommen soll (Apk 3,12). Die Rede vom Engel ist nötig, damit die Gemeinde zur Erde komme, um an der Welt ihr himmlisches Schlüsselamt wahrzunehmen.

Die Angst vor mythologischem Reden ist grundlos, wenn die trotz oder wegen RUDOLF BULTMANN noch nicht beendete Aufgabe der Entmythologisierung (vgl. MARQUARDT, Religionskritik) begriffen ist. Sie gilt dem Mythos einer sich selbst genügenden, sich selbst überlassenen, herrenlosen Welt (vgl. aber Apk 11,15), ein Mythos, der sich heute zumal (der Preis von vierzig Jahren ‚Frieden'?) in Endzeit- und Untergangsvisionen artikuliert. Dagegen muß man in der – nur allzu ähnlich der Welt! – sich selbst genügenden Kirche auf der Hut sein, auch, ja, zumal dann, wenn man die Sorgen um eine mögliche Selbtzerstörung der Menschheit für wohlbegründet hält. Denn noch in der unendlichen Angst vor dem Ende verschließen wir die Augen vor dem wirklichen Ende, das Gott der Welt gesetzt hat in dem geschlachteten Lamm (Apk 13,8). Weltliches Reden von Gott gilt somit dem neuen Anfang im verdienten Ende, der neuen Schöpfung von Himmel und Erde, in der die alte Schöpfung beladen mit ungeahnter Tiefe und Fülle nach Hause kommt.

Es wäre reizvoll, die Folgerung für den Predigtanfang zu ziehen (vgl. dazu JOSUTTIS, Predigtanfang): Die Gnade des neuen Anfangs im verdienten Ende ließe sich gerade an den von JOSUTTIS ‚Modell' genannten Beispielen (182–186) aufzeigen. Wer freilich homiletisch an die Gnade der späten Geburt glaubt, wird nur endlose (alte und neue) Mythen hervorbringen und zwar nicht nur, wenn er bzw. sie politisch dem zuneigt, an dem das Wort von der Gnade der späten Geburt heute haftet (vgl. nur beispielhaft die im Rahmen eines homiletischen Seminars und eines Gemeindekontakts entstandene Studentenpredigt von CORNELIA OSSWALD: 88ff.). Die Predigt knüpft an den vorausgegangenen Kontakt an und kommt mit dem Satz zur Sache: „Liebe Gemeinde, ich möchte ihnen (! K.A.) die frohe Botschaft vom Himmelreich nahebringen" (88). Die Predigt gipfelt in dem Satz: „... ich möchte vor ihnen ein Bekenntnis ablegen: Ich träume immer noch davon!" (89) Dafür beruft sich die Predigerin auf ihre Jugend (90). Es wäre zynisch, der Predigerin zu wünschen: Träume weiter (vgl. MARQUARDT, Religionskritik 376: „Sehnsuchtstheologie, Theologie des unruhigen Herzens, des verlorengegangenen einzelnen")!

Wir werden der sich selbst mißverstehenden Welt (und der Kirche als einem Teil dieser Welt) nur dann etwas Heilsames zu sagen haben, wenn wir um der Ganzheit der Schöpfung willen den Unterschied von Himmel und Erde hüten und so von *Gottes* Handeln zu reden die Freiheit haben – im Unterschied, nicht im Gegensatz zum menschlichen Handeln. ‚Religiös' im von BONHOEFFER kritisierten Sinn ist solche Rede von Gott nicht, weil sie Gott nicht zum Lückenbüßer unserer Defizite macht, sondern den ewigreichen Gott mit uns reicher, göttlicher, himmlischer werden läßt (vgl. ADLOFF, Eingebung 311f. 314f.). Freilich: Weltliche Rede von Gott enthüllt sich dann als *göttliche* Rede von Himmel und Erde.

Gott will sich an uns und allen seinen Werken unbedingt freuen, und wir können diese Freude, indem wir sie teilen, vermehren: Das ist der vom Prediger oft verzweifelt gesuchte Schlüssel zum Text und zur Welt in einem. Verzweifeln muß der Prediger, der zwischen seinem (vermeintlich fernen, aber: Dtn 30,14/Röm 10,8) Text und der (vermeintlich nahen, aber: Gal 6,14ff.) Welt hin- und herirrt, wobei ihm der Text immer geheimnisloser und die Welt immer unheimlicher werden mag. Ist es ein romantischer Gedanke, daß die Welt im Medium des nahen Wortes aus nächtlicher Ferne zu uns sprechen muß, damit sie uns Heimat werden kann? Aber dann sollten wir nicht mehr von ‚Welt' sprechen.

„Alles ist freundlich, wohlwollend verbunden,/ bietet sich tröstend und trauernd die Hand./ Sind durch die Nächte die Lichter gewunden,/ alles ist ewig im Innern verwandt./ Sprich aus der Ferne, heimliche Welt,/ die sich so gerne/ zu mir gesellt." (CLEMENS BRENTANO)

Nicht ist es Aufgabe der Predigt, Gottes Wort an die hoffnungslose Traurigkeit einer an ihren eigenen Werken zugrundegehenden Welt anzupassen und damit preiszugeben, sondern umgekehrt, die Schöpfung in das Licht der Freude Gottes, deren Zeuge der Text ist, zu übersetzen. Habe ich die Hörer ‚abzuholen', wo sie nächtens zu Hause sind? Ich werde mich, ungebeten wie ich bin, hüten. Ich bin doch nicht von der Geheimpolizei. Aber, wenn Gott Gnade gibt, werde ich wie jene Frau im Evangelium (Lk 15,8ff.) die Verlorenen im Licht der Freude Gottes entdecken (vgl. CHRISTOPH BLUMHARDT, Ansprachen I,72 mit MÖLLER, Gemeindeaufbau 260f.)

Ohne beständige Umkehr in die Freude Gottes ist da nichts zu machen. Aber indem der Prediger sich die Schmerzen der neuen Geburt, das Bleiben auf dem Weg der Taufe, den ‚Gang in die Wüste' (JÖRNS) gefallen läßt, wird es ihm an Arbeit nicht fehlen, an immer neuen Entdeckungen und Erfindungen. Denn der Text der Schrift will zwar nicht als ‚Material' *ver*arbeitet, wohl aber wie eine verschlossene Tür, sei's mit List und sanfter Gewalt, sei's mit Brecheisen *be*arbeitet werden, und das heißt, er will so übersetzt werden, daß Gott am Ende nichts zu seiner Freude fehlen wird. Würde der Text aus der (toten!) Vergangenheit in die Gegenwart übersetzt, wie diejenigen denken, die mit der Predigt ‚Welt' zu gewinnen hoffen und darüber Schaden an ihrer Seele nehmen, weil sie alles nur noch nach seiner Verwertbarkeit, seiner Funktion ansehen können (Mk 8,36), so hätte es freilich keinen Sinn, vom *Willen* des Textes zu reden. Wird aber der Text übersetzt aus seiner Zukunft, in der Gott alles in allem sein wird, in seine lebendige Herkunft aus dem Wort dessen, der jetzt tut, was er sagt („Aufschließt er und/ keiner schließt zu./ Und: Zuschließt er und/ keiner schließt auf" Apk 3,7), dann hat es durchaus Sinn, vom Eigen-Willen eines jeden Textes in der Vielfalt des göttlichen Redens zu sprechen. Am Text arbeiten heißt, ihn mit Entdeckerfreude so wörtlich, so beim gebietenden und verheißenden Wort zu nehmen, daß der Prediger mit der Gemeinde in den Raum des Gotteslobes eintreten kann und so den Ort der Anfechtung nicht länger fliehen muß. Natürlich kann, solange die Anfechtung andauert, die Arbeit an der Schrift darum niemals abgeschlossen werden: Es sollen ja auch immer neue Menschen, es sollen – darauf ist, den ‚Nach-uns-die-Sintflut'-Propheten zum Trotz, zu setzen – auch die Generationen nach uns im Worte Gottes kraft der Taufe der Umkehr Bleibe und Heimat finden. Arbeit genug also: Und doch ist dem einzelnen Prediger gnädig Grenze und Ende seiner Arbeit gesetzt. Daran darf heute, am sechsten Tage der Predigtwoche, erinnert werden. „Ein Tagsechst diene und mache all deine Arbeit" (Ex 20,9). „Ist es denn", fragt der jüdische Lehrer, „dem Menschen möglich, in sechs Tagen *all* seine Arbeit zu tun?" Natürlich nicht, vielmehr: „Ruhe, als ob all deine Arbeit getan wäre!" (Mekh Y Par. Jitro 7). Und so soll Arbeit nicht das letzte Wort unserer Besinnung sein. Auch die gebotene Ruhe will *getan* sein und braucht – Zeit, ihre besondere Zeit, den siebenten Tag.

# Zehn Thesen

1. Zum Predigen braucht der Prediger nicht die große Kraft, die er nicht hat, sondern nur die kleine, die er hat.
2. Das neue Jerusalem ist nicht ohne das alte, das Himmlische nicht ohne das Irdische, das Neue Testament nicht ohne das Alte, das mündliche Wort der Predigt nicht ohne das geschriebene Wort der Bibel, die Kirche nicht ohne Israel zu denken, die Gemeinde in Herrlichkeit nicht ohne die Gemeinde in Schwachheit.
3. Die fundamentale Tatsache der am Kreuz sich vollendenden Liebe verhindert, daß die christliche Predigt dogmatisch und ethisch aufgeht.
4. Nur eine die fundamentale Aporie christlicher Existenz aushaltende Predigt darf missionarisch heißen. Missionarische Predigt respektiert die Sendung Israels neben der Kirche dankbar als eine Tatsache.
5. Alle Arbeit und Weiterarbeit an der Predigt ist ein Bewahren und Bewähren des der Gemeinde Anvertrauten in der Zeit.
6. Der Ernstfall, auf den die Predigt die Gemeinde vorbereitet, ist die Verfolgung.
7. Eine nach allen Seiten hin verständnisvoll offene Predigt, die es jedermann recht machen will, hat nicht den Anspruch, von irgend jemandem ernstgenommen zu werden – nicht einmal vom Prediger selbst.
8. Ökumenisch ist eine Predigt dann, wenn sie um des Gekreuzigten willen die Gemeinde zur vom Blut der Unschuldigen getränkten Erde als dem Ort menschheitlicher Bewährung kommen läßt.
9. Die Predigt, die sich und ihren Hörern die Tür zum Himmlischen offenhält, vermag es, ‚weltlich' von Gott zu reden, wenn anders Himmel und Erde zusammen die Schöpfung in ihrer Tiefe und Fülle ausmachen. Weltliches Reden von Gott ist göttliches Reden von Himmel und Erde.
10. Der dem Prediger gegebene Schlüssel zur Schrift und der Schlüssel zur Welt ist ein und derselbe: die Taufe der Umkehr. So will der Text über-setzt werden.

# Der große Gott und die kleine Kraft

*Predigt mit Apk 3,7–13*

„Siehe, ich habe vor dir gegeben eine offene Tür" – das sagte der Herr, der Heilige und Wahrhaftige, zu seiner Gemeinde in Philadelphia: Lang ist's her und fremd und fern der Ort, irgendwo in der Türkei. Aber durch eben diese offene Tür will ich heute mit euch in den Text hineingehen, den wir gehört haben. Nicht außen vor bleiben will ich, abschätzig das Gebäude des Textes betrachten, mich ärgern über so viel Merkwürdiges und Unbegreifliches, sondern hinein will ich, darin wohnen, zu Hause sein und so zusammen mit der Gemeinde von Philadelphia Gottesdienst feiern in der Gegenwart des Heiligen und Wahrhaftigen. Warum ich das will? Nun, da ist ein Satz in dem Text, der mich anrührt wie kaum ein anderer in der Bibel, ein Satz, der so klingt, als wäre er eben gesprochen für mich, für jeden von euch, ein Satz, mit dem ein Christ wohl leben und sterben kann, ein Satz, an dem eine christliche Gemeinde gesunden mag: Er lautet „... du hast eine kleine Kraft und hast mein Wort behalten und hast meinen Namen nicht verleugnet."

Wer Ohren hat, der höre! Nicht auf die große Kraft kommt es an, nicht auf die gewaltigen, übermenschlichen Anstrengungen, die jemand unternimmt, um sich und die Welt zu retten vor dem Untergang. Genug ist die kleine Kraft, die Kraft, die keinem Menschen fehlen wird, der durch die weit geöffnete Tür des Textes hineingeht, um Gott zu dienen in diesem und in jenem Leben. Und wenn einer unter euch mutlos ist und bei sich denkt: „Ach, meine Kraft reicht nicht aus für dieses schreckliche Leben mit seinen unendlichen Anforderungen" – dem sag' ich im Namen des Herrn: „Doch, du hast eine kleine Kraft und die reicht, weil für das ewige Leben so erst recht für das zeitliche hier." Wenn einer aber ganz verzweifelt ist und denkt: „Ich hab' überhaupt keine Kraft, bin am Ende", – dem sagt der Herr: „*Diese* Kraft wirst du haben – eine kleine Kraft nur, aber die wirst du haben!" – wenn du zusammen mit der Gemeinde in Philadelphia den Namen des großen Gottes erhebst, des Dreimaleinen, des Vaters, des Sohnes und des Heiligen Geistes. Schreit doch bei der Heiligen Taufe sogar schon ein Säugling kräftig zu Ehren dieses Gottes, seines Schöpfers, seines Herrn und Erlösers – wie solltest du diese Kraft nicht haben, der du sprechen kannst wie ein ausgewachsener Mensch und veilleicht sogar singen?

Ja, die beiden passen zusammen: der große Gott und die kleine Kraft. Wie gut das paßt, merken wir, wenn wir versuchsweise die Sache einmal umkehren. Vielleicht gab es in Philadelphia Leute, die lautstarke Mehrheit der Gemeindeglieder gar, die davon träumten, etwas Bedeutendes in der Welt zu sein, einflußreich, eine große Kraft. Warum hätten sie diesen Traum nicht träumen sollen und warum sollte er nicht in Erfüllung gehen – eines Tages? Er ist ja in Erfüllung gegangen. Die Christenheit ist zur gewaltigen Kraft geworden in der Welt. Ich denke nicht nur an die Reisen des Papstes, die verbreiteten Beifall finden, ob nun in England oder in Argentinien. Auch der amerikanische Präsident Reagan, der mächtigste Mann der Welt, bekennt sich aufrichtig als Christ. Aber merkwürdig: Je größer unsere Kraft wurde, so groß, daß wir inzwischen die Welt nicht nur einmal zerstören könnten, desto kleiner wurde unser Gott. Wer sagt denn schon heute, wer wagt es im Ernst zu bekennen, daß Er, der große Gott allein, die kleine Erde zum Guten regiert, dies Stäubchen im Weltall? Heißt es denn nicht allenthalben, daß durch Menschen geschaffene Sachzwänge allmächtig seien und alle, alle seien ihnen auf Gedeih und Verderb unterworfen, Politiker, Generäle, Wirtschaftsführer, Bischöfe – bis hin zum kleinen Mann auf der Straße, dem Letzten, den bekanntlich die Hunde beißen? Armer, kleiner Gott: Was willst du da machen, wo doch alle Türen und Ausgänge fest verrammelt sind? Verschlossen durch uns selber? Darüber sind manche jüngere Leute so verzagt geworden und verbittert, daß sie sich in neue gewalttätige Träume flüchten von einer anderen, besseren Welt. Aber auch hier wird das Erwachen schrecklich sein.

Wer Ohren hat, der höre! Das ist ein Weckruf. Wir brauchen nicht zu träumen. Wir brauchen nicht uns etwas anzumaßen, was nicht zu uns paßt. Wir sind nicht die Synagoge Satans, sondern ehren die Juden, die dem wahren Herrn der Welt die Treue halten. Wir sind, verbunden mit dem Volk Israel, die Kirche der Wahrheit und die Wahrheit heißt: Du hast eine kleine Kraft und einen großen Gott.

Also muß ich jetzt von Gott reden. Unsere Kirche feiert ihn heute als den Dreimaleinen, so wie sie seinen Namen über jedem Täufling dreifach ausruft. Wäre ein frommer Türke unter uns, ein Moslem, der sein Leben der Hingabe an den Einen Gott geweiht hat, so könnte der sagen: Das ist doch unlogisch. Und viele Zeitgenossen, fromm oder unfromm, die stolz darauf sind, das kleine Einmaleins gelernt zu haben, denken ähnlich. Das sollen wir nicht schelten. Jeder aufrichtige Mensch hat uns etwas zu sagen und jeder aufrichtig fromme Mensch erst recht. Und das kleine Einmaleins müssen wir schon auch in Ehren halten, in Gottes Namen. Gott ist nicht unlogisch. Er geht seinen Weg durch die Welt, durch das kleinste Atom, so folgerichtig, daß wir uns wundern werden am Ende, wenn einmal alles klar sein wird, so klar, daß schon ein Säugling es versteht. Gott ist größer – selbst als das kleine Einmaleins, das ja ein Säugling noch nicht kennt. Gott ist größer: darum geht's. Darum geht der Streit, der ebenso ernste wie frohe Streit der wahren Kirche: Wo ist der größere Gott, größer nicht nur als unser Verstand, als unsere Kirche, als die Christenheit, die geballte Macht der Welt, sondern größer als unser Herz, das jetzt noch so mutlos und verzagt in unserer Brust schlägt, wenn wir an Gott und seine Geheimnisse denken?

Eine offene, eine weitgeöffnete Tür verspricht der Text. Ich höre es, klagt das Herz, aber ich seh's nicht, ich fühl's nicht, ich rüttle an lauter verschlossenen Türen. Ich bin's müde. Sei still, lieber Mensch! Dein Herz schlägt, deine Ohren hören, deine Augen sehen, deine Hände fühlen, wo sie sie sich blutig gerissen haben: Du hast eine kleine Kraft, mehr als genug. Und wenn du keine offene Tür wahrnimmst, weil du dich verschlossen hast in dir selber, in deinen Problemen, in den Rätseln der Welt, die du dir selber aufgegeben hast: Siehst du nicht Ihn, von dem der Text sagt, daß er den Schlüssel Davids hat, den Schlüssel zu allen Türen im Himmel und auf Erden? Davids Sohn, der Christus aus Israel mit dem Namen Jesus, auf deutsch: Hilfe – er schließt uns den größeren Gott auf.

Wir wissen es wohl: Sein Geheimnis, sein ganzes Geheimnis läßt sich in einem Wort zusammenfassen – in dem Wort: Liebe. Wir wissen es: Aber verstanden, zu Ende buchstabiert hat es wohl noch niemand unter uns, dieses Wort. Meint ihr etwa, in Philadelphia hätten die wenigen treuen Gemeindeglieder nicht den Kopf geschüttelt, hätten ihren Augen getraut, als sie in dem Brief des

Propheten Johannes aus Patmos lasen, was der Herr der Welt seinen Boten für sie hatte aufschreiben lassen, nämlich: „... daß ich dich (ja, dich!) geliebt habe"? Aber das steht da! Warum? Weil Jesus der Gekreuzigte, sich in dieser armseligen, verfolgten, von Vergessenheit bedrohten Gemeinde wiedererkennt, der große Gott in der kleinen Kraft, die seinen Namen festhält, der Heilige hier (hier!) sein Opfer, das er der Welt brachte, als er seinen Namen, den Namen des wahren Gottes mit uns verband, deren Wesen Lüge ist, wenn wir sagen: Es ist kein Gott! Das Opfer gilt: „... denn du hast eine kleine Kraft und hast mein Wort behalten und hast meinen Namen nicht verleugnet." In dieser Gemeinde erkennt sich Gott, da erscheint seine Liebe, die einzig zählt, wunderbarer als unsere Rechenkünste, nämlich so, daß Drei in ihr eins sind: der Schöpfer des Universums, der gekreuzigte Jesus und der Geist, der den Schwachen aufhilft. Wie könnt ihr also sagen, ihr seiet von Gott verlassen, von Gott, der noch eure geringste Treue mit seiner unendlichen Treue, mit seinem ganzen göttlichen Reichtum zu beantworten weiß, obwohl wir das gewiß nicht verdient haben? Haben wir das nicht doch schon geahnt, ja, selber erfahren, daß nicht die Macht, die Hure, die heute mit diesem, morgen mit jenem geht, nicht der vergängliche Glanz, den wir unersättlich begehren, sondern zuletzt in der Welt nur die Treue zählt, mit der sich Gottes Liebe verbindet, unscheinbar, verläßlich und doch immer wieder herrlich neu wie Sonne und Regen? Große Reiche, gewaltige Städte sind versunken, vergessen, zu Staub geworden und verweht: Aber die kleine Gemeinschaft von Philadelphia, verfolgt von herzlosen Tyrannen, verachtet von eitlen Dummköpfen – sie steht geschrieben, sie lebt im Wort der Heiligen Schrift, mit dem uns Gott an diesem Morgen grüßt.

Er will uns aber heute sagen: Wichtiger, als daß der Name Unterlüß auf der Landkarte verzeichnet ist oder im Kursbuch der Bundesbahn, wichtiger ist es, daß diese Gemeinschaft hier, die sich am Sonntag zur Anbetung Gottes versammelt, bei Gott aufgeschrieben ist mit dem Namen des neuen Jerusalem, einer Stadt, deren Türen und Tore Tag und Nacht offenstehen, in der alle Züge ankommen, so daß jeder hier (jeder Asylant!) hereinkommen kann, jeder hier seinen Platz findet, jedem beim Heiligen Abendmahl der Tisch gedeckt ist mit Brot und Wein. Darum sollt ihr nicht sagen: Wie soll es reichen für alle? Ihr habt den größeren Gott, größer und weiter als eure Augen sehen, so weit wie der Himmel, ihr, die ihr seine Herrlichkeit erkennt in einem Stückchen Brot! Laßt's euch darum nicht verdrießen, wenn eure Zahl euch reichlich klein erscheint und ihr gern ein paar Leute mehr wäret, bekümmert euch nicht allzusehr, daß ihr jetzt keinen Pfarrer habt! Kommt es denn nicht jetzt erst recht auf euch an, auf die nicht nachlassende Treue, mit der ihr jetzt zusammenhaltet, auf die Kraft der nicht ermüdenden Geduld, die ihr von Gott habt? Achtet doch nicht gering, was ihr habt! Die Zeiten wandeln sich und die Menschen – und eines Tages kommen Leute, die euch heute noch kaum grüßen, suchen Kraft bei euch, Trost, Halt und Zuflucht, wollen wissen, ob ihr wirklich einen Gott habt, der größer ist als die Angst ihres Herzens. Ja, täuscht euch nicht: Jetzt schon blicken Menschen erwartungsvoll auf euch, von denen ihr das am wenigsten erwartet, auch junge Menschen: „Siehe", spricht der Herr, „ich will sie dazu bringen, daß sie kommen sollen ... und erkennen, daß ich dich geliebt habe."

Darum: „Halte (nur!), was du hast, daß niemand deine Krone nehme." Das ist mein Konfirmationsspruch (vielleicht ist noch jemand unter euch, der diesen Spruch auch bekommen hat!): Als ich jünger war, konnte ich nicht viel mit dem Spruch anfangen, weil ein junger Mensch begehrt, was er nicht hat. Aber je älter ich werde, desto mehr erkenne ich mit wachsender Dankbarkeit, daß ich mit der Taufe auf den Namen des Vaters, des Sohnes und des Heiligen Geistes schon alles empfangen habe, was mein Herz je von Gott begehren kann, ja, mehr als das, eben: den größeren Gott, dem zu danken, den zu loben dieses kurze Leben nicht ausreicht. Es gehört schon die Ewigkeit dazu. So haltet auch ihr fest, was ihr habt: Das Wort eures Gottes, der nicht nur lieb ist, sondern euch auch noch sagt, daß er euch liebhat, so oft das nötig ist – so wie in einer guten Ehe Mann und Frau ja auch nicht zu selten einander sagen sollten, daß sie sich liebhaben. Halte, was du hast: Dir fehlt doch nichts, solange du dich an Gott hältst, dem alles im Himmel und auf Erden gehört, sogar die Toten, um die du weinst, sogar die Unzähligen, die in dieser Welt elend zugrunde gehen, weil kein Mensch sie rettet. Gewiß, der Jammer in der Welt, den unsere Augen sehen, ist oft nicht zum Aushalten. Ein einziger Verkehrsunfall ist schon einer zu viel – wer wollte da auch hinschauen auf das Bündel Mensch am Straßenrand? Dann schreien wir: „Mach

End, o Herr, mach Ende, mit aller unserer Not!“ Und er, der treue Herr antwortet uns, die wir in der Not seinen Namen festhalten: „Siehe, ich komme bald!“ Bald geht die letzte Tür auf. Und dazu sagen wir jetzt und wissen nicht, was wir da sagen: „Amen, ja komm Herr Jesus!“

Predigt am Trinitatisfest 1982 in Unterlüß

# Apokalypse 3,14–22

Und: Für den Engel der Versammlung in Laodizea –
schreib' auf!
Das sagt ER,
der Amen,
Zeuge, treu und verläßlich,
Ursprung der Schöpfung Gottes: (14)
Ich bin im Bilde –
deine Dinge,
nicht kalt bist du,
nicht heiß.
Ach, wärest du kalt oder heiß! (15)
So indes,
lau – lau und
nicht kalt,
nicht heiß,
muß ich dich ausspucken
aus meinem Munde. (16)
Ja, sagst du:
„Reich bin ich und
reich geworden und
nichts hab' ich nötig"
und bist nicht im Bilde:
Du – jammervoll und erbärmlich
und
bettelarm und blind und nackt. (17)
Ich rate dir gut:
Kauf' bei mir ein,
Gold, feuergeläutert – reich bist du dann
und
Kleider, weiß – dich zu umhüllen und
nicht scheint hindurch deine schändliche Nacktheit

und
Salbe für deine Augen – so wirst du sehen. (18)
ICH
ach,
mit den Lieblingen
schimpfe ich und
ziehe sie hart.
Drum
leidenschaftlich entbrenne und
umkehre! (19)
Da,
ich steh' an der Tür
und klopfe.
Wenn einer hört
– meine Stimme! – und
öffnet die Tür:
Ich gehe ein zu ihm und
tafele mit ihm
und er mit mir. (20)
Der Sieger im Kampf:
Ich gebe ihm,
sich niederzulassen bei mir auf meinem Thron,
ganz wie ich habe siegreich gekämpft und
mich niedergelassen bei meinem Vater auf seinem Thron. (21)
Wer ein Ohr hat,
hören soll er,
was der Geist sagt den Versammlungen. (22)

## Laodizea oder: Das Ziel der Predigt

Über das Ziel der Predigt erfährt der Prediger verhältnismäßig wenig. CHRISTIAN MÖLLER sieht die Notwendigkeit von „Predigttheorien, die Freude und Begeisterung zum Predigen wecken" (und wohl auch zum Predigthören) und läßt darum den Prediger am „Reich der Freiheit", das dem „Zwang zu den Werken" entgegensteht, mitarbeiten (Seelsorglich predigen 16). Für RUDOLF BOHREN wird „Begeisterung" zum Ziel der Predigt, so daß das Wohin der Predigt ihrem Woher im Geist entspricht (Predigtlehre 85–88). In beiden Fällen, was BOHREN und MÖLLER bewußt ist, wird darauf zu achten sein, daß solche luftigen Sätze nicht unter der Hand zu gesetzlichen Postulaten werden, sondern ihren ‚Sitz im Leben' der Gottesdienst feiernden Gemeinde behalten. Darf man dann auch sagen: Die Gemeinde, ihr Aufbau, sei das Ziel der Predigt, dem sich alles unterordnet, wobei zu diesem Ziel auch noch anderes beiträgt als die Predigt (1.Kor 14,26)? Gewiß, vorausgesetzt, wir erkennen, daß Gemeinde kein Selbstzweck ist, sondern ihrerseits unterwegs zu einem Ziel, das sie erst dann erreicht, wenn sie ihren Dienst in der Welt, um dessentwillen sie existiert, durch Gottes Gnade beendet haben wird. Insofern steckt in der Kraft, mit der Gemeinde durch die Predigt erbaut wird, immer zugleich (vgl. Jer 1,10; 2.Kor 10,4) eine Kraft der Zerstörung all dessen, was ihren Weg hemmt, in dem strahlenden Ja zur Gemeinde der Sünder ein strenges und kompromißloses Nein zu jedem ekklesiologischen Triumphalismus, der sagt: „reich bin ich/ und reich geworden/ und nichts hab' ich nötig" (Apk 3,17). Schärft die Predigt der Gemeinde ein, daß sie noch nicht am Ziel ist, dann nicht, um sie zu entmutigen, aber auch nicht, um sie zu größeren Anstrengungen anzuspornen, sondern damit sie *leidenschaftlich* (Apk 3,19) achthabe auf das, was ihr unterwegs begegnet. Nicht ist nämlich der Weg Mittel, um das Ziel zu erreichen, sondern als der Weg des Herrn die überwältigende Offenbarung des Ziels! Insofern ist der Hinweis, die Gemeinde habe ihr Ziel noch nicht erreicht, jederzeit angebracht, solange der Herr unterwegs ist zwischen den Gemeinden, und die Kritik muß, wie im Falle von Laodizea, besonders scharf und schneidend sein, wo wir meinen, das Ziel schon erreicht zu haben.

Begeisterung bedarf der Kritik, der Prüfung der Geister, wie BOHREN zeigt (Predigtlehre 85f.), gerade wenn es sich „anders als nach unserem Sprachgebrauch – um eine nachhaltige, bleibende Begeisterung" handeln soll (85), wenn also nicht im Fleische enden soll, was im Geiste begann (Gal 3,3). Gemeindeaufbau muß der Erfahrung des Gemeinde*ab*baus standhalten, was in CHRISTIAN MÖLLERS Lehre vom Gemeindeaufbau in Gestalt von ‚Zwischenrufen' eines Pfarrers aus der DDR bedacht wird (67ff.255f.).

Kommt damit eine ungesunde Unruhe über den Weg der Gemeinde? Im Gegenteil, sie wird mit Arbeit und Ruhe, mit Anspannen und Ausspannen in die wunderbare Spannung zwischen Ende und Anfang, wie sie der ‚Amen' den Seinen offenhält (Apk 3,14.20), hineingenommen; sie lernt die Zeiten zu unterscheiden. Denn: „... der Glaubende wirkt im Tempo Gottes" (BUBER, 665). Nicht nur das Anspannen, auch das Ausspannen hat da um der Kraft Gottes willen seine Zeit, wie Zenon, der bergeversetzende Held in NIKOLAI LESKOWS Legende ‚Der Berg' dem Patriarchen, der ihm die ständige Stärkung des Glaubens ansinnen wollte, zu bedenken gab. „Ich dachte an Amasis' Worte: ‚Schwach ist die Sehne des Bogens, solange kein Pfeil auf ihr liegt und kein Arm sie spannt. Gespannt aber verleiht sie dem Pfeil eine furchtbare Kraft; läßt man sie jedoch ständig gespannt, wird sie bald schlaff und verliert ihre Kraft.' Und ich fürchte, ich könnte verlieren, was mir der Himmel beschert, und sei es auch nur zuweilen" (231; vgl. dazu ADLOFF, GPM 1975/76, 136f.).

Sich ins Stückwerk zu demütigen, das kommt den geistlich hochfahrenden Laodizenern nicht in den Sinn, nicht ein ‚Besitzverzicht', wo es doch ihrer Meinung nach gilt, das Eigene als das Ganze zu behaupten. Wer redet schon vom Abbau, wenn alles mit dem Aufbau beschäftigt ist! Und doch: Die Predigt, die am Aufbau des Tempels Gottes, die an Gottes Werk mitarbeitet, überstellt diese ihre Arbeit gern dem Gericht jenes Tages, an dem verbrennt, was verbrennen muß (1.Kor 3,10–17). Das lähmt die Arbeit nicht, denn: „Der ... gottesfürchtige Arbeiter ... wird nur um so strebsamer, um desto beständiger zu verstehen, daß – holdseliger Scherz! – Gott Mitarbeiter ist – o Ernst! Zum Bilde Gottes erschaffen wie er ist, erhobenen Hauptes, blickt er zum Himmel, dem Vogel nach – dem Spaßvogel, von dem er den Ernst lernt, daß Gott es ist, welcher sät und erntet und in die Scheunen sammelt. Aber er versinkt nicht in Untätigkeit, er sieht alsogleich nach seiner Arbeit, um sie zu verrichten – ansonsten bekommt er ja nicht zu sehen, daß Gott es ist, welcher sät und erntet und in die Scheunen sammelt" (KIERKEGAARD, Urteilt selbst 214). Vom Klang solchen Humors – Humor als „in Gottes Tun versöhnte Ironie" (STEIGER, Humor 700) – fühlen sich Prediger und Gemeinden leicht abgestoßen – indes: Genau darauf käme es an (Zur Ironie vgl. ADLOFF, Plädoyer 56f.108f.; vgl. auch GRAFE, 126f. zu Ludwig Harms). Wie hören wir denn jenes harte Gerichtswort von Apk 3,17, wenn wir es – hoffentlich! – als ein Wort der Liebe (Apk 3,19) hören? Was wird aus dem Fertiggericht, das wir der notleidenden Welt auftischen, aus dem ganzen Instant-Christentum des ‚Mit Gott geht alles besser und schneller', wenn der Herr es in den Mund nimmt, um es auszuspucken? Ändert sich da nicht auch unser religiöser Geschmack? Der ungewohnte Klang kündigt eine andere Musik an, leidenschaftlicher und heiterer zugleich, gewiß nicht ohne diejenige Reue, die keinen gereuen muß (2.Kor 7,10), nicht ohne die Tränen des Versagens, die am Ende wie bei jener großen Sünderin (Lk 7,36–50) Tränen der Liebe sein mögen. Und da soll es uns mit der Gewalt der Freude Gottes anrühren, daß wir – ungeahnt – dort am Ziel sein werden, wo wir durchaus nicht hinwollten (Joh 21,18f. vgl. mit Apk 3,20f.) und wo unser Wollen doch nach Hause findet: in Gottes Gebieten. Die Predigt muß – womöglich mit dem gefährlichen Mittel der Ironie – den Widerstand wecken, den die Wahrheit zu ihrer Durchsetzung braucht; sie muß mit der Leidenschaft des *Ge*botenen (nicht des *Ver*botenen!) *abstoßen* vom sicheren Ufer tödlichen Ernstes menschlicher Religion, um immer wieder ins Offene zu gelangen, auf den Weg.

Gott gebietet das Leben. Das muß uns Sündern geboten werden – uns frommen Sündern zumal. Das angewiderte Sich-Abkehren vieler Zeitgenossen von der Gemeinde des Herrn spiegelt doch weithin nur den Ekel, den Überdruß wider, den die Christen selber vor dem Reichtum empfinden, den Gottes Güte ihnen geschenkt hat, offenbart die Sünde der *acedia* (Teilnahmslosigkeit, Gleichgültigkeit). Der Prediger, der das Gebot verschweigt mit dem Argument: „*Ich* würde ja gern, aber die Leute ...", sagt also nicht die Wahrheit. Aus lustlosen Predigten kommen lustlose Gemeinden. Dagegen hilft es nichts, durch Intensivierung aller Kräfte immer raffiniertere homiletisch-narrative und liturgische (‚Frühstücksgottesdienst mit Wein und Käse') Genüsse anzubieten. Ein solches Lustprinzip muß nicht nur in der Kirche zu traurigen, zu immer traurigeren Ergebnissen führen, zu immer unüberwindlicherer Unlust. Lust kann in der Kirche nur als ‚Überwindungsprämie' (Sperber, 105) für die Überwindung der Sünde der *acedia* erfahren werden, indem der Blick der Gemeinde energisch von den Gaben auf den Geber gelenkt wird, der, indem er gibt, uns das Unsere heilsam entzieht. Weist die Predigt in strenger Ausschließlichkeit hin auf ihn, dann schließt sie die Gemeinde ein in die lebensrettende Atmosphäre reiner Dankbarkeit. Wird die Gemeinde der Herrlichkeit Gottes ansichtig, wird sie befreit vom quälend-problematisierenden, unfruchtbaren Kreisen um sich selbst. Gott ohne Wenn und Aber lobend und ebenso ohne Wenn und Aber vor ihm klagend, ja, ihn anklagend, findet sie ins Leben. Man sage also nicht: Wie ist Lob Gottes heutzutage möglich? Hier geht es nicht um Möglichkeit, sondern um Realität, für die ein gewissenhafter Prediger gerade nicht im direkten Zugriff, sondern im *ductus subtilis* Zeugnis geben muß, wenn er die Sünde bedenkt: Das Lob Gottes wird als verlorene Möglichkeit thematisiert, *weil* seine Wirklichkeit im Gebot gewollt ist (vgl. zum *ductus subtilis* LAUSBERG, 35 f.: § 66,2a). Dabei stellen sich dann auch Stimmen ein, auf die der christliche Glaube, ohne sie für sich zu vereinnahmen, in der Freiheit des einen Gottesgeistes zu hören vermag, z. B. das „Stammeln vor dem ewigen Geheimnis", mit dem HANS JONAS seinen als Antwort auf Auschwitz entworfenen Mythos der göttlichen Machtentsagung beendet, als Antwort auf die Hiobfrage der des Buches Hiob entgegengesetzt: „Und doch – seltsam zu sagen – sind beide zum Lobe" (Gottesbegriff 85 f.). Denn dieses Lob, wiewohl, nein, weil der Zeit eingedenk, „hält sich in Psalmen und in Veden/ und spottet alles Tuns und trotzt der Zeit" (BENN, 194).

Gewiß, die Prosa der Predigt unterscheidet sich vom Lied. Aber sie kommt her vom Gesang der Schrift (vgl. ADLOFF, Lektor mit MISKOTTE, 54 f.; zur Apokalypse vgl. JÖRNS, Das hymnische Evangelium) und mündet in neuen Gesang – es sei denn, es geschehe ihr nach der nur zu wahren Vision von ROSE AUSLÄNDER: „Zwei Apostel zerbrüllen das/ Evangelium" (15). Es sollte darum dem Prediger leichtfallen, sich vom Gesang der Gemeinde auf die Kanzel heben zu lassen, um nun seinerseits in der Kraft des Wortes die Gemeinde ins Lied zu heben, das der Predigt folgt. Da wird es auch im Blick auf Laodizea (denn die Gemeinde ist nicht auf den Tadel zu fixieren, sie ist geliebt, um nicht zu sagen: Lieblingsgemeinde: Apk 3,19) am *Lob* der Gemeinde nicht fehlen, nicht an dem, das sie anstimmt und erst recht nicht an dem, das über sie angestimmt wird von dem Herrn der Kirche, von Gott und seinen Engeln. Ja, loben muß der Prediger die Gemeinde schon können, wenn er die Wahrheit über sie sagen will. Entlarven kann jeder Demagoge. Aber die Wahrheit so sagen, daß der Betroffene sich am Ende geehrt und erhoben fühlen muß: Das vermag nur die der Liebe zugehörige Freude, die im Lob ihre Sprache findet.

Soll die Wahrheit im Lob zur Sprache kommen, so bedeutet das freilich, daß die Predigt die hartnäckig verleugnete, doch vor Gott und aller Welt offenbare Schande der Christenheit, die Substanzlosigkeit ihrer Ansprüche auf öffentliche Geltung, nicht mit verstocktem Schweigen übergehen kann (Apk 3,16ff.). Ja, wo der Kritiker zuletzt schweigen muß, weil er selbst in der Tinte zu sitzen pflegt, die er so reichlich verspritzt, da wird die Liebe nicht müde, aufgedeckte (!) Schande mit ihrem Lob zu bedecken, dem das Böse, auch das Böse allzu berechtigter Kritik, nicht standhalten kann, weil solches Lob uneigennützig ist. So übt die Predigt, gerade indem sie ‚nicht das Gesicht des Gefährten vor den vielen erbleichen' (Babylonischer Talmud, Baba Mesía 59a) läßt, ein unerbittliches Gericht über alles peinliche fromme Getue und Selbstlob. Sie macht still, indem sie an Gott erinnert. Das, was unter uns mit einem verräterischen Wort ‚Vergangenheits*bewältigung*' genannt wird, bringt die Vergangenheit nicht zur Ruhe, sondern immer neue Selbstrechtfertigungen hervor. Das macht: Es fehlt das Wort, das Umkehr und tätige Reue nicht nur selbstgerecht fordert (von anderen), sondern rein gebietet und so schafft, indem den Umkehrenden ein Raum heilsamer Verborgenheit vorgegeben wird, in den sie eintreten können. Freude im Himmel (Lk 15,10) über den einen, der umkehrt, meint ja gerade, wie Claus Westermann betont hat, daß solche Umkehr als Geheimnis einer (schamlosen) Öffentlichkeit entzogen ist (46f.). Um so entschiedener zieht das öffentliche Zeugnis von der Freude der Umkehr die Grenze zwischen dem, was vor Gott bleiben kann, und dem, was in Ekel, Scham und Schande untergehen muß (Apk 3,17f.): „Christi Blut und Gerechtigkeit" (EKG 273) markiert den rettenden Unterschied. Was hülfen da schon des Kaisers neue und neueste Kleider, die weißen Kittel der Wissenschaft, in denen das protestantische Christentum der letzten Jahrhunderte mit Vorliebe einherzustolzieren pflegt? Statt um heroische Vergangenheitsbewältigung geht es jetzt darum, der Vergangenheit dienend gerecht zu werden, den Toten die Schuldigkeit zu tun und ihnen so die Ehre zu erweisen, was niemand vermag, dem nicht von Gott die unverdiente Ehre zuteil wurde, zum Lobe berufen zu sein. Aber damit wird eben deutlich, daß die Predigt schuldhafte Vergangenheit solange nicht ruhen lassen darf, bis der Umkehrende im Angesicht des Gekreuzigten entdeckt, daß Gott ihm an der Stelle zuvorkam, wo er nichts wiedergutmachen kann. Wo die Anklagen einer ganzen Welt sich gegen ihn versammeln müssen, da wird er frei zu der seltsamen Leidenschaft, die *anderen*, die Welt mit Wort und Tat und Leiden zu *ent*schuldigen. Das Böse in der Welt hört auf, das Alibi zu sein, das mich lähmt in der Freude zum Guten; der Anblick des in Christus überwundenen Bösen wird vielmehr zum mächtigen Antrieb der Liebe, nicht eher zu ruhen, bis alle Menschen sich im Lobe des Höchsten vereinen.

„Entschuldigen! Das könnte eine Parole des Friedens unter uns werden. *In der Welt* geht es ja anders zu. Dort *polarisiert* man im Handumdrehen ... Wir sind nicht die Schiedsrichter der Welt. Wir sind auch nicht die Ankläger der Welt, falls die Welt auf uns hört. Dann stellt sich heraus, daß der Glaube an Gott die einzige Entschuldigung ist, die der Welt zugute kommen kann. Christus ist für alle geboren worden und für alle gestorben! Durch seinen Tod hat Christus *den einzigen Entschuldigungsgrund* erbracht, den es für die Welt geben kann: die Gnade!" (FUCHS, Freude 207f.) Ich betone: den *einzigen* Grund. Der Glaube entzieht also allen Entschuldigungen, wie sie eine Religion des schlechten Gedächtnisses immer neu hervorbringt, ihre Gründe. Einen faulen Frieden wird es nicht geben.

Während die durch die öffentlichen Medien gegebenen Informationen abstumpfende Wirkung haben, muß eine am Gekreuzigten sich orientierende Predigt das Wahrnehmungsvermögen schärfen, Sensibilität und nicht zu irritierende Aufmerksamkeit für die Not der Welt erwecken. Man rede nicht gleich von Weltverantwortung! Nicht wir sind's, auf die Gott die Sünden der Welt gelegt hat. Aber wir schauen an dem, der sie getragen, ja, weggeschafft hat, was Gott im Blick auf die Welt bewegt. An der Größe seines Erbarmens findet die Not ihr Maß, ihr Menschenmaß. Statt durch ein Übermaß an Not zu entmutigen, lasse die Predigt in den Abgrund blicken, den Gottes Liebe mit ihrem Opfer ausgefüllt hat. Und so wird es die dankbare Freude über *dieses* Opfer sein, die mitzuleiden vermag mit allen Opfern. Es ist falsche Predigt, Mitgefühl bloß zu fordern. Was käme schon dabei heraus, außer widerlicher Sentimentalität und Krokodilstränen? Ein schlechtes Gewissen zu kultivieren, hieße erst recht, mit Blindheit geschlagen zu sein gegenüber dem, was Gott ans Licht gebracht hat, die namenlose Qual derer, die außer ihm kein Auge haben, das sie sieht, kein Ohr, das sie hört. Die rechte Predigt blendet nicht ab, sondern auf, indem

Gottes Arbeit an der Welt sichtbar wird. Und so wird die Gemeinde hineingezogen in das *göttliche* Mühen und Sorgen, lernt an ihm das Rettende kennen. Was für ein Jammer, wenn eine Gemeinde wie in Laodizea meint, des Rettenden für sich selbst nicht mehr zu bedürfen und so ihr Verhältnis zu anderen allenfalls danach bemißt, was man ihnen vom eigenen Überfluß abgeben könnte! Da laufen dann auch die Fürbittengebete nach dem oft genug greulichen Motto: „Herr, hilf, daß wir . . .", womit wir nicht beten, sondern uns wichtigmachen, statt daß wir für andere zu Gott schreien in dem klaren Wissen, daß *wir* mit ihrer Rettung stehen und fallen werden (Röm 9,3). Erst wenn ich merke, daß da, wo der Gekreuzigte mit der Stimme aller von Gott Verlassenen zu Gott schreit, meine Sache verhandelt wird, ganz gleich, was mein ‚Bewußtsein' dazu sagt, regen sich Furcht und Zittern als Korrelat einer Hoffnung, der nichts genug tun kann, als *das Kommen Gottes selber,* das Reich Gottes. Es ist unerläßlich, daß die Predigt tapfer die Notwendigkeiten radikaler politischer Veränderungen da zur Sprache bringt, wo die Verhältnisse unerträglich geworden sind. Aber jede radikale politische Veränderung muß von vornherein zu viel Böses in Rechnung stellen, am Ende in Kauf nehmen, als daß die Christenheit darüber Grund zum Jubeln bekäme. Und das Böse rächt sich immer – gerade auch in dem Zynismus derer, die das jeweils Wirkliche für gottgewollt bzw. vernünftig erklären und so nichts geändert sehen wollen. Für *diese* Not nicht zuletzt, für den von uns nicht zu heilenden Riß in der Schöpfung, öffnet die Predigt die Augen, indem sie den nennt, der ihn heilen wird.

Stefan Heym antwortet in einem SPIEGEL-Interview (27. Oktober 1980: 34/1980, Nr. 44, S. 62) auf die Frage, warum er die These verwerfe, gut sei alles, was der Revolution nützt, und für die ‚alte Moral' plädiere: „Nicht die bürgerliche Moral. Wenn etwas böse ist, rächt es sich. Das ist eine Auffassung, die mit bürgerlich oder nichtbürgerlich nichts zu tun hat. Sie geht zurück auf die Bibel." Wird aber der, der sich in der Absicht, in den Lauf der Welt einzugreifen, öffentlich äußert, dann nicht in einer Weise *in sich* zu gehen haben, daß gegenüber solcher aufs Ganze, nämlich an die Wurzel gehenden Innerlichkeit mit ihren Schrecken verblassen muß, was uns die Hüter der Religion an ‚Spiritualität' zubilligen? Politisch wäre das ein „Plädoyer für die Skepsis" (Krockow, 168–176).

Vor der Predigt, die ein rundes, kompaktes, fertiges ‚Heil' anbietet anstelle des Retters, des Heilands mit den Wundmalen, muß man sich hüten. Der Geist, der sich aus der Ruhe seines ‚Es ist vollbracht' (Joh 19,30 vgl. mit Apk 3,21) unter uns hören läßt, redet vielmehr einem je nachdem behutsam weiterführenden oder energisch weitertreibenden Geschehen das Wort. Es gibt dabei durchaus auch eine Geschichte christlicher (nicht nur christlicher!) Ruhmestaten, es wird sie geben: Aber nicht wir sind es, die diese Geschichte schreiben. Würden wir weiterkommen als bis zu der armseligen Weisheit, daß jede Sehnsucht allein läßt und jedes Heldentum (WEINHEBER)? Und was wäre das gegen den Glanz, den Gott mit *allen* seinen Geschöpfen teilen will? Hunger und Durst nach der besseren Gerechtigkeit (Mt 5,6.20), besser als die des widereinander Recht-Habens und -Behaltens, sind darum reeller Hunger und reeller Durst, weil der, der ihn – umsonst – zu stillen weiß und über Bitten und Verstehen zu geben, eben damit ein verläßliches Miteinander der durch seinen Ruf Zusammengehörenden schafft. Da ist guter Rat weder billig noch teuer wie dort, wo das Geld die menschliche Gesellschaft korrumpiert (Apk 13,17): „Ach, ihr Dürstenden alle,/ kommt her zum Wasser!/ auch wer kein Silber hat,/ kommt, ermarktet und eßt!/ ja, kommt her, ermarktet/ – für Silber nicht, nicht für Geldwert –/ Wein und Milch!/ Warum wägt ihr Silber hin/ für Nichtbrot,/ eure Arbeit/ für Nichtsättigendes?!" (Jes 55,1–2 vgl. mit Apk 3,18). Das böse Glitzern in den Augen derer, die von der unersättlichen Gier nach Besitz – das kann für den Prediger auch die Gier nach (toten?!) Seelen sein! – umgetrieben werden, sie erlischt in dem Maße, in dem Gottes Sehnsucht nach seinem Geschöpf sich zu erfüllen beginnt: Diese Sehnsucht wird nicht allein bleiben. So macht die Predigt Lust – nicht die streunende Lust, die nach diesem und jenem greift, nach vagen, unerreichbaren ‚Möglichkeiten' –, sondern Lust auf verläßliche Wirklichkeit, wie sie Abraham unter dem Sternenhimmel verheißen war und wie er sie vertrauend auf den Gegenwärtigen, als seine Freiheit zur Geschichte mit Gott, ergriff, in deren Folge er zum Vater vieler Völker wurde (Gen 15,1–6; 17,4ff.). Von heiler Welt keine Spur! Bei Abraham so wenig wie bei Hiob und Jesus! Nur: Ein unnennbares Entzücken, wo Gott und Mensch einander berühren, eine Hoffnung, die das schicksalhaft Gegebene aufsprengt, und dahinter tut sich eine nie geahnte Weite auf, nicht die

Fata Morgana eines mit dem Augenblick verlöschenden Glaubens, sondern ein reeller Weg, der Weg der Gerechtigkeit: „Der Weg zum Glauben ist der Weg des Glaubens. Der Weg zu Gott ist der Weg Gottes" (HESCHEL, Gott sucht 105). Man muß da vielleicht durch eine Enge, durch ein Nadelöhr der Angst und des Entsetzens hindurch, wovor wir mit Recht zurückschrecken müßten, wenn uns dem Abraham aus Steinen erweckten Heidenkindern nicht gesagt wäre, wer der ist, der uns in dieser Situation beisteht. Nein, das ist nicht der heidnische Jesus, den wir uns für unsere armseligen Zwecke ausgemalt haben – ein nichtssagendes Abbild unserer Gier nach Macht, auch nach spiritueller Macht, ein goldenes Christus-Kalb. Es ist vielmehr der, den die Gemeinde an seiner unverwechselbaren *Stimme* erkennt (Apk 3,20 vgl. mit Joh 10,3.16.27) wie die Braut im Hohenlied ihren Freund (Hhld 5,2).

*Wird diese Stimme gehört, ist das Ziel der Predigt erreicht:* Jesus kommt zu den Seinen, mit ihnen das Mahl zu halten, ihren Hunger und Durst zu stillen, damit sie gestärkt werden auf dem Wege. Sicher geht es da um ein unserem Zugriff sich entziehendes Wunder. Aber es ist dem Prediger befohlen, sein eigenes und das Gehör der Gemeinde zu schärfen für das Unerhörte: „Ich schlafe,/ und mein Herz wacht" (Hhld 5,1). Daß das ohne beständigen gemeinschaftlichen Umgang mit der Heiligen Schrift außerhalb des Gottesdienstes nicht gut gehen wird, ist schon gesagt worden (im Kapitel ‚Medium'). Betont muß aber werden, daß die ganze, ungeteilte Heilige Schrift gemeint ist. Denn es ist nicht wahr, daß das Alte Testament, die Hebräische Bibel, die Stimme des guten Hirten, der das Verlorene sucht, nicht hören lasse (Ez 34). Im Gegenteil: Gerade das Alte Testament läßt aufhorchen, wenn es darum geht, im babylonischen Stimmengewirr der Welt die Stimmen zu unterscheiden. Ein Jesus, der sich nicht der kritischen Prüfung durch (!) das Alte Testament aussetzen ließe (vgl. aber Joh 5,39), und der so in diesem Buch keine Resonanz fände, der wäre nicht der Christus des Neuen Testamentes, sondern der ‚Mensch der Gesetzlosigkeit', der Antichrist (vgl. 2.Thess 2,3 f.8, dazu ADLOFF, Neue Aspekte 93). Trennt man Jesus vom Alten Testament (vgl. nur TRILLHAAS, Einführung 32 ff.), so nimmt man ihm seinen Leib. Der leiblos durch die Predigt ‚geisternde' Jesus kann vielleicht ein Publikum hinreißen wie die stummen Götzen (1.Kor 12,2) oder das mit trügerischer Stimme redende Bild des Tieres (Apk 13,15), aber er kann nicht ankommen bei der Gemeinde, die sein Leib ist. Und so gelangt die Predigt nicht ans Ziel, nicht zu jenem ‚Amen', das wir im Namen Jesu nicht nur sagen dürfen, sondern das er in Person, als Amen auf alle Verheißungen der Schrift, für uns ist (Apk 3,14 vgl. mit 2.Kor 1,18ff.). Statt dessen werden in einem Geiste, den wir als den seinen rekonstruieren und konstruieren, Fragen beantwortet, die Gott – der Gott Israels! – uns nicht gestellt hat und Ratschläge für ein (immer besser) ‚gelingendes' Leben erteilt, so als wäre unser Leben eine mehr oder weniger gut zu lösende Schulaufgabe und nicht die Herausforderung zum Dialog mit dem, der als das Ziel aller Dinge der Ursprung der Schöpfung (Apk 3,14) ist. Durch den Lärm unseres propagandistischen Jesus-Geschreis bringen wir uns um das durch nichts aufzuwiegende Glück jener Stille, in der er sich schriftgemäß hören läßt, wenn er die Gemeinde besucht und bei ihr anklopft. Und damit die Gemeinde nicht merkt, worum sie da permanent betrogen wird, darum müssen die Wölfe viel Kreide fressen, müssen vor allem, natürlich im Bewußtsein ihrer Überlegenheit über das ‚Alte' Testament, von Liebe reden, ja davon vor allem, als wüßten wir Sünder aus den Heiden (Gal 2,15), was das ist, von Geborgenheit in den Schrecken der Wirklichkeit und erträumtem Frieden: „Frieden, Frieden!/ aber da ist kein Friede" (Jer 6,14 vgl. mit Mt 10,34). Daß in Jesu Stimme die Angst und das Entsetzen vor der Geschichte zittern könnte, die wir Israel bereitet haben (und wer weiß, wer da bittend an unsere Tür geklopft hat?), das erfährt die Gemeinde ebensowenig, wie sie aus seinem Munde den Ton des uneingeschränkten Jubels über das Dasein – das Dasein Gottes für seine Feinde noch! – hört. Wie kann die Gemeinde so erbaut werden?

Es ließe sich zeigen, daß die Geistlosigkeit der die Stimme Jesu überhörenden und überschreienden Predigt mit dem Widerwillen gegen das Gericht Gottes zusammenhängt (vgl. Bohren, Geist und Gericht). Mit der anklagenden Fixierung eines durch Jesus überholten ‚grausamen Gottesbildes' (vgl. nur Trillhaas, Einführung 33, bedenkenswert dagegen Josuttis, Idealbilder 152–155.164f.) meint man wie der untaugliche dritte Knecht im Talentengleichnis (Mt 25,24f./Lk 19,21) des richtenden Gottes quitt zu sein und verewigt so doch nur die große kosmische Stummheit, als ob Jesu letzter, zorniger (!) Schrei am Kreuz (Mk 15,34.36) diese nicht durchbrochen hätte. Es ist nämlich das Gericht, das die

Parrhesia (1.Joh 4,17), das freie, geisterfüllte Wort provoziert. Und es ist dieses freie Wort, das mitten im Gericht die Zeichen der Liebe Gottes ergreifen heißt, so daß sich unser Wille mit Gottes konkretem Tun vereinigt, was, als Gottestrotz, die revolutionärste Sache von der Welt ist. Da gehen wir mit erhobenem Haupt Gott entgegen, der ja gerade als der Richter auf die Würde unseres Tuns bedacht ist. Noch in den Katastrophen, die uns heute als Folgen unserer Taten weltweit bedrohen, sind und bleiben wir von Gott als *Täter* ernstgenommen. Und die Gemeinde, die Gott über alle Dinge fürchtet und liebt, faßt im zur Umkehr rufenden Wort den Gott, der nicht des Sünders Tod will (Ez 18,23), der zürnt, um sich zu erbarmen, den in seinem Zorn über alle Maßen lieben Gott. Wir können ihn, seine göttliche Pädagogik wirklich nicht mit Menschenmaß messen: „Ich,/ ach, mit den Lieblingen schimpfe ich,/ ziehe sie hart" (Apk 3,19 vgl. Spr 3,12). Als biblisches Wort in Jesu Mund ist das keine im Sinne ‚schwarzer' Pädagogik zu mißbrauchende Sentenz, sondern ein Freispruch von allen Mächten des blinden Geschicks. So wie er klopft kein Schicksal an die Tür (Apk 3,20). Er schimpft und zieht nicht anders, als indem er allen Schimpf auf sich zieht und so ausspeit (Apk 3,16), wie wir sahen. Ernster kann nicht mit uns geredet werden, gütiger nicht. Und so scheue die Predigt nicht länger das Gericht, wenn es darum geht, den Besuch des Richters zu erwarten, scheue nicht den Anblick einer von Gottes Gerichten heimgesuchten Welt, die uns durch Jesus gekreuzigt ist und wir ihr (Gal 6,14). Gott macht kaputt, was uns kaputtmacht: Aber was uns kaputtmacht, das sind nicht ‚Strukturen', die wir ‚aufbrechen' könnten, sondern das ist das ungreifbare Böse, das wir tun, ohne es zu wollen und das wir überall sehen, nur nicht in uns. Erscheint dieses Böse mit seinen ungenießbaren Folgen im Munde des Richters – für die nötige Anschauung sorgt die Weltgeschichte wie zur Zeit der Apokalypse, so auch heute! –, können wir dies unser bestgehütetes Geheimnis außer uns sehen und uns als die Täter (nicht als die Opfer teuflischer Mächte). Wir dürfen endlich als wir selber reden, und die Schöpfung bleibt uns nicht länger stumm, stumme Anklage einer Welt, über die Gott schweigt. Aber Gott schweigt nicht für immer. Und wie er in vielfältiger Weise durch seine Propheten geredet hat (Hebr 1,1), so ist der Predigt heute sein Reden in der Schrift wortwörtlich vorgeschrieben. Apk 3,17 aktualisiert sich (!) in Hos 12,8–12: „– Ein

Kanaankrämer,/ in dessen Hand die Waage des Trugs ist,/ der zu erpressen liebt,/ spricht Efrajim:/ ‚Ich habe mich doch bereichert,/ gefunden hab ich mir Vermögen,/ all mein Ermühtes/ läßt an mir Verfehlen nicht finden,/ das Sünde wäre.' ICH aber, dein Gott,/ vom Lande Ägypten an/ – noch siedle ich einst in Zelte dich ein/ wie in jenen Tagen der Begegnung –/ habe ich auf die Künder nieder geredet,/ ich bins, der Schau gemehrt hat,/ durch die Künder gebe ich Gleichspruch nun aus: Ist Gilad ‚Mächtigkeit',/ werden sie doch nur ein Wahn!" Besser, der Herr redet jetzt im Zorn mit der Gemeinde, als daß er in Ewigkeit über sie schweigt. „Mir ist es lieber in die Hände des lebendigen Gottes zu fallen, auch wenn das schrecklich ist (Hebr 10,31), als ewig einer Macht ausgeliefert zu sein, die entweder blind ist und mich überrollt oder die mein ewiges Verderben will und nicht die Rettung des Geistes" (JÖRNS, Segen 266).

Es geht also – um es in der nicht unanfechtbaren Terminologie lutherischer Tradition zu sagen – um die Predigt des Gesetzes. Gemeint ist dabei aber nicht irgendein Gesetz oder gar ein ‚Prinzip', sondern das Israel konkret gegebene und mit Jesu Tod in seiner Göttlichkeit bestätigte Wort, das Gottes ewigen Willen über sein Volk und damit zugleich auch seinen aktuellen Willen über die Völker der Welt offenbart. Gegen dieses Gesetz – gegen den, der es gab und gegen sein Volk, das es bewahrt – empören sich die Völker. Auch in der christlichen Kirche und ihrer, sei's gewollt, sei's ungewollt, antinomistischen Verkündigung dauert der heidnische Aufruhr an. War nicht auch LUTHERS Rede vom Gesetz als der Juden Sachsenspiegel (z.B. WA 18,81 Z. 14–17) ein teutonischer Aspekt dieses heidnischen Aufruhrs? Ließ es diese Rede nicht zu, daß LUTHER und alle, die ihm das nachreden, sich zum Richter über Gottes Gesetz und so über Gottes Volk machen konnten? Und es wäre LUTHER darin – darin! – selbst zu dem ‚Schwärmer' geworden, den er an anderen nicht ohne Grund in Gottes Wort erkannte? Denn ein Schwärmer ist doch seit Adam her der Mensch, der sich selbst auf Gottes Thron zu setzen geneigt und Gottes Wort und Recht in eigene Hände zu nehmen und gegen andere zu exekutieren entschlossen ist (vgl. A Sm III 8). Er sagt übrigens heutzutage mit Vorliebe ‚law and order', weil und indem er sich selbst über das Gesetz stellt. Diesem Menschen muß Gottes Gesetz verkündigt werden, damit er endlich vor dem Urteil seines Richters verstumme (Röm 3,19). Für den Prediger bedeutet das: Jedes Wort, das er gegen andere zu sagen genötigt ist, das trifft zuvor und am Ende ihn – so wie die harten Worte der Propheten sie zuerst und zuletzt an ihrem eigenen Leibe leiden machten. Ich kann verstehen, daß gerade ein sensibler Prediger der Predigt des Gesetzes ausweicht: Wie komme ich fehlsamer Mensch dazu, anderen ihre Fehler vorzuhalten? Nur: Weicht er damit nicht dem Leiden aus? Und ist die Predigt billiger zu haben? Muß ein der höchsten Offenbarungen gewürdigter Prediger sich nicht demütigen lassen von seinem Gott, zu seinem Heil? „Ich,/ ach, mit den Lieblingen schimpfe ich,/ ziehe sie hart" (Apk 3,19). So wird das Predigen, bei dem notwendigerweise anderen die Sünden vorgehalten werden, die Sünde der *acedia* nicht ausgenommen, zur geistlichen Übung für den Prediger, zur Übung der Demut, die sich hier wirklich als Mut erweist. Wie könnte er da, auch wenn er sich nicht hinter dem unechten homiletischen ‚Wir' versteckt, ‚von oben herab' reden (1.Petr 5,6)! Gerade in dieser Sache wird ihm das „Gott ist im Himmel und du bist auf der Erde,/ darum sei deiner Rede wenig" (Pred 5,1) als notwendige Wahrheit aufgehen. Es gehört aber zu seiner Demütigung, daß er genau dem Vorwurf, ‚von oben herab' zu reden ausgesetzt sein wird und daß er sich gegen diesen Vorwurf nicht wehren kann. Denn es läßt sich ja der gegen Gottes Gesetz rebellierende Sünder nicht von Gottes Wort zum Sünder machen. Er wird vielmehr – und Gelegenheit dazu wird er immer finden – den Finger auf die wunden Stellen des Predigers legen. Der Prediger muß wissen, daß er in solcher Situation geschützt ist durch *den* Amen, in dessen Namen er redet. Und d.h. zugleich: Die Gemeinde muß wissen, daß Gott ihr auch durch den Mund eines unwürdigen Dieners die unbequeme wie heilsame Wahrheit nicht vorenthalten wird und ist ihrerseits aufgerufen, den Prediger zu schützen. Es muß sich dabei übrigens keineswegs nur um heiße politische Eisen handeln: Ich wünschte mir manchmal von der Kanzel auch deutlichere Worte in Sachen des simplen menschlichen Anstands, mit dem die Kinder dieser Welt die Kinder des Lichts nicht selten beschämen.

Mit dem allen ist das Evangelium, also die Nachricht von Gottes lichtvoller Tat in der Auferweckung Jesu, schon längst auf dem Plan. Denn in diesem und in keinem andern Licht ist das Gesetz zu predigen. Aber wir müssen an dieser Stelle, mit LUTHER, auf das genaueste unterscheiden, damit wir nicht in die Irre geraten. Daß nämlich der Gott, der tötet und lebendigmacht (1.Sam 2,6), der Gott des Gerichtes und der Gnade derselbe ist, der Eine Gott, das will von uns nicht theologisch konstruiert, sondern als Bekenntnis der Hoffnung gegen alle Hoffung (Röm 4,18) *im Kampf mit Gott* erfahren und bewährt werden. Wer immer hier im Interesse eines harmonistischen Gottesbildes eine eigenmächtige Vermischung vornimmt, die das göttliche Handeln vor unseren Augen einsichtig zu machen beansprucht, der erzeugt gerade jene widerwärtige ‚Lauheit' (Apk 3,15 f., vgl. ADLOFF, Sendschreiben 21) des Gottesglaubens, das Fehlen jedweder Leidenschaft (Apk 3,19), das der Herr der Gemeinde von Laodizea vorzuwerfen hat. Und wie waren und sind Theologen so stolz, daß sie das Emotionale, also die Liebe zu Gott aus der Gottesbeziehung ausscheiden konnten (vgl. dazu ADLOFF, GPM 1979/80, 55 f.)! Liegt hier vielleicht ein Grund für den faktischen Atheismus vieler Predigten, so daß „die Problematisierung der Existenz Gottes nicht die Voraussetzung, sondern die Folge der emotionalen Verarmung in der Gottesbeziehung sein dürfte" (JOSUTTIS, Idealbilder 163)? Läßt die Predigt Gott – Gott! – nicht mehr den unergründlichen Herrn seines ungeteilten Werkes sein, so ist sie dazu verdammt, einen banalen, gesetzlichen Gott zu ‚kreieren', dem Zorn wie Liebe, Trauer wie Freude gleicherweise fremd sind, so daß er sie auch in uns nicht zu erwecken vermag. Die Predigt, die nicht um Gottes willen zwischen Gesetz und Evangelium zu unterscheiden wagt, wird niemanden richtig traurig und niemanden richtig froh machen: „nicht kalt,/ nicht heiß" (Apk 3,16). Solange wir Sünder die Herrschaft über die Zeit, über Leben und Tod, beanspruchen, werden wir niemals wissen, was jeweils an der Zeit ist. In der Liebe zu Gott indes werden wir die Zeiten unterscheiden lernen und so, den scheinbaren Aktualitäten zum Trotz, auf der Höhe der Zeit sein. Daß Gott uns in allem, was durch uns und mit uns an Schrecklichem wie Erhebenden geschieht, in der Hand behält, dafür hat er in seinem Gesetz gesorgt. Aber wer versteht's? Nur der, der in Gottes Hand seine rettende Hand erkennt! Und das entscheidet sich in uns, im Kampf des Glaubens, der uns lehrt, zwischen der uns von Gott zum Gegenstand der Trauer gemachten Vergangenheit, der Vergangenheit der Sünde, und der uns von demselben Gott zum Gegenstand unverdienter Freude gemachten Zukunft, dem Reich Gottes praktisch zu unterscheiden und so Gegenwart zu gewinnen als Ort einer Hoffnung, die nicht zuschanden werden läßt (Röm 5,5). Praktisch heißt: auch in der Stunde der Anfechtung fortfahren, Gott und unseren Nächsten zu lieben. Angewandt auf den Prediger: Mag er sich manchmal verzweifelt fragen, was denn der ,Sinn' seines Tuns sei, falls die Zeit des Gemeinde*ab*baus und nicht des Aufbaus da ist, so wird ihm in der Unterscheidung zwischen dem Gesetz (du sollst reden) und dem Evangelium (ihr werdet erkennen) der Trost zuteil, daß er, indem er fortfährt, dem Wort der Wahrheit zu dienen, fortfahre, Gott und seinen Nächsten leidenschaftlich zu lieben.

Gelangte die Predigt mit (vorzeigbaren) ,Aktionen' der Hörer, die durch die Macht der Rede zu erwirken wären, ans Ziel (vgl. aber Gal 6,12 f.), so käme die Liebe nicht zum Zuge. Denn die Liebe, die niemals aufhört, begnügt sich nicht mit ,Werken', auch nicht mit ,Liebeswerken'. Ist doch ihr Tun eher ein Lassen, ein befreiendes Gewähren-Lassen, ein schöpferisches Werden-Lassen, denn ein Herstellen und Bewirken! Ein Nehmen eher denn ein Geben! „Nur der Lieblose bildet sich ein, er solle erbauen, indem er den anderen zwingt, der Liebende setzt ständig voraus, daß die Liebe zugegen ist, eben dadurch erbaut er . . . Ach, für die Geschäftigkeit und Weltlichkeit ist dies die größte Torheit: daß etwas, was in gewissem Sinne Nichtstun ist, die schwierigste Arbeit sein sollte. Und doch ist es so. Denn es ist schwieriger, seines Mutes Herr sein, als eine Stadt gewinnen, und schwieriger, zu erbauen, wie Liebe das tut, als das erstaunlichste Werk auszuführen" (KIERKEGAARD, Der Liebe Tun 241 f.). Ein Prediger, der seine Gemeinde liebt, der will sie nicht ,aktivieren', sondern – wie anders: kritisch – wahrnehmen in der leidenschaftlichen Teilnahme an Gottes Werken. Und indem er sie so wahrnimmt, hilft er ihr, in der Welt als eine Quelle des Segens zu erscheinen, nicht als das, was sie aus sich gemacht hat und macht (das wäre trostlos), sondern als Christi Braut in der hoffnungsvollen Erwartung ihres Freundes (Apk 3,20 vgl. mit 2.Kor 11,2), also im Licht einer Zukunft, in der Gott mit seiner Schöpfung zum Ziel gekommen sein wird. „Der Liebende arbeitet so stille und wie am Feiertag, und doch sind die Kräfte der Ewigkeit in Bewegung . . ." (KIERKEGAARD, ebd. 242). Also geht es darum, der Gemeinde im Gottesdienst die Ruhe, die Sabbatruhe zu gönnen, in der Gottes Wort an ihr wirkt und arbeitet. Auch wenn die Predigt kurz sein darf (vgl. aber GRAFE, 79–82), ist sie doch nicht

‚auf die Schnelle' abzumachen und entsprechend – abzutun. Die teuflische Hast (s. o. Kapitel ‚Medium'), in der wir bei uns, im Unterschied zu früheren Zeiten, im Unterschied zu anderen Konfessionen und Weltgegenden, im Unterschied zur Synagoge, unsere Gottesdienste meinen absolvieren zu können, eine Hast, die sich auch im nachlässigen Stil der Predigten und in den fahrigen Gesten der Prediger ausdrückt, bringt uns notwendig um den Segen des Wortes. Nur gut, wenn der Predigt nach der ausgedehnten Fürbitte noch eine Abendmahlsfeier folgt, die dem die Predigt beschließenden Amen Zeit läßt, sich zu entfalten und vom Ende her die Predigt in einen der Schöpfung Gottes, ihrem Ursprung gemäßen Rhythmus der Ruhe hineinbewegt.

Das setzt freilich voraus, daß dieser Feier im Zuge liturgischer ‚Reformen' nicht ebenfalls die Ruhe gründlich ausgetrieben wird, indem sie für theologische und humane Zwecke instrumentalisiert wird. Das wäre auch im Blick auf MARKUS BARTHS biblisch so lehrreiches Abendmahlsbuch zu bedenken: „Die Freude äußert sich in fröhlichem Essen und Trinken, in der dienstbereiten Liebe zum Nächsten und in einer zum Alltag und zur Welt hin offenen missionarischen Aktion." (266) Was fehlt da? Vielleicht nur eine Kleinigkeit, aber eine entscheidende: Denn „nicht der von Gott geliebte Mensch der Barthianer, sondern der vom Menschen geliebte Gott ist der Inhalt des Evangeliums" (FUCHS, Freundesbriefe 27). Dazu DIETER NESTLE: „Vielleicht sollte ich zur Verdeutlichung anführen, daß mir hier meine Erfahrungen in russisch-orthodoxen Gottesdiensten vor Augen stehen: Drei Stunden Gottesdienst, keine Predigt – und es wurde weder mir noch meinem 14jährigen Patensohn zu lang; wir waren nicht Adressaten einer Ansprache, sondern Gäste eines, Seines Festes. Als ein Kriterium dafür, daß es Sein Fest war, darf jener leiblich und geistig schwache junge Mann gelten, der zu unseren Gottesdiensten in der Regel gar nicht erst mitgenommen würde. Dort betrat er am stützenden Arm seiner Mutter die Kirche, entzündete mit ihrer Hilfe Kerzen vor den Ikonen, küßte die Bilder, lauschte dem Gesang und empfing das Sakrament – ganz wie ein schwaches Kind am Leben seiner Familie teilnimmt – ‚Der vom Menschen geliebte Gott!'" (Häresie 492). So entspricht es der ‚Intimität' in der Formulierung von Apk 3,20: „ICH gehe ein zu ihm und/ tafele mit ihm und/ er mit mir".

Gerade das wird unserem vergänglichen Werk bekommen! Es wird in das Wirken des ewigen Gottes eingefügt und darf so etwas sein zu Gottes Ehre. Und so geht es in der Predigt vom Ende her um die unbegreiflich hohen Werke Gottes, die zu erzählen die kurze Zeit des Gottesdienstes, die Zeit der Kirchengeschichte, unsere Lebenszeit nicht ausreicht. Die Predigt darf aus diesem Grunde immer wieder von vorne beginnen, indem sie sich auf die Anfänge des Verstehens zurückwerfen läßt (BONHOEFFER, Widerstand 327). Sie wird das um so eher können, je mehr sie ihrer Grenzen eingedenk ist.

Nachdem wir den Weg der Predigt von Ephesus nach Laodizea im Rhythmus der Siebentagewoche durchwandert haben, kommt also aufs neue die Predigt des Sonntags in den Blick – nicht als eine drückende Last, sondern als eine Verheißung, die den beständig lockt, der dem von Gott empfangenen Auftrag zu predigen mit Leib und Seele verfallen ist (1.Kor 9,16). Er wird nicht müde, redend und hörend den Weg wieder und wieder zu begehen, wird er doch dadurch belohnt, daß er auf dem Wege die Gegenwart Gottes erfährt, den Geist als Bürgschaft dafür, daß Gott seine Schöpfung vollenden wird zu einer unvergleichlichen Herrlichkeit.

Begeisterung als Ziel der Predigt? Ja, selbst wenn der Prediger in den Wind geredet hätte wie jener Mönch Benda in MARIE LUISE KASCHNITZ's Erzählung, als Frucht eines ganzen Lebens? „Indessen sang es dort unten immer weiter und ging einem durch Mark und Bein, weil niemand da war, der hätte singen können und auch, weil alle Bürger der Stadt und alle Bauern des Landes zusammen so nicht hätten singen können, so gewaltig und so rein. – Es war der Südwind, sagten die Eltern später, als die Kinder heimkamen und den ohnmächtigen und sterbenden Benda wie einen Schildknappen auf seiner Kutte trugen. Aber die Kinder glaubten ihr Leben lang nicht, daß es der Südwind war, der dem blinden Mönch auf die Bemühung eines ganzen Lebens den Dank und die Antwort gab." (65) Die Kraft, einer so schrecklichen wie herrlichen Geschichte standzuhalten, sollte der Prediger schon haben. Und wenn er sich noch einmal daran erinnern ließe, daß er es im Gottesdienst mit dem Engel zu tun hat, weil es um das Geheimnis des Hörens, mit den Engeln, weil es um das Himmelreich geht: „Bei Nacht, wenn man nicht schlafen kann, sollte man nicht an seinen Sorgen am Hauswesen hängenbleiben, und, begraben von lauter irdischen Plänen, beten wollen; man sollte sich diesem entschlagen und am Himmelreich herumdenken. Man kann daran denken, wie man in seinem ganzen Hauswesen den Heiland zu ehren vermag; man kann an die Engel denken, ob sie wohl bei uns sein können oder verscheucht werden; oder man kann nachdenken, wie es wohl stehe mit der Bekehrung der Menschen, auch der

Heiden, wie auch mein Nachbar könnte gerettet werden, wenn er etwa ein Säufer ist u. dergl. Und jeder solcher Gedanke ist ein Gebet. Dann weiß man auch, was man zu bitten hat, und so wird man ruhig im Geist. So kann man auch bald wieder einschlafen; dabei wird man gesund, wenn einem etwas fehlt. Es gibt nichts Gesünderes, als am Reich Gottes herumzudenken und mit Vertrauen und Freude auf den Herrn und sein Tun zu warten." (Christoph Blumhardt, Ansprachen I 70) „Ich schlafe,/ und mein Herz wacht." Bei so gesundem Schlaf soll es der Predigt an nichts fehlen, denn: „Im Schlaf gibt ers seinem Freund" (Ps 127,2).

# Zehn Thesen

1. Die Predigt schärft der Gemeinde jederzeit ein, daß sie noch nicht am Ziel ist.
2. Die Predigt rühmt den offenbaren und verborgenen Reichtum des Schöpfers und Erlösers und schafft so eine Atmosphäre reiner Dankbarkeit, in der die Sünde der *acedia* überwindbar wird.
3. Die Predigt übergeht die offenbare Schande der Christenheit nicht mit verstocktem Schweigen, sondern deckt sie mit jener Liebe zu, die alles Böse für immer gerichtet hat. Brennende, tätige Reue ist da keine Schande mehr, sondern eine Ehre.
4. Die Predigt macht nicht blind und unempfindlich, sondern lehrt, alle Not der Welt mit dem Kreuz Jesu zusammenzusehen.
5. Was immer die Christenheit in der Welt schon erreicht haben mag: Für die Predigt ist es Anlaß, Hunger und Durst nach der besseren Gerechtigkeit zu wecken.
6. Das Ziel der Predigt ist erreicht, wenn die Gemeinde durch die Predigt die Stimme ihres guten Hirten hört.
7. Auch das Wort des Gerichtes ist ein Zeichen der Liebe des Herrn zu seiner Gemeinde. Besser, der Herr redet jetzt im Zorn mit der Gemeinde, als daß er in Ewigkeit über sie schweigt.
8. Die Predigt des tötenden Gesetzes ist in der Kirche stets nötig, weil der Mensch von Natur ein Schwärmer und als solcher geneigt ist, sich selbst auf den Thron Gottes, des Richters, zu setzen. Ein Prediger, der als Folge der Predigt des Gesetzes an andere selbst von Gott gedemütigt wird, freue sich dieser Demütigung – sie dient seinem Heil.
9. Die Predigt des Gesetzes, das den Menschen heilsam demütigt, und die Predigt des Evangeliums, das den Menschen grundlos (nur in Gott selbst begründet) zu Gott erhebt, dürfen auf keinen Fall vermischt werden. Die ‚Lauheit', die der Herr zum Ausspucken findet, ist das Ergebnis dieser Vermischung.
10. Das begeisternde Ziel der Predigt sind nicht menschliche Werke; das Ziel ist der Sabbat, an dem die unbegreiflich hohen Werke Gottes gepriesen werden – womit dann auch unsere guten Werke endlich zu Ehren kommen.

# Literaturverzeichnis

(Abkürzungen nach TRE)


ADLOFF, Kristlieb: Die Predigt als Plädoyer. Versuch einer homiletischen Ortsbestimmung erarbeitet am Zweiten Korintherbrief, Hamburg 1971.

–: Predigtmeditation mit Hesekiel 13,1–16 zum Sonntag Rogate, in: GPM 29 (1974/75) 244–251.

–: Predigtmeditation mit Hebräer 4,9–13 zum Sonntag Estomihi, in: GPM 30 (1975/76) 131–138.

–: Eingebung – Eingabe – Hingabe. Über den Fortschritt des Geistes im Fürbittengebet der Gemeinde, in: WPKG 67 (1978) 306–318.

–: Erhebungen. Gemeindegebete für das Kirchenjahr. Mit einer theologischen Einleitung und dem Protokoll eines Gottesdienstes, Göttingen 1978.

–: Predigtmeditation mit Römer 8,31–39 zum Altjahrsabend, in: GPM 34 (1979/80) 50–58.

–: Vernunft und alle Sinne. Predigtmeditation als ganzheitliche Wahrnehmung des biblischen Textes. Am Beispiel von Markus 7,31–37, in: R. Albertz u.a. (Hg.), Werden und Wirken des Alten Testaments (FS Claus Westermann), Göttingen/Neukirchen-Vluyn 1980, 394–411.

–: Predigtmeditation mit Hesekiel 37,24–28 zur Christnacht, in: GPM 37 (1982/83) 34–47.

–: Auf ein neues Lied!? Widerspruch gegen eine verfehlte Gesangbuchplanung, in: MuK 55 (1985) 180–185.

–: Die missionarische Existenz des Apostels Paulus nach dem Zweiten Korintherbrief, in: Berliner Theologische Zeitschrift 3 (1986) 11–27.

–: Neue Aspekte der Exegese nach Bultmann, in: Schrift und Schriftauslegung (Veröffentlichungen der Luther-Akademie Ratzeburg), Erlangen 1987, 88–112.

–: Art. Judentum, in: K. Müller/Th. Sundermeier (Hg.), Lexikon, aaO., 200–204.

–: Die sieben Sendschreiben der Johannesoffenbarung. Exegetische Einführung, in: K.-P. Jörns (Hg.), GPM Bh.2, aaO., 9–24 (zit.: *Sendschreiben*).

–: Predigtmeditation mit Kolosser 2,12–15 zum Sonntag Quasimodogeniti, in: GPM 42 (1987/88) 213–219.

–: Art. Lektor (erscheint in TRE 20).

ALBERTZ, Heinrich: Miserere nobis. Eine politische Messe, München 1987.

ALBRECHT, Horst: Predigen. Anregungen zur geistlichen Praxis (Praktische Wissenschaft: Kirchengemeinde), Stuttgart 1985.

AMERY, Carl: Das Ende der Vorsehung. Die gnadenlosen Folgen des Christentums, Hamburg 1972.

AMIR, Yehoshua: Der Platz des Landes Israel im Verständnis des Judentums, in: P.v.d.Osten-Sacken (Hg.), Zionismus. Befreiungsbewegung des jüdischen Volkes (Veröffentlichungen aus dem Institut Kirche und Judentum 5), Berlin ²1986, 76–85.

AUSLÄNDER, Rose: Kräne, in: DIES., Blinder Sommer. Gedichte (Fischer Taschenbuch 5199), Frankfurt/M. 1987, 15.

BACH, Ulrich: Dem Traum entsagen, mehr als ein Mensch zu sein. Auf dem Wege zu einer diakonischen Kirche, Neukirchen-Vluyn 1986.

BALDERMANN, Ingo: Die Bibel – Buch des Lernens. Grundzüge biblischer Didaktik, Göttingen 1980.

BARIÉ, Helmut: Kann der Zeuge hinter das Zeugnis zurücktreten? Ein erster Schritt zu einer experimentellen Homiletik, in: EvTh 32 (1972) 19–38.

BARTH, Karl: Die Kirchliche Dogmatik, Zürich 1932ff.

–: Homiletik. Wesen und Vorbereitung der Predigt (hg. v. G. Seyfferth), Zürich 1966.

BARTH, Markus: Das Mahl des Herrn. Gemeinschaft mit Israel, mit Christus und unter den Gästen, Neukirchen-Vluyn 1987.

BENN, Gottfried: Verse, in: DERS., Gesammelte Werke in acht Bänden (hg. v. D. Wellershoff), Bd. 1. Gedichte, Wiesbaden 1960, 194f.

BERNET, Walter: Theologie ohne Sakrament, in: H. D. Betz/L. Schottroff (Hg.), Neues Testament und christliche Existenz (FS Herbert Braun), Tübingen 1973, 23–40.

BETTELHEIM, Bruno/ZELAN, Karen: Kinder brauchen Bücher. Lesen lernen durch Faszination. Deutsch v. L. u. E. Mickel, Stuttgart 1982.

BIERITZ, Karl-Heinrich: Die Predigt im Gottesdienst, in: P. C. Bloth u.a. (Hg.), HPTh 3, aaO., 112–134.

BLOTH, Peter C. u.a. (Hg.): Handbuch der Praktischen Theologie (HPTh), Bd.3. Praxisfeld: Gemeinden (Red. K.-F. Daiber/T. Stählin), Gütersloh 1983, 112–134.

BLUMHARDT, Christoph: Ansprachen, Predigten, Reden, Briefe: 1865–1917. Neue Texte aus dem Nachlaß, hg. v. J. Harder, Neukirchen-Vluyn 1978, Bd. 1. Von der Kirche zum Reich Gottes 1865–1889.

BÖCHER, Otto: Israel und die Kirche in der Johannesapokalypse, in: DERS., Kirche in Zeit und Endzeit. Aufsätze zur Offenbarung des Johannes, Neukirchen-Vluyn 1983.

BÖLL, Heinrich: Doktor Murkes gesammeltes Schweigen und andere Satiren, Köln/Berlin 1958; daraus: Doktor Murkes gesammeltes Schweigen, 5–53; Nicht nur zur Weihnachtszeit, 54–106; Es wird etwas geschehen. Eine handlungsstarke Geschichte, 107–117.

BOHREN, Rudolf: Die Krise der Predigt als Frage an die Exegese, in: EvTh 22 (1962) 66–92.
–: Predigtlehre (EETh 4), München 1971.
–: Geist und Gericht. Arbeiten zur Praktischen Theologie, Neukirchen-Vluyn 1979; daraus: Definition der Predigt bei Karl Barth, 37–47 (zit.: *Definition*); Die Laienfrage als Frage nach der Predigt, 48–67 (zit.: *Laienfrage*); Kanzelpredigt und Kirchenleitung, 68–74 (zit.: *Kanzelpredigt*); Predigt und Predigtlied – akute Diskrepanz, 75–88 (zit.: *Predigtlied*); Predigt verantworten, 100–121 (zit.: *Predigt verantworten*).
–: Die Differenz zwischen Meinen und Sagen. Anmerkungen zu Ernst Lange, Predigen als Beruf, in: PTh 70 (1981) 416–430.
–: Biblische Theologie wider latenten Deismus, in: I. Baldermann u. a. (Hg.), Jahrbuch für Biblische Theologie, Bd. 1. Einheit und Vielfalt Biblischer Theologie, Neukirchen-Vluyn 1986, 163–181.
–: Predigtmeditation mit Johannes 15,1–17 zum Letzten Sonntag nach Epiphanias, in: K.-P. Jörns (Hg.), GPM Bh. 2, aaO., 214–220.
BONHOEFFER, Dietrich: Finkenwalder Homiletik, in: DERS., Gesammelte Schriften (hg. v. E. Bethge), Bd. 4. Auslegungen – Predigten, München 1975, 237–289.
–: Widerstand und Ergebung. Briefe und Aufzeichnungen aus der Haft (hg. v. E. Bethge). Neuausgabe, München 1970.
BRENTANO, Clemens: Sprich aus der Ferne ..., in: DERS., Gesammelte Werke (hg. v. H. Amelung u. K. Viëtor), Bd. 1. Gedichte/Erzählungen, Frankfurt/M. 1923, 21f.
BRODER, Henryk M.: Der ewige Antisemit. Über Sinn und Funktion eines beständigen Gefühls (Fischer Taschenbuch 3806), Frankfurt/M. 1986.
BRUMLIK, Micha: Die Angst vor dem Vater. Judenfeindliche Tendenzen im Umkreis neuer sozialer Bewegungen, in: A. Silbermann/J. H. Schoeps (Hg.), Antisemitismus nach dem Holocaust. Bestandsaufnahme und Erscheinungsformen in deutschsprachigen Ländern, Köln 1986, 133–162.
BUBER, Martin: Zwei Glaubensweisen, in: DERS., Werke, Bd. 1. Schriften zur Philosophie, München/Heidelberg 1962, 651–782.
BUSCH, Eberhard: Glaubensheiterkeit: Karl Barth. Erfahrungen und Begegnungen, erzählt von Eberhard Busch, Neukirchen-Vluyn $^{4}$1986.
CANETTI, Elias: Die Provinz des Menschen. Aufzeichnungen 1942–1972, München 1973.
–: Das Augenspiel. Lebensgeschichte 1931–1937, München 1985.
DAIBER, Karl-Fritz u.a.: Predigen und Hören. Ergebnisse einer Gottesdienstbefragung. Bd. 2. Kommunikation zwischen Predigern und Hörern – Sozialwissenschaftliche Untersuchungen, München 1983.
DANNOWSKI, Hans Werner: Kompendium der Predigtlehre, Gütersloh 1985.
DANTE Aligieri: Die Göttliche Komödie. Übertr. v. W. G. Hertz (Fischer Bücherei 100), Frankfurt/M. 1955.

DENECKE, Axel: Persönlich predigen. Anleitungen und Modelle für die Praxis, Gütersloh 1979.

EBACH, Jürgen: Apokalypse. Zum Ursprung einer Stimmung, in: F.-W. Marquardt u.a. (Hg.), Einwürfe 2, München 1985, 5–61.

–: Ursprung und Ziel. Erinnerte Zukunft und erhoffte Vergangenheit. Biblische Exegesen, Reflexionen, Geschichten, Neukirchen-Vluyn 1986.

EBELING, Gerhard: Die Bedeutung der historisch-kritischen Methode für die protestantische Theologie und Kirche, in: DERS., Wort und Glaube, Tübingen 1960, 1–49.

EICHENDORFF, Joseph Freiherr von: Abschied, in: DERS., Eichendorffs Werke (hg. v. M. Mendheim), Bd. 1. Gedichte, Leipzig 1927, 313.

EICHER, Peter: Bürgerliche Religion. Eine theologische Kritik, München 1983.

ELBOGEN, Ismar: Der jüdische Gottesdienst in seiner geschichtlichen Entwicklung, Frankfurt/M. [3]1931 (Neudr. Hildesheim 1962).

ELLUL, Jacques: Apokalypse. Die Offenbarung des Johannes – Enthüllung der Wirklichkeit. Deutsch v. J. Meuth, Neukirchen-Vluyn 1981.

FLUSSER, David: Bemerkungen eines Juden zur christlichen Theologie (ACJD 16), München 1984; daraus: Thesen zur Entstehung des Christentums aus dem Judentum 94–102 (zit.: *Thesen*).

–: Entdeckungen im Neuen Testament. Bd. 1. Jesusworte und ihre Überlieferung (hg. v. M. Majer), Neukirchen-Vluyn 1987; daraus: Mögen Sie etwa lieber neuen Wein?, 108–114 (zit.: *Neuer Wein*).

FRIEDLANDER, Albert H.: Martin Luther und wir Juden, in: H. Kremers (Hg.), Die Juden und Martin Luther – Martin Luther und die Juden. Geschichte, Wirkungsgeschichte, Herausforderung, Neukirchen-Vluyn 1985, 289–297.

FUCHS, Ernst: Hermeneutik, Bad Cannstatt 1954; dazu: Ergänzungsheft mit Registern, 1958.

–: Predigtmeditation mit Offenbarung 3,1–6 zum 2. Advent, in: GPM 18 (1963/64) 13–17.

–: Das Wesen des Sprachgeschehens und die Christologie. Warum hat die Predigt des Glaubens einen Text?, in: DERS., Glaube und Erfahrung. Zum christologischen Problem im Neuen Testament (= Gesammelte Aufsätze III), Tübingen 1965, 231–248 (zit.: *Sprachgeschehen*).

–: Freundesbriefe (hg. v. G. Ebeling), in: G. Ebeling u.a. (Hg.), Festschrift für Ernst Fuchs, Tübingen 1973, 1–66.

–: Freude an der Predigt (hg. v. K. Adloff u.a.), Neukirchen-Vluyn 1978.

–: Kanon und Kerygma. Ein Referat, in: DERS., Wagnis des Glaubens. Aufsätze und Vorträge (hg. v. E. Grötzinger), Neukirchen-Vluyn 1979, 21–41.

FÜRST, Walter: Das gute Werk der Predigt. Von der Effektivität des Wortes, in: DERS., Predigt und Gebet. Theologische Beiträge (hg. v. K.-P. Jörns), Göttingen 1986.

Gern, Wolfgang: Art. Predigt, in: K. Müller/Th. Sundermeier (Hg.), Lexikon, aaO., 387–394.

Giordano, Ralph: Die zweite Schuld oder Von der Last Deutscher zu sein, Hamburg 1987.

Gollwitzer, Helmut: Zuspruch und Anspruch. Neue Folge. Predigten aus den Jahren 1954–1968. München 1968.

Goritschewa, Tatjana: Von Gott zu reden ist gefährlich. Meine Erfahrungen im Osten und im Westen, Freiburg [11]1984.

Grafe, Hugald: Die volkstümliche Predigt des Ludwig Harms. Ein Beitrag zur Predigt- und Frömmigkeitsgeschichte im 19. Jahrhundert (SKGNS 14), Göttingen 1965.

Grözinger, Albrecht: Das Verständnis von Rhetorik in der Homiletik. Bemerkungen zum Stand der Diskussion, in: ThPr 14 (1979) 265–274.

Harnisch, Wolfgang: Die Gleichniserzählungen Jesu. Eine hermeneutische Einführung (UTB 1343), Göttingen 1985.

Heer, Friedrich: Gottes erste Liebe. 2000 Jahre Judentum und Christentum, München 1967.

Heschel, Abraham Joshua: Gott sucht den Menschen. Eine Philosophie des Judentums (Information Judentum 2), Neukirchen-Vluyn 1980.

–: Der Mensch fragt nach Gott. Untersuchungen zum Gebet und zur Symbolik (Information Judentum 3), Neukirchen-Vluyn 1982.

–: Die ungesicherte Freiheit. Essays zur menschlichen Existenz. Übers. v. R. Olmesdahl (Information Judentum 6), Neukirchen-Vluyn 1985; daraus: Wachsen in der Weisheit, 59–71 (zit.: *Wachsen*); Erneuerung des Protestantismus: Eine jüdische Stimme, 137–144 (zit.: *Erneuerung*).

Iwand, Hans Joachim: Nachgelassene Werke (hg. v. H. Gollwitzer u.a.), Bd. 5. Luthers Theologie (hg. v. J. Haar), München 1974.

Jean Paul: Über den Geist der Zeit, in: ders., Sämmtliche Werke, Bd. 36, Berlin 1827, 44.

Jonas, Hans: Der Gottesbegriff nach Auschwitz. Eine jüdische Stimme, in: F. Stern/H. Jonas, Reflexionen finsterer Zeit (hg. v. O. Hofius), Tübingen 1984, 61–86.

–: Wissenschaft als persönliches Erlebnis, in: ders., Wissenschaft als persönliches Erlebnis (Sammlung Vandenhoeck), Göttingen 1987, 7–31.

Jörns, Klaus-Peter (Hg.): Advent, Weihnachten, Epiphanias. Predigtmeditationen zu Textreihen aus der Offenbarung, Jesaja und Johannes (GPM Bh. 2), Göttingen 1987.

Jörns, Klaus Peter: Das hymnische Evangelium. Untersuchungen zu Aufbau, Funktion und Herkunft der hymnischen Stücke in der Johannesoffenbarung (STNT 5), Gütersloh 1971.

–: Der Gang in die Wüste als Weg zur Predigt. Über die Schwierigkeit, zur „tiefsten Kenntnis der Welt" (Bonhoeffer) und seiner selbst zu kommen, in: EvTh 42 (1982) 389–403.

–: Plädoyer für die Predigtnot. Tendenzen auf dem Büchermarkt zum Thema Predigt, in: DtPfrBl 83 (1983) 5–9.60–65.112–118 (zit.: *Predigtnot*).

–: Proklamation und Akklamation. Die antiphonische Grundordnung des frühchristlichen Gottesdienstes nach der Johannesoffenbarung, in: H. Becker/R. Kaczynski (Hg.), Liturgie und Dichtung. Ein interdisziplinäres Kompendium. Bd. 1. Historische Präsentation, St. Ottilien 1983, 187–208.

–: Segen – und kein Fluch? Überlegungen zur Einheit Gottes im Vorfeld der Praktischen Theologie, in: Berliner Theologische Zeitschrift 1 (1984) 255–273.

Josuttis, Manfred: Gesetzlichkeit in der Predigt der Gegenwart (SPTh 3), München 1966.

–: Praxis des Evangeliums zwischen Politik und Religion. Grundprobleme der Praktischen Theologie, München 1974; daraus: Der Prediger in der Predigt. Sündiger Mensch oder mündiger Zeuge?, 70–94 (zit.: *Prediger*).

–: Der Pfarrer ist anders. Aspekte einer zeitgenössischen Pastoraltheologie, München 1982 (zit.: *Pfarrer*).

–: Die Bibel als Basis der Predigt, in: H.-G. Geyer u.a., „Wenn nicht jetzt, wann dann?". Aufsätze für Hans-Joachim Kraus zum 65. Geburtstag, Neukirchen-Vluyn 1983, 385–393 (zit.: *Bibel*).

–: Der Pfarrer und der Erfolg, in: O. Fuchs (Hg.), Theologie und Handeln. Beiträge zur Fundierung der Praktischen Theologie als Handlungstheorie, Düsseldorf 1984, 164–176 (zit.: *Erfolg*).

–: Rhetorik und Theologie in der Predigtarbeit. Homiletische Studien, München 1985; daraus: Dimensionen homiletischer Kompetenz, 47–69 (zit.: *Kompetenz*); Über Feindbilder in der Predigt, 87–114( zit.: *Feindbilder*); Über Idealbilder in der Predigt, 142–165 (zit.: *Idealbilder*); Über den Predigtanfang, 166–186 (zit.: *Predigtanfang*); Über den Predigtaufbau, 187–200 (zit.: *Predigtaufbau*); Über den Predigtschluß, 201–215 (zit.: *Predigtschluß*).

Jüngel, Eberhard: Predigten. Mit einem Anhang: Was hat die Predigt mit dem Text zu tun?, München 1968.

–: Gott als Geheimnis der Welt. Zur Begründung der Theologie des Gekreuzigten im Streit zwischen Theismus und Atheismus, Tübingen [3]1978.

Käsemann, Ernst: Gottesdienst im Alltag der Welt. Zu Römer 12, in: Exegetische Versuche und Besinnungen, Bd. 2, Göttingen 1964, 198–204.

Karrer, Martin: Die Johannesoffenbarung als Brief. Studien zu ihrem literarischen, historischen und theologischen Ort (FRLANT 140), Göttingen 1986.

Kaschnitz, Marie Luise: Der Mönch Benda, in: dies., Lange Schatten. Erzählungen (dtv 243), München [15]1980, 57–65.

Kierkegaard, Sören: Gesammelte Werke (hg. v. E. Hirsch und H. Gerdes),

Gütersloh; daraus: Der Begriff Angst (übers. v. E. Hirsch), Abt. 11/12 (GTB 608), 1981, 1–169; Der Liebe Tun. Etliche christliche Erwägungen in Form von Reden (übers. v. H. Gerdes), Abt. 19 (GTB 616/17), 1983; Urteilt selbst. Zur Selbstprüfung der Gegenwart anbefohlen. 2. Folge 1851/52 (übers. v. E. Hirsch), Abt. 27/29 (GTB 622), 1984, 121–241; Der Augenblick. Aufsätze und Schriften des letzten Streits (übers. v. H. Gerdes), Abt. 34 (GTB 627), 1985.

KIESOW, Ernst-Rüdiger: Plädoyer für den Prediger und die Predigerin, in: Rhetorik. Ein internationales Jahrbuch (hg. v. J. Dyck u. a.), Bd. 5. Rhetorik und Theologie (hg. v. W. Jens), Tübingen 1986, 27–38.

KLEEMANN, Jürg: Geschichten machen am Sonntagmorgen, in: ThPr 19 (1984) 250–259.

KÖNIG, Paul: Gesang aus dem Feuerofen. Gedichte des geistlichen Jahres und Das Zürcher Spiel von Nebukadnezar, Neukirchen-Vluyn 1980.

KRAFT, Heinrich: Die Offenbarung des Johannes (HNT 16a), Tübingen 1974.

KRAUSE, Gerhard: Anredeformen der christlichen Predigt, in: ThPr 2 (1967) 118–132.

KROCKOW, Christian Graf von: Politik und menschliche Natur. Dämme gegen die Selbstzerstörung, Stuttgart 1987.

KRUSCHE, Peter: Die Schwierigkeit, Ernst Lange zu verstehen. Anmerkungen zu dem Versuch von Rudolf Bohren, in: PTh 70 (1981) 430–441.

LANGE, Ernst (Hg.): Zur Theorie und Praxis der Predigtarbeit. Bericht von einer homiletischen Arbeitstagung 1967 – Esslingen (Predigtstudien Bh. 1), Stuttgart 1968 (zit.: *Predigtstudien Bh. 1*).

LANGE, Ernst: Brief an einen Prediger, in: DERS. (Hg.), Predigtstudien für das Kirchenjahr 1968/69, 1. Halbbd. (= III/1), Stuttgart 1968, 7–17 (zit.: *Brief*).

–: Predigen als Beruf. Aufsätze (hg. v. R. Schloz), Stuttgart 1976; daraus: Zur Theorie und Praxis der Predigtarbeit, 9–51 (zit.: *Theorie*); Der Pfarrer in der Gemeinde heute, 96–141 (zit.: *Pfarrer*).

LAUSBERG, Heinrich: Elemente der literarischen Rhetorik. Eine Einführung für Studierende der klassischen, romanischen, englischen und deutschen Philologie, München ²1963.

LESKOW, Nikolai: Der Berg (übers. v. W. Plackmeyer), in: DERS., Mitternachtsgespräche und andere Erzählungen, München 1976, 137–231.

LØGSTRUP, Knud Eiler: Art. Situation, in: RGG³ 6, 1962, 95 ff.

LØNNING, Per: Brauchen wir eine erweckliche Verkündigung?, in: ZThK 77 (1980) 239–250.

LOHMEYER, Ernst: Brief an Martin Buber vom 19. 8. 1933, in: E. Stegemann, Ernst Lohmeyer an Martin Buber, aaO., 7 f.

–: Der Brief an die Philipper (KEK IX. Abt. 1¹⁴), Göttingen 1974.

MARQUARDT, Friedrich-Wilhelm: Verwegenheiten. Theologische Stücke aus Berlin, München 1981; daraus: Predigen ist Grüßen des Nächsten,

15–28; „Feinde um unsretwillen“. Das jüdische Nein und die christliche Theologie, 311–336 (zit.: *Feinde*); Religionskritik und Entmythologisierung. Über einen Beitrag Karl Barths zur Entmythologisierungsfrage, 339–380 (zit.: *Religionskritik*); Exegese und Dogmatik in Karl Barths Theologie. Was meint: „Kritischer müßten mir die Historisch-Kritischen sein!“?, 381–406 (zit.: *Exegese*).

–: Predigtmeditation mit Offenbarung 3,7–13 zum 3. Advent, in: K.-P. Jörns (Hg.), GPM Bh. 2, aaO., 59–66.

Marxsen, Willi: Der Beitrag der wissenschaftlichen Exegese des Neuen Testaments für die Verkündigung, in: ders., Der Exeget als Theologe. Vorträge zum Neuen Testament, Gütersloh 1968, 52–74.

Mc Luhan, Marshal: Understanding Media: the extension of man, New York 1964.

Metz, Johann Baptist: Die Zielperspektive: Identitätsbildung aus Nachfolge, in: R. Zerfaß (Hg.), Mit der Gemeinde predigen, aaO., 13–21.

Meyer, Conrad Ferdinand: Huttens letzte Tage, in: ders., Sämtliche Werke, München 1950, 987–1058.

Meyer zu Uptrup, Klaus: Gestalthomiletik. Wie wir heute predigen können, Stuttgart 1986.

Mildenberger, Friedrich: Kleine Predigtlehre, Stuttgart 1984.

Miskotte, Cornelis Heiko: Biblisches ABC. Wider das unbiblische Bibellesen (übers. u. hg. v. H. Stoevesandt), Neukirchen-Vluyn 1976.

Möller, Christian: Von der Predigt zum Text. Hermeneutische Vorgaben der Predigt zur Auslegung von biblischen Texten. Erarbeitet und dargestellt an der Analyse von Predigten Karl Barths, Friedrich Gogartens und Rudolf Bultmanns (SPTh 7), München 1970.

–: Wovon die Kirche lebt: Gewißheit, Gemeinschaft, Lehre, Sakrament, Göttingen 1980 (zit.: *Kirche*).

–: Seelsorglich predigen. Die parakletische Dimension von Predigt, Seelsorge und Gemeinde, Göttingen 1983.

–: Lehre vom Gemeindeaufbau, Bd 1. Konzepte, Programme, Wege, Göttingen 1987 (zit.: *Gemeindeaufbau*).

Müller, Hans Martin: Art. Homiletik in: TRE XV, 526–565.

–: Die Autorität des Predigers in pastoralethischer Sicht, in: A. Beutel u.a. (Hg.), Homiletisches Lesebuch. Texte zur heutigen Predigtlehre, Tübingen 1986, 177–188.

Müller, Karl/Sundermeier, Theo (Hg.): Lexikon missionstheologischer Grundbegriffe, Berlin 1987.

Nestle, Dieter: Über Häresie und Langeweile in der Auslegung des Neuen Testaments. Plädoyer für einen neuen Stil der Exegese, in: DtPfrBl 80 (1980) 490–494 (zit.: *Häresie*).

–: Die Ursprünge des Neuen Testaments oder: Vom Wort Gottes, das unter die Räuber fiel (HerBü 1054), Freiburg 1983 (zit.: *Ursprünge*).

Nürnberger, Klaus: Weiß auf Schwarz. Predigten im gesellschaftlichen Konflikt Südafrika und Berlin, Neukirchen-Vluyn 1983.

von der Osten-Sacken, Peter: Befreiung durch das Gesetz, in: ders., Evangelium und Tora. Aufsätze zu Paulus (TB 77 Neues Testament), München 1987, 197–209.

Osswald, Cornelia: Das Reich Gottes ist nahe herangekommen (Mt. 4,12–17), in: R. Zerfaß (Hg.), Mit der Gemeinde predigen, aaO., 87–92.

Otto, Gert: Predigt als Rede. Über die Wechselwirkungen von Homiletik und Rhetorik (UB 628 – T-Reihe), Stuttgart 1976 (zit.: *Rede*).

–: Die Predigt als Rede- und Kommunikationsprozeß in der Gemeinde, in: P. C. Bloth u.a., HPTh 3, aaO., 135–149 (zit.: *Kommunikationsprozeß*).

–: Predigt als rhetorische Aufgabe. Homiletische Perspektiven, Neukirchen-Vluyn 1987 (zit.: *Rhetorische Aufgabe*).

Popkes, Wiard: Die Funktion der Sendschreiben in der Johannes-Apokalypse. Zugleich ein Beitrag zur Spätgeschichte der neutestamentlichen Gleichnisse, in: ZNW 74 (1983) 90–107.

Rosenzweig, Franz: Der Stern der Erlösung, Heidelberg $^{3}$1954.

–: Die Schrift. Aufsätze, Übertragungen und Briefe (hg. v. K. Thieme), Königstein 1984, daraus: Das Formgeheimnis der biblischen Erzählungen, 13–27 (zit.: *Formgeheimnis*); Kommentierte Übertragungen aus Jehuda Halevi, 101–112 (zit.: *Übertragungen*).

Rothermundt, Jörg: Der Heilige Geist und die Rhetorik. Theologische Grundlinien einer empirischen Homiletik, Gütersloh 1984.

Schellong, Dieter: Von der bürgerlichen Gefangenschaft des kirchlichen Bewußtseins. Dargestellt an Beispielen aus der evangelischen Theologie, in: G. Kehrer (Hg.), Zur Religionsgeschichte der Bundesrepublik Deutschland, München 1980, 132–166.

Schempp, Paul: Gesetz und Evangelium, in: ders., Theologische Entwürfe, hg. v. R. Widmann (TB 50 Systematische Theologie), München 1973, 75–101.

Schloz, Rüdiger: Im Dienst der Verkündigung und der Versöhnung, in: R. Zerfaß (Hg.), Mit der Gemeinde predigen, aaO., 22–29.

Schmithals, Walter: Das Evangelium nach Markus (ÖTK 2 = GTB 503/4), Gütersloh/Würzburg 1979.

Schröer, Henning: Von der Genetiv-Theologie zur Adverb-Homiletik. Zu den Tendenzen gegenwärtiger Predigtlehre, in: ThPr 17 (1982) 146–156.

Sommerauer, Adolf: Das Handwerk der Predigt. Ein Praktikum für Laien und Theologen, Stuttgart 1973.

Sperber, Manès: Individuum und Gemeinschaft. Versuch einer sozialen Charakterologie (Ullstein-Buch 39023), Frankfurt/M./Berlin/Wien 1981.

Staats, Reinhart: Der theologiegeschichtliche Hintergrund des Begriffes „Tatsache", in: ZThK 70 (1973) 316–345 (zit.: *Tatsache*).

–: Die Sonntagnachtgottesdienste der christlichen Frühzeit, in: ZNW 66 (1975) 242–263 (zit.: *Sonntagnachtgottesdienste*).
STEGEMANN, Ekkehard: Ernst Lohmeyer an Martin Buber, in: Kirche und Israel. Neukirchener Theologische Zeitschrift, hg. v. R. Rendtorff u.a. (KuI), 1 (1986) 5–8.
STEIGER, Lothar: Hochmut des Glaubens. Predigten aus dem Wuppertal, Neukirchen-Vluyn 1975 (zit.: *Hochmut*).
–: Ermutigungen. Predigten und Meditationen, Göttingen 1979.
–: Erschienen in der Zeit. Dogmatik im Kirchenjahr. Epiphanias und Vorpassion nach den Evangelien, Kassel 1982.
–: Predigtmeditation mit 1.Korinther 13 zum Sonntag Estomihi in: GPM 40 (1985/86) 131–147.
–: Art. Humor, in: TRE XV, 696–701.
STEIN, Gertrude: Erzählen. Vier Vorträge. Übertr. v. E. Jandl (Bibliothek Suhrkamp 278), Frankfurt/M. 1971.
VON DEN STEINEN, Ulrich: Rhetorik – Instrument oder Fundament christlicher Rede? Ein Beitrag zu Gert Ottos rhetorisch-homiletischem Denkansatz, in: EvTh 39 (1979) 101–127.
STERNBERGER, Dolf, STORZ, Gerhard, SÜSKIND, W. E.: Aus dem Wörterbuch des Unmenschen (dtv 48), München 1962.
TIMM, Hermann: Evangelische Weltweisheit. Zur Kritik der ökotheologischen Apokalyptik, in: ZThK 84 (1987) 345–370.
TRILLHAAS, Wolfgang: Die wirkliche Predigt, in: H. Gerdes (Hg.), Wahrheit und Glaube (FS E. Hirsch), Itzehoe 1963, 193–205.
–: Einführung in die Predigtlehre, Darmstadt $^{2}$1980 (zit.: *Einführung*).
TROWITZSCH, Michael: Verstehen und Freiheit. Umrisse zu einer theologischen Kritik der hermeneutischen Urteilskraft (ThSt B 126), Zürich 1981 (zit.: *Verstehen*).
–: Gemeinschaft der Lebenden und der Toten. Lk 20,38 als Text der Ekklesiologie, in: ZThK 79 (1982) 212–229 (zit.: *Gemeinschaft*).
VETTER, Dieter: Was leistet die biblische Erzählung? Beobachtung einer Stilform als Lese- und Verstehenshilfe, in: Berliner Theologische Zeitschrift 2 (1986) 190–206 (zit.: *Biblische Erzählung*).
–: Art. Land, 1. Jüdisch, in: A. Th. Khoury (Hg.), Lexikon religiöser Grundbegriffe. Judentum, Christentum, Islam, Graz/Wien/Köln 1987, 630–638.
–: Art. Mission, 1. Jüdisch, ebd., 700–706.
WATZLAWICK, Paul, BEAVIN, H. J., JACKSON, D. D.: Menschliche Kommunikation. Formen, Störungen, Paradoxien, Bonn/Stuttgart 1969.
WEINHEBER, Josef: Einsamstes Selbstgespräch, in: DERS., Sämtliche Werke, Bd. 2. Gedichte, Salzburg 1954, 119f.
WEINRICH, Harald: Narrative Theologie, in: Conc (D) 9 (1973) 329–334.
WEISE, Manfred: Passionswoche und Epiphaniewoche im Johannes-Evan-

gelium. Ihre Bedeutung für Komposition und Konzeption des vierten Evangeliums, in: KuD 12 (1966) 48–62.

WENGST, Klaus: Pax Romana. Anspruch und Wirklichkeit. Erfahrungen und Wahrnehmungen des Friedens bei Jesus und im Urchristentum, München 1986.

WERFEL, Franz: Die vierzig Tage des Musa Dagh. Roman, Wien 1933.

WESTERMANN, Claus: Gottes Engel brauchen keine Flügel, Stuttgart 1978.

WINTZER, Friedrich: Aufgabe und Funktion der Gemeindepredigt, in: DERS., Praktische Theologie (Neukirchener Arbeitsbücher), Neukirchen-Vluyn 1982, 102–115 (zit.: Gemeindepredigt).

ZERFASS, Rolf (Hg.): Mit der Gemeinde predigen. Beispiele – Berichte – Überlegungen, Gütersloh 1982.

ZERFASS, Rolf: Predigt im Prozeß Gemeinde, ebd., 30–49.

# Schlagwortregister